울산 여성의 일과 여가

서정희 · 복미정 지음

UUP

울산 여성의 일과 여가

2011년 11월 01일 초판 인쇄
2011년 11월 07일 초판 발행

지은이 | 서정희·복미정
펴낸이 | 이철
펴낸곳 | UUP.(울산대학교출판부) 680-749 울산광역시 남구 대학로 93(무거동) 울산대학교 출판부
전화 | (052)259-2488
팩스 | (052)277-3011
홈페이지 | http://uup.ulsan.ac.kr
출판등록 | 제370-1996-000001호(1996.3.13)
₩ 11.000원

ISBN 978-89-7868-260-2(93590)

이 도서의 국립중앙도서관 출판시도서목록(CIP)은 e-CIP홈페이지(http://www.nl.go.kr/ecip)와
국가자료공동목록시스템(http://www.nl.go.kr/kolisnet)에서 이용하실 수 있습니다.
(CIP제어번호 : CIP2011004550)

머리말

울산에서 여성으로 소비자학을 연구하고 여학생들이 많은 생활과학대학에서 연구하고 가르치는 일을 하면서 저자들은 자연스럽게 울산 여성들의 삶에 많은 관심을 가지게 되었다. 중화학공업 중심의 산업구조를 가지고 있는 울산은 남성중심적 도시로 여성들이 소외감, 빈곤, 상대적 박탈감을 느끼는 경향이 강하다. 출생성비의 불균형, 남녀간의 과도한 임금 격차, 경제활동참가율의 저조 등이 원인이 되어 성평등지수도 울산은 전국 최하위로 나타났다.

2009년 기준으로 울산에서 취업자 1인당 평균 수입은 4,623만원으로 전국 평균 2,187만원의 2.1배로, 전국 1위를 차지하였다. 1인당 개인 소득도 1,547만원으로, 서울 1,580만원에 이어 두 번째이며, 소비도 1,214만원으로 1,516만원인 서울 다음으로 컸다. 그러나 여성 경제활동 참가율은 2009년 기준 44.6%로서 전국 평균 49.4%에 비하여 4.8%가 작았고, OECD 평균 61.4%에 비하여 16.6%나 작았다.

울산은 15세 이상의 여성 인구 중 고졸 이상의 인구 비율이 71.6%로서 전국 평균인 67.5%보다 높았고, 전국 16개 시도 중 서울, 경기, 광주, 대전에 이어 5위를 차지할 만큼 여성의 교육수준이 높은 편이다. 따라서 울산 여성은 능력에 비해 그 능력을 활용하는 정도가 현격하게 떨어짐으로써 여성 자신들은 소외감과 상대적 박탈감을 느끼게 하는 요인이 되는 동시에 사회적으로는 고급인력을 활용하지 못한다는 문제가 되고 있다.

여성들의 삶을 구성하는 중요한 두 부분은 일과 여가이다. 여성의 삶의 질을 높이기 위해서는 일하는 시간과 여가시간의 조화가 필요하다. 단순히 생활을 보장하는 일중심 사회에서 진정한 자아실현을 위한 여가중심사회로 바뀌면서 개인적 차원에 속하였던 여가문제가 사회적 차원과 지방자치단체와 국가적 차원의 문제로 변화하고 있기 때문이다. 일과 관련해서는 현재 일을 하는 사람과 일을 하고 싶으나 여러 여건상 일을 하지 못하는 실업도 중요한 의제가 될 수 있다. 이러한 관점에서 이 책을 3부로 구성하였다.

1부는 울산 여성의 일에 관한 이야기로 울산 여성의 인구와 사회적 특성, 울산 여성의 경제활동, 울산광역시의 여성인력 활용 및 지원기관을 소개하고 있다. 지식기반사회에서는 노동력의 성별 구분이 무의미해지고 있으며 출산율 저하와 고령화 등의 진행으로 노동력 공급규모가 점차 감소함에 따라 여성 인적자원의 경제활동 참여가 더욱 중요해질 것이다. 여성의 고학력화와 사회참여 욕구의 증가로 여성의 경제활동참여가 확산되는 것은 세계적인 추세이며, 청년 노동력이 감소함에 따라 여성의 노동시장 참여와 효과적 활용이 더욱 중요해지고 있기 때문이다.

2부에서는 울산의 미취업 여성에 대한 내용으로 미취업 여성의 취업능력, 구직문화, 직업가치관 유형과 취업 장애요인을 분석하고 있다. 저출산, 고령화 사회로 진입해 감에 따라 노동시장의 인력 불균형이 초래되어 인력수급의 문제가 사회문제로 대두되고 있는 시점에서 미취업 여성의 경제활동참여는 성 평등성 제고 차원에서나 국가 경쟁력 강화, 노동시장에서의 인력 확보 차원에서 필요하다. 하지만 선진국에 비해 낮은 여성의 경제활동참여율, 특히 30대 여성의 노동시장 이탈과 낮은 복귀율, 대졸 기혼여성인력의 출산과 육아로 인한 경력단절, 여성인력에 인색한 시장수요, 보수적인 가족문화와 직장문화는 여성의 사회참여를 더욱 저조하게 만드는 요인이다.

우리나라 여성의 경제활동참가율은 M자형으로, 대개 25~34세에 출산과 육아로 인해 사회참여가 현격히 낮아져 경력단절 현상을 보이며, 소수의 업종을 제외하고 노동시장으로의 재유입이 어려운 실정이다. 따라서 유휴인력인 미취업 여성의 직업에 대한 생각과 태도를 중심으로 실제적인 취업의 장애요인을 밝혀 저조한 경제활동참가율의 원인을 분석할 수 있을 것이라는 점에서 취업능력, 구직문화, 직업가치관 유형과 취업장애 요인을 살펴보았다.

마지막 부인 3부에서는 울산에 거주하고 있는 기혼 여성을 대상으로 하여 여가활동의 현황을 파악하고, 여가가 생활에 미치는 영향을 알아보고, 현재 여가생활을 하기 위하여 이용하고 있는 공공시설을 조사하고, 여가동기, 여가장애 및 여가만족도,

여가시간, 울산의 여가문화에 대한 평가, 주 5일제 근무가 여가에 미치는 영향 등을 분석하였다. 문화적 상상력과 창의력이 필요한 21세기, 주 5일 근무제의 도입으로 사람들의 관심은 이제 더 이상 일이 아니라 바로 여가로 집중되고 있기 때문이다.

울산광역시는 매년 지역의 여가문화 정착과 발전을 위한 정책을 지속적으로 또는 새롭게 시행하고 있다. 그러나 여가문화 정책에 있어서 특정분야로 편중된 전, 계속적 사업의 추진성과의 미흡함, 차별화되지 못한 여가문화 정책 등 한계를 드러내는 부분이 있다. 따라서 울산 여성의 전반적인 여가소비문화를 평가를 통하여 울산 여성의 삶의 질을 향상시키기 위하여 울산광역시가 추진하고 있는 다양한 여가문화 정책이 어떠한 방향으로 가야 할지 모색해 보았다. 이를 통해서 울산시민의 여가문화복지 향상은 물론 여가산업을 통한 울산시의 재정확보 나아가 울산의 정체성 및 우수성을 널리 알릴 수 있는 문화적 토양을 조성할 수 있는 방안을 마련하기 위한 다양한 담론이 있기를 기대한다.

끝으로 많은 어려움이 있음에도 불구하고 이 책이 나오기까지 애써 주신 울산대학교 출판부를 이끌고 계신 박삼수 교수님과 책을 이쁘게 편집해 준 김혜지, 김유나, 이채선에게 깊은 감사를 드린다.

서정희, 복미정

내 인생 내가 산다

남에게
보이기 위해서
내가 사는 게 아닙니다.
내 인생이 남에게 보여주기 위해 있는 것도 아닙니다.
남이 나를 어떻게 생각할까를 먼저 생각하는 것보다
내가 나를 어떻게 생각하는가를
먼저 생각해야 합니다.

- 정호승의《내 인생에 힘이 되어준 한마디》중에서 -

차례

표 목차

그림 목차

제1부

울산 여성의 일

통계청이 발표한 2009년 울산의 지역소득을 보면, 울산 시민 1명이 평균 4,623만 원을 벌어 전국 평균 2,187만 원의 2.1배로, 전국 1위를 차지하였다. 1인당 개인 소득은 1,547만원으로, 서울 1,580만 원에 이어 두 번째이며, 소비도 1,214만원으로 1,516만원인 서울 다음으로 컸다. 그러나 여성 경제활동 참가율은 2009년 기준 44.6%로서 전국 평균 49.4%에 비하여 4.8%가 작았고, OECD 평균 61.4%에 비하여 16.6%나 작았다. 중화학공업 중심의 산업구조를 가지고 있는 울산은 남성중심적 도시로 여성들이 소외감, 빈곤, 상대적 박탈감을 느끼는 경향이 강하다는 지적도 있다. 성평등지수도 울산은 전국 최하위(김양희·장미혜·김경희·장윤선·조소영·박기남·남정현·김영주·함한희·김미경·이미원·김혜림·염미경, 2006)로 나타났는데, 출생성비의 불균형, 남녀간의 과도한 임금 격차, 경제활동참가율의 저조가 중요한 원인이었다.

울산은 15세 이상의 여성 인구 중 고졸 이상의 인구 비율이 71.6%로서 전국 평균인 67.5%보다 높았고, 전국 16개 시도 중 서울(76.5%), 경기(74.0%), 광주(73.0%), 대전(72.4%)에 이어 5위를 차지할 만큼 여성의 교육수준이 높은 편이다. 다시 말하면 울산의 여성이 가지고 있는 능력에 비해 그 능력의 활용도가 현격하게 떨어짐으로써 소외감, 빈곤, 상대적 박탈감을 느끼게 하는 요인이 되는 동시에 사회문제가 될 수 있다.

이 부에서는 김혜림·복미정(2007), 강미화·안성민·이성희·주경미(2007), 강종열·김종한·김해룡·김현준·복미정·서정희·허영도(2008)에서 제시하고 있는 각종 통계치를 이용하여 울산 여성의 일에 대하여 분석하였다. 제1장에서는 울산 여성의 인구와 사회적 특성, 제2장에서는 울산 여성의 경제활동, 제3장에서는 울산광역시의 여성인력 활용 및 지원기관을 알아보고자 한다.

제1장

울산 여성의 인구와 사회적 특성

이 장에서는 기존의 통계자료를 활용하여 울산 여성의 일을 분석하는데 가장 기초가 되는 울산 여성의 인구통계적 특성과 교육수준을 살펴보았다.

1. 인구통계적 특성

1) 여성 인구수

<표 1-1>에서 보면 울산광역시의 총 인구는 2010년 행정안전부 기준으로 112만 6,298명으로 나타났다. 2009년에는 112만 9,827명으로 증가하다가 2010년에는 인구가 .03% 감소한 것으로 나타났다. 울산지역도 저출산 문제가 현실로 다가옴을 반영한 수치라고 볼 수 있다. 이 중 여성은 2010년 기준 54만 7,227명으로 전체의 48.6%를 차지하고, 남성은 57만 9,071로 51.4%를 차지함으로써 여성보다 남성 인구가 더 많았다. 여러 가지 이유가 있을 수 있겠으나 여성의 직장과 자식들의 교육문제로 남편만 울산에 살고 부인과 자식들은 서울이나 다른 지역에 사는 가구수가 많은 것이 가장 큰 원인으로 지적되고 있다. 울산에서 단독가구로 살고 있는 기혼 남성을 울총(울산 총각)으로 부르고 있을 정도이다.

〈표 1-1〉 울산광역시의 성별 인구추이

(단위 : 명, %)

연도	계		여성		남성		외국인	
	인구수	증가율	인구수	구성비	인구수	구성비	인구수	구성비
2000	1,044,161	-	508,073	48.7	536,088	51.3	3,936	0.38
2001	1,060,378	1.6	515,597	48.6	544,781	51.4	4,760	0.45
2002	1,070,277	0.9	520,214	48.6	550,063	51.4	5,240	0.49
2003	1,078,926	0.8	523,853	48.6	555,073	51.4	6,059	0.56
2004	1,087,958	0.8	527,856	48.5	560,102	51.5	6,505	0.60
2005	1,095,105	0.7	531,258	48.5	563,847	51.5	7,457	0.68
2006	1,102,988	0.7	534,091	48.4	568,897	51.6	10,494	0.95
2007	1,112,799	0.9	538,258	48.4	574,541	51.6	12,804	1.2
2008	1,126,879	1.3	544,715	48.3	582,164	51.7	14,472	1.3
2009	1,129,827	0.3	546,789	48.4	583,038	51.6	14,961	1.3
2010	1,126,298	-0.3	547,227	48.6	579,071	51.4	-	-

자료 : KOSIS국가통계포탈(2009), 2000~2009 주민등록인구통계
행정안정부(2010), 주민등록인구통계(외국인 제외)

2) 연령별 성별 인구구성 및 추이

<표 1-2>에서 여성인구의 연령별 구성과 추이를 살펴보면, 14세 미만 인구의 구성비는 2000년 23.3%에서 2010년 16.9%로 급격히 감소하고 있으며, 절대 수도 11만 8,157명에서 9만 2,536명으로 6.4%정도 감소하고 있었다. 그에 반해 65세 이상 인구의 비율은 2000년 5.4%에서 2010년 8.4%로 증가하고 있으며, 절대 수에 있어서도 2000년 2만 7,601명에서 2010년 4만 5,870명으로 크게 증가하고 있었다. 저출산과 더불어 고령사회로의 진입이 빠르게 나타나고 있음을 알 수 있다.

경제활동이 가능한 15세에서 64세까지의 인구는 2000년 71.2%에서 2010년 74.7%로 조금씩 꾸준히 증가하고 있었다. 유년인구의 감소에도 불구하고 경제활동이 가능한 인구가 증가하는 것은 현대중공업, 현대자동차, SK 등과 같은 대기업과 대기업의 협력업체들이 많아 지속적으로 인구가 유입되고 있기 때문이다. 이러한 노동력의 유입은 남녀 인구 비중의 변화로도 유추해 볼 수 있다. 1962년 공업센터 지정 이후에 1965년까지는 여성인구가 근소한 차이로 많았으나, 공업화가 본격적으

로 시작된 1970년대부터 남성인구가 여성인구를 앞서게 되었다. 특히 울산은 중화학 공업위주로 공업화가 진전되었기 때문에 상대적으로 남성인구의 비중의 더 높다고 볼 수 있다(박재환·일상성·일상생활연구회, 2006).

〈표 1-2〉 울산광역시 여성인구의 연령별 구성 추이

(단위 : 명, %)

연도	14세 미만		15세~64세 이하		65세 이상		계
	인구수	구성비	인구수	구성비	인구수	구성비	인구수
2000	118,157	23.3	360,908	71.2	27,601	5.4	506,666
2001	117,601	22.9	367,007	71.4	29,103	5.7	513,711
2002	116,062	22.4	371,471	71.7	30,657	5.9	518,190
2003	114,216	21.9	375,155	71.9	32,412	6.2	521,783
2004	111,601	21.2	379,692	72.2	34,500	6.6	525,793
2005	108,956	20.6	383,474	72.5	36,352	6.9	528,782
2006	105,082	19.8	387,600	73.0	38,201	7.2	530,883
2007	102,003	19.1	391,564	73.3	40,531	7.6	534,098
2008	99,499	18.4	397,639	73.7	42,454	7.9	539,592
2009	95,881	17.7	401,202	74.1	44,176	8.2	541,259
2010	92,536	16.9	408,821	74.7	45,870	8.4	547,227

자료 : KOSIS국가통계포탈(2010), 주민등록인구통계

〈표 1-3〉 울산광역시 인구의 연령대별 구성(2010년 기준)

(단위 : 명, %)

연령대	여성		남성		계	
	인구수	구성비	인구수	구성비	인구수	구성비
0~9	54,019	9.9	59,817	10.3	113,836	10.1
10~19	80,198	14.7	94,723	16.4	174,921	15.5
20~29	70,230	12.8	82,202	14.2	152,432	13.5
30~39	92,268	16.9	94,854	16.4	187,122	16.6
40~49	107,728	19.7	112,098	19.4	219,826	19.5
50~59	77,212	14.1	82,768	14.3	159,980	14.2
60~69	34,731	6.3	35,777	6.2	70,508	6.3
70~79	21,078	3.9	13,900	2.4	34,978	3.1
80세 이상	9,763	1.8	2,932	0.5	12,695	1.1
계	547,227	100.0	579,071	100.0	1,126,298	100.0

자료 : 행정안전부(2010), 주민등록인구통계

2010년 기준으로 울산의 연령계층별 인구 분포를 보면, 40대가 19.5%, 30대가 16.6%, 10대가 15.5%, 50대가 14.2%, 20대가 13.5%로 3~40대의 연령층이 높은 비중을 차지하며, 타 시도에 비해 젊은 도시의 특징을 지닌다. 전체적으로 20대 인구 비율이 현저히 낮고, 30대와 40대는 인구유입이 많은 편으로 파악된다.

<표 1-3>에서 연령별 인구를 성별로 나누어 보면, 여성은 40대 연령층이 19.7%, 30대 연령층이 16.9%를 차지하였고, 남성의 경우에도 40대 연령층이 19.4%, 10대(9만 4,723명)와 30대(9만 4,854명) 연령층이 각 16.4%였다. 한편 60세 이상의 연령층 비율에서 남성은 9.1%, 여성은 12%로 남성인구보다 여성인구의 노령화가 더 심각하게 진행되고 있음을 반영하고 있었다.

2. 여성인적자원의 교육수준

1) 울산광역시 인적자원의 학력분포

교육수준은 인적자원의 질적 수준을 파악할 수 있는 지표이다. <표 1-4>에서 2010년 현재 울산의 15세 이상 64세 이하 인구의 교육정도별 분포는 남성과 여성 모두 고졸이 가장 많았고, 그 다음으로 대졸(전문대졸 포함), 중졸의 순이었다. 전국 평균과 비교할 때, 울산광역시의 여성과 남성 모두 고졸의 비중은 높은 반면, 대졸 이상의 비중은 낮게 나타나 전반적으로 학력수준이 낮은 편이다. 특히, 석박사급 인력의 비중은 남성, 여성 모두 전국평균의 절반에도 미치지 못하는 실정이었다.

여성의 교육정도별 분포는 고졸 45.7%, 대졸 18.0%, 전문대학 졸업 15.5%, 중졸 11.7%의 구성을 보이며, 석사급 인력은 1.7%, 박사급 인력은 0.2%에 불과하였다. 남성은 고졸 44.5%, 대졸 24.5%, 전문대졸 17.2%, 중졸 8.0%로 여성과 남성 모두 대졸의 비율이 현저히 낮은 것으로 나타났다. 남성의 석사급 인력과 박사급 인력은 각각 2.1%, 0.5%인 것과 비교하면 고급 여성인력의 비중은 남성에 비해 낮은 편이었다. 이처럼 고학력 여성인구의 비중이 적은 이유는 울산이 고급 여성인력의 일자리가 매우 적은 것도 원인이 된다고 볼 수 있다.

〈표 1-4〉 15세 이상 64세 이하 인구의 학력분포(2010년 기준)

(단위 : 명, %)

구분		계	초등학교	중학교	고등학교	전문대학	대학교	석사급	박사급	미취학
전국	계	34,779,121	1,880,891	3,177,049	13,354,232	5,342,939	9,265,372	1,218,464	301,063	239,111
		100.0	5.4	9.1	38.4	15.4	26.6	3.5	0.9	0.7
	남성	17,602,812	645,669	1,390,488	6,530,435	2,752,763	5,261,061	723,096	217,792	81,508
		100.0	3.7	7.9	37.1	15.6	29.9	4.1	1.2	0.5
	여성	17,176,309	1,235,222	1,786,561	6,823,797	2,590,176	4,004,311	495,368	83,271	157,603
		100.0	7.2	10.4	39.7	15.1	23.3	2.9	0.5	0.9
울산	계	802,645	36,866	78,312	361,939	131,400	171,697	15,270	2,758	4,403
		100.0	4.6	9.8	45.1	16.4	21.4	1.9	0.3	0.5
	남성	418,590	11,771	33,567	186,370	71,893	102,462	8,918	2,027	1,582
		100.0	2.8	8.0	44.5	17.2	24.5	2.1	0.5	0.4
	여성	384,055	25,095	44,745	175,569	59,507	69,235	6,352	731	2,821
		100.0	6.5	11.7	45.7	15.5	18.0	1.7	0.2	0.7

자료 : KOSIS국가통계포탈(2010), 인구총조사.

2) 울산광역시 인적자원의 평균 교육년수

평균 교육년수는 지역의 교육수준을 보여주는 가장 대표적인 지표이다. <표 1-5>를 보면 울산의 평균 교육년수는 12.1년으로 전국 평균과 동일한 수준이었다. 6대 광역시와 비교하면 울산의 평균 교육년수는 인천, 부산보다는 높고, 대구와는 같은 수준이며, 서울, 광주, 대전에 비해서는 낮다.

여성의 평균 교육년수는 11.7년으로 전국 평균이 11.6년과 비슷한 수준이며, 다른 광역시와 비교하면 울산 여성의 평균 교육년수는 인천, 부산보다는 높고, 대구와는 동일하며, 서울, 광주, 대전에 비해서는 낮았다. 남성의 평균 교육년수는 12.5년으로 전국 평균과 동일한 수준이며, 다른 광역시와 비교하면 인천, 부산보다는 높고, 대구, 서울, 광주, 대전에 비해서는 낮은 편이다. 울산 여성인력의 교육년수는 남성에 비해 낮은 편이지만, 남성 평균 교육년수에 비해서는 여성 교육년수의 비율은 93.6으로 전국 평균과 6대 광역시 중에서는 가장 높았다. 울산은 남성과 여성간의 교육년수 차이가 가장 적은 편이라고 볼 수 있다.

〈표 1-5〉 광역시간 평균교육년수 비교(2005년 기준)

(단위 : 년, %)

구분	전체	여성	남성	성비
전국	12.1	11.6	12.5	92.5
서울	12.8	12.4	13.3	92.9
부산	12.0	11.5	12.4	92.4
대구	12.1	11.6	12.6	92.2
인천	11.9	11.5	12.4	92.8
광주	12.5	12.0	13.1	91.7
대전	12.6	12.0	13.1	91.3
울산	12.1	11.7	12.5	93.6

자료 : 한국여성개발원(2006), 「국가균형발전모델의 성주류화 전략개발」

3) 울산광역시 인적자원의 학위취득자 수

<표 1-6>을 보면 울산광역시 인력의 석사학위 취득자수는 1999년 315명에서 2005년 472명으로 증가하고 있으며, 특히 여성인력 석사학위 취득자수는 53명에서 209명으로 급격히 증가하고 있었다. 1999년 19.8%에서 2005년 44.3%로 비율이 월등히 증가하였고, 인구 만명당 석사학위 취득자수는 0.52명에서 1.92명으로 나타났다. 한편 박사학위자의 경우에는 전체 학위취득자의 수가 완만히 증가하고는 있지만, 여성인력의 비율은 특별한 추세를 보여주지 못하였다. 여성의 박사학위자 수는 남성의 절반에도 미치지 못하고 있었다.

〈표 1-6〉 울산광역시 인력의 학위취득자 수

(단위 : 명, %)

구분	석사				박사			
	학위취득자		인구만명당 수		학위취득자		인구만명당 수	
	전체	여성	여성비율	여성	전체	여성	여성비율	여성
1999	315	53	16.8	0.52	34	6	17.6	0.06
2000	419	85	20.3	0.82	44	11	25.0	0.11
2001	398	81	20.4	0.77	39	13	33.3	0.12
2002	459	129	28.1	1.21	37	7	18.9	0.07
2003	431	142	32.9	1.32	56	17	30.4	0.16
2004	542	182	33.6	1.68	52	15	28.8	0.14
2005	472	209	44.3	1.92	53	12	22.6	0.11

자료 : 울산광역시(2007), 2007 통계로 보는 울산여성

4) 울산광역시 인적자원의 전공별 석박사학위 취득자 수

<표 1-7>을 보면 2005년 기준으로 울산의 석사학위 취득자는 472명이며, 교육계열이 150명으로 가장 많았고, 그 다음으로 공학계열 114명, 의학계열 94명, 자연계열 48명, 사회계열 41명, 예체능계열 19명, 인문계열 6명의 순이었다. 석사학위 취득자 중 여성비율은 44.3%로, 2000년의 20.3%에 비해 크게 상승하였다. 박사학위 취득자는 53명으로, 의학계열 36명, 공학 9명, 자연계열 8명으로 나타났다. 지역에서 배출되는 박사학위 이상의 고급 인력은 양적으로 부족할 뿐만 아니라, 의학, 공학, 자연계열 전공에 편중되어 있었다. 한편 박사학위 취득자 중 여성비율은 22.6%로, 지역 내 고학력 여성인력이 부족함을 알 수 있다.

〈표 1-7〉 울산광역시 계열별 석사, 박사학위 취득자수

(단위 : 명, %)

구분		공학계열	교육계열	사회계열	예체능계열	의학계열	인문계열	자연계열	계	여성비율
2000	석사	195	108	41	2	56	-	17	419	20.3
	박사	13	-	-	-	26	-	5	44	25.0
2005	석사	114	150	41	19	94	6	48	472	44.3
	박사	9	-	-	-	36	-	8	53	22.6

자료 : 울산발전연구원(2006), 울산지역의 인적자원개발지표 연구
울산광역시(2007), 2007 통계로 보는 울산 여성

제 2 장

울산 여성의 경제활동

이 장에서는 기존의 통계자료를 활용하여 울산 여성의 경제활동의 장인 동시에 환경이라고 볼 수 있는 울산의 경제지표와 산업구조 및 울산 여성의 경제활동 실태와 추이를 분석하였다.

1. 울산의 경제지표와 산업구조

1) 울산광역시 GRDP 및 전국비중 추이

<표 2-1>을 보면 울산광역시의 2006년 지역총생산액(GRDP)은 41조 2,267억원이며, 전국 GDP의 4.8%를 차지한다. 1998년 23조 7,656억원에서 73.4% 증가한 금액이며, 연평균 7.1%의 성장을 보여주고 있다. 동일기간 전국 GDP가 78.4% 증가하여 연평균증가율이 7.5%인 것과 비교하면 조금 낮은 증가세를 보인다. 2005년 이후에는 울산의 GRDP 증가율이 4.1%, 2006년에는 4.7%로 낮아지고 있는 추세이다.

〈표 2-1〉 울산광역시 GRDP 추이

(단위 : 백만원, %)

년도	전국	증가율	울산	증가율	비중
1998	479,823,673	-	23,765,631	-	5.0
1999	527,603,243	10.0	26,482,865	11.4	5.0
2000	577,970,942	9.5	28,355,275	7.1	4.9
2001	620,905,233	7.4	29,875,948	5.4	4.8
2002	685,946,405	10.5	33,173,721	11.0	4.8
2003	731,626,781	6.7	34,414,225	3.7	4.7
2004	786,362,375	7.5	39,329,411	14.3	5.0
2005	817,811,875	4.0	40,648,318	3.4	5.0
2006	856,191,884	4.7	41,226,660	1.4	4.8

자료 : KOSIS국가통계(2007). GRDP는 경상가격임

2) 광역시별 GRDP 및 1인당 GRDP

<표 2-2>를 보면 울산광역시의 2006년 지역총생산액(GRDP)은 전국 GDP의 4.8%에 해당하며, 서울, 부산에 이어 광역시 중에서 3위를 유지하고 있었다. 인구비중이 2.2%인 것을 감안하면 높은 수치이다. 인구 1인당 GRDP는 3,837만원으로서 전국 평균의 2배가 넘으며, 광역시도 중 최고액을 기록하고 있다. 2위인 서울과 비교해도 거의 두 배에 달하는 수치이다.

〈표 2-2〉 광역시간 GRDP 비교(2006년 기준)

(단위 : 백만원, %, 원)

시도	GRDP	전국비중	1인당 GRDP
전국	856,191,884	100.0	17,727,574
서울특별시	193,775,894	22.6	19,338,674
부산광역시	48,136,226	5.6	13,544,228
대구광역시	27,873,093	3.3	11,220,953
인천광역시	40,607,303	4.7	15,640,349
광주광역시	19,049,436	2.2	13,199,205
대전광역시	19,514,915	2.3	13,214,898
울산광역시	41,226,660	4.8	38,367,656

자료 : KOSIS국가통계(2007). GRDP는 경상가격임

〈표 2-3〉 광역시간 주요 경제지표 비교(2006)

구분	단위	전국	서울	부산	대구	인천	광주	대전	울산
주민등록인구	천명	49,624	10,356	3,635	2,513	2,664	1,416	1,476	1,103
			20.9	7.3	5.1	5.4	2.9	3.0	2.2
경제활동인구	천명	23,978	5,138	1,698	1,218	1,285	646	692	509
			21.4	7.1	5.1	5.4	2.7	2.9	2.1
취업자	천명	23,151	4,906	1,628	1,173	1,228	619	661	494
			21.2	7.0	5.1	5.3	2.7	2.9	2.1
실업률	%	3.5	4.5	4.2	3.7	4.4	4.2	4.4	2.9
업체수	개사	117,818	19,790	9,084	6,928	9,484	2,104	1,331	1,625
			16.8	7.7	5.9	8.0	1.8	1.1	1.4
종사자수	천명	2,881	261	167	122	200	61	36	142
			9.1	5.8	4.2	6.9	2.1	1.2	4.9
출하액	십억원	850,919	38,831	28,286	19,967	46,782	16,885	9,243	107,584
			4.6	3.3	2.3	5.5	2.0	1.1	12.6
수출	백만불	325,465	24,718	8,090	3,546	15,942	9,142	2,396	54,940
			7.6	2.5	1.1	4.9	2.8	0.7	16.9
수입	백만불	309,383	58,775	8,646	2,608	20,743	4,079	2,390	49,235
			19.0	2.8	0.8	6.7	1.3	0.8	15.9
판매전력량	천 MWH	348,719	41,824	17,219	12,622	18,695	6,441	7,506	21,556
			12.0	4.9	3.6	5.4	1.8	2.2	6.2
자동차등록	천대	15,895	2,857	994	865	822	450	521	395
			18.0	6.3	5.4	5.2	2.8	3.3	2.5

자료 : 울산상공회의소(2007), 2007울산산업현황

3) 울산산업구조 및 변화 추이

<표 2-4>에 의하면 울산의 산업은 2006년 부가가치 기준으로 1차 산업이 0.5%, 2차 산업이 75.1%, 3차 산업이 24.5%로 구성되어 있다. 전국적으로 2차 산업 비중이 40.0%, 3차 산업 비중이 56.9%인 것과 비교하면, 2차 산업의 비중이 매우 높은 편이다. 울산의 2차 산업 비중은 3차 산업의 3배가 넘으며, 주력산업인 자동차, 조선, 석유화학산업에 기반을 두고 있다. 이러한 2차 산업 중심의 산업구조는 광역시 승격 이후 지속되어 오고 있으며, 앞으로도 지속될 것으로 보인다.

〈표 2-4〉 울산광역시 산업구조 및 추이

(단위 : 억원, %)

년도	울산광역시				전국			
	1차 산업	2차 산업	3차 산업	총부가가치	1차 산업	2차 산업	3차 산업	총부가가치
1998	1,685	138,676	43,335	183,696	217,761	1,794,180	2,339,685	4,351,625
	(0.9)	(75.5)	(23.6)		(5.0)	(41.2)	(53.8)	
1999	1,844	157,349	46,875	206,069	242,563	1,912,878	2,583,042	4,738,483
	(0.9)	(76.4)	(22.7)		(5.1)	(40.4)	(54.5)	
2000	1,518	156,158	49,469	207,146	237,507	2,074,179	2,834,894	5,146,581
	(0.7)	(75.4)	(23.9)		(4.6)	(40.3)	(55.1)	
2001	1,581	164,223	54,677	220,481	238,520	2,148,400	3,146,223	5,533,142
	(0.7)	(74.5)	(24.8)		(4.3)	(38.8)	(56.9)	
2002	1,628	168,300	61,253	231,181	233,580	2,312,694	3,494,639	6,040,913
	(0.7)	(72.8)	(26.5)		(3.9)	(38.3)	(57.8)	
2003	1,121	190,739	65,617	257,478	229,082	2,497,476	3,725,757	6,452,315
	(0.4)	(74.1)	(25.5)		(3.6)	(38.7)	(57.7)	
2004	1,473	224,386	70,850	296,709	250,878	2,823,885	3,910,772	6,985,535
	(0.5)	(75.6)	(23.9)		(3.6)	(40.4)	(56.0)	
2005	1,454	229,302	73,618	304,375	241,631	2,940,714	4,094,000	7,276,345
	(0.5)	(75.3)	(24.2)		(3.3)	(40.4)	(56.3)	
2006	1,427	233,006	75,970	310,402	237,915	3,043,841	4,325,385	7,607,141
	(0.5)	(75.1)	(24.5)		(3.1)	(40.0)	(56.9)	

자료 : KOSIS국가통계(2007). 부가가치액은 경상가격, ( )는 산업별 구성비

주 : 2차산업은 광공업, 건설업, 전기·가스·수도업 포함

4) 광역시간 산업구조 비교

<표 2-5>에서 2006년 부가가치 기준으로 광역시 간의 산업구조를 비교해 보면, 울산은 광역시 중 유일하게 2차 산업의 비중이 가장 높으며, 3차 산업의 비중은 가장 낮았다. 다른 광역시중 2차 산업 비중이 가장 높은 인천이 43.1%에 불과하며 3차 산업 비중이 56.2%인 것과 비교하면 2차 산업 75.1%, 3차 산업 24.5%인 울산은 기형적인 산업구조를 가지고 있다. 인구비중이 2.2%에 불과하면서도 부가가치 비중은 4.1%를 차지하여 1인당 부가가치는 광역시 중에서 가장 높게 나타났다.

〈표 2-5〉 광역시간 산업구조 비교(2006년 부가가치 기준)

(단위 : 억원, %)

구분	부가가치액 및 구성비			총부가가치	전국비중
	1차 산업	2차 산업	3차 산업		
전국	237,915 (3.1)	3,043,841 (40.0)	4,325,385 (56.9)	7,607,141	100.0
서울	2,651 (0.2)	234,768 (13.5)	1,505,298 (86.4)	1,742,717	22.9
부산	4,342 (1.0)	130,640 (30.0)	300,125 (69.0)	435,108	5.7
대구	1,335 (0.5)	79,214 (31.4)	171,932 (68.1)	252,480	3.3
인천	2,570 (0.7)	156,287 (43.1)	204,097 (56.2)	362,954	4.8
대전	444 (0.2)	49,902 (28.0)	127,693 (71.7)	178,039	2.3
광주	2,045 (1.2)	67,542 (39.2)	102,582 (59.6)	172,169	2.3
울산	1,427 (0.5)	233,006 (75.1)	75,970 (24.5)	310,402	4.1

자료 : KOSIS국가통계(2007). 부가가치액은 경상가격

5) 울산의 산업구조(종사자 수 기준) 추이

<표 2-6>에서 종사자 수 기준으로 산업구조를 살펴보면, 2차 산업 종사자의 비중의 1998년 48.8%에서 2001년까지는 큰 변화가 없었으나 2002년과 2003년에 73% 대로 크게 증가하였다. 2004년부터 2006년까지는 다시 43%대로 감소하였다.

광역시 승격 이후의 종사자수 기준 산업구조의 추세를 살펴보면 2차 산업 종사자수의 비중은 5%이상 감소하고 있으며, 3차 산업 종사자수의 비중은 5%이상 늘어나고 있다. 전국 기준의 변화가 2%내에서 이루어진 것과 비교하여 울산의 종사자 수 비중 변화는 상대적으로 크게 나타나고 있다. 종사자 수에 있어서 2차 산업의 경우 2만 5천여명이 증가하였고, 3차 산업의 경우에는 7만여명이 증가하였다.

〈표 2-6〉 울산광역시 산업구조 및 추이(종사자수 기준)

(단위 : 명, %)

년도	울산광역시				전국			
	1차산업	2차산업	3차산업	총종사자수	1차산업	2차산업	3차산업	총종사자수
1998	592 (0.2)	143,068 (48.8)	149,345 (51.0)	293,005	61,430 (0.5)	3,774,924 (30.4)	8,580,204 (69.1)	12,416,558
1999	557 (0.2)	146,964 (47.3)	163,187 (52.5)	310,708	60,882 (0.5)	3,901,531 (30.2)	8,957,876 (69.3)	12,920,289
2000	659 (0.2)	154,005 (46.0)	179,901 (53.8)	334,565	56,108 (0.4)	4,051,808 (29.8)	9,496,358 (69.8)	13,604,274
2001	77 (0.0)	158,397 (45.1)	192,986 (54.9)	351,460	35,537 (0.3)	4,128,113 (29.3)	9,945,991 (70.5)	14,109,641
2002	13 (0.0)	136,489 (73.5)	49,097 (26.5)	185,599	9,268 (0.2)	2,788,760 (49.1)	2,876,588 (50.7)	5,674,616
2003	46 (0.0)	136,371 (73.7)	48,550 (26.2)	184,967	10,186 (0.2)	2,841,481 (49.9)	2,837,605 (49.9)	5,689,272
2004	92 (0.0)	164,199 (43.4)	213,764 (56.5)	378,055	31,325 (0.2)	4,231,100 (28.6)	10,556,329 (71.2)	14,818,754
2005	129 (0.0)	164,419 (43.3)	215,294 (56.7)	379,842	32,294 (0.2)	4,316,499 (28.5)	10,798,678 (71.3)	15,147,471
2006	156 (0.0)	168,741 (43.3)	220,573 (56.6)	389,470	31,729 (0.2)	4,366,714 (28.3)	11,037,323 (71.5)	15,435,766

자료 : KOSIS국가통계(2007)

6) 광역시간 산업구조(종사자수 기준) 비교

<표 2-7>에서 종사자수 기준으로 산업구조를 광역시간 별로 비교했을 때에도 울산은 2차 산업의 비중이 43.3%로 가장 크며, 3차 산업의 비중은 56.6%로 가장 적었다. 울산의 산업종사자수의 전국 비중은 2.5%로 인구비중 2.2%를 약간 상회하고 있었다.

〈표 2-7〉 광역시간 산업구조(종사자수 기준) 비교

(단위: 명, %)

구분	종사자수 및 구성비			총 종사자수	전국비중
	1차 산업	2차 산업	3차 산업		
전국	31,729 (0.2)	4,366,714 (28.3)	11,037,323 (71.5)	15,435,766	100.0
서울	589 (0.0)	705,437 (18.1)	3,188,640 (81.9)	3,894,666	25.2
부산	2,977 (0.3)	264,540 (23.1)	879,726 (76.7)	1,147,243	7.4
대구	271 (0.0)	193,071 (26.8)	527,915 (73.2)	721,257	4.7
인천	232 (0.0)	260,608 (35.0)	484,271 (65.0)	745,111	4.8
대전	222 (0.1)	70,976 (17.2)	341,691 (82.8)	412,889	2.7
광주	361 (0.1)	109,808 (25.0)	329,269 (74.9)	439,438	2.8
울산	156 (0.0)	168,741 (43.3)	220,573 (56.6)	389,470	2.5

자료 : KOSIS국가통계(2007)

7) 울산 고용시장의 특징

울산의 산업구조를 바탕으로 하여 다음과 같은 고용시장의 특성을 도출할 수 있다(황진호, 2010).

(1) 제조업 중심의 남성위주 지역 노동시장

울산의 생산가능인구, 경제활동인구, 경제활동참가율 등 노동력 공급수준은 대체로 양호한 편이다. 지역 제조업체의 높은 생산성으로 제조업 중심의 산업구조에서 여전히 제조업이 일자리 증가를 유도하고 있다. 이처럼 울산은 최근에는 감소하는 추세이긴 하나 제조업 취업자 비중이 상대적으로 높고 사업·개인·공공서비스, 전기, 운수, 통신, 금융서비스 등과 같은 사회간접자본 및 서비스업의 취업자 수가 크게 증가하였다. 그런데 울산의 서비스 사업체 중에서 숙박, 음식업, 오락과 문화 및 운동 관련업의 비중이 다른 광역시에 비하여 가장 높다는 점에서 서비스산업의 질이 떨어진다고 볼 수 있다(박재환·일상성·일상생활연구회, 2006).

지역 제조업의 취업자 수 감소 추세는 소위 '고용 없는 성장'이라는 현상을 반영하는 것이라고 볼 수 있다. 따라서 지역의 산업구조가 제조업 중심으로 편성되어 있고 서비스산업의 비중이 상대적으로 낮은 점을 고려하면, 제조업의 지속적 성장이나 고부가가치 서비스산업의 육성을 통해 새로운 일자리 창출이 가능하다고 볼 수 있다.

제조업 중심의 남성위주 산업구조를 가진 울산에서 취업자의 성별 격차는 전국 수준보다 크게 나타나고 있다. 여성의 경우 취업자 수의 연평균 증가율은 남성의 경우보다 높으나, 고용의 안정성 측면에서는 불리한 상황에 직면하고 있다. 또한 울산 지역의 남성 고용률은 여성 고용률보다 월등히 높은 수준을 보이고 있으며, 남녀 간 고용률 격차도 전국보다 크게 나타나고 있다.

울산의 2차산업 위주의 기형적인 산업구조를 바꾸기 위해서는 가장 부족한 고부가가치 서비스산업을 육성해야 한다. 고부가가치 서비스산업은 상대적으로 직무적 합성이 높은 여성들의 경제활동참가율을 제고할 수 있다는 점에서 울산시의 가장 중요한 산업정책이 되어야 한다. 특히 고부가가치 서비스산업의 육성을 위해서는 고학력 여성들의 경력단절에서 오는 문제를 해결할 수 있는 지역차원의 고용서비스 및 인력개발정책도 필요하다.

(2) 높은 수준의 일자리 미스매치

한국고용정보원의 자료에 의하면, 울산은 구인과 구직 간의 미스매치(mismatch)가 상당히 높아 노동시장의 비효율성이 두드러지게 나타나고 있다(이상엽, 2010). 2007년의 경우 울산은 7대 도시 중 취업률이 높았으나, 노동시장 정보의 불완전성으로 발생하는 마찰적 미스매치와, 직무공석에서 요구하는 자격을 갖춘 근로자가 지역에 없는 현상을 의미는 구조적 미스매치의 비율이 가장 높게 나타났다. 마찰적 미스매치의 비율이 31.1%, 구조적 미스매치의 비율이 10.9%였지만 노동수요부족 실업은 27.2%로 가장 낮게 나타났다. 이렇게 높은 미스매치 비율은 경기침체 시 실업률을 큰 폭으로 상승시킬 수 있다는 점에서 주의해야 할 과제이다. 특히 울산 노동시장의 미스매치로 구직자들의 구직활동에 혼잡효과(crowding effect)가 발생하여 실업이 장기화할 우려가 커지고 있다(이상엽, 2010).

제조업에 특화된 산업구조적 특성을 반영하여 울산 실업자들의 구직활동은 기능원 및 단순노무 직종과 같은 제조업 생산직에 집중되어 있다. 1990년대 이후 노동력의 고학력화로 일자리에 대한 기대수준이 상승하여 근로조건이 열악한 중소기업은 인력난이 지속되고 있고, 대기업의 채용방식은 경력자 수시채용 방식으로 변화되어 신규졸업자와 청년구직자의 구직난은 심화되고 있다.

(3) 노동시장의 이중구조화

'정규직 - 비정규직', '대기업 - 중소기업' 근로자 간 격차가 확대되고 있고, 1997년 외환위기 이후 임시직, 일용직, 단시간근로자, 파견근로자 등 불완전 취업계층이 증가하고 있다. 비정규직, 장기실업자 등 취약계층의 증가로 임금 및 복지격차가 지속적으로 확대되고 있는데, 이러한 근로자 간의 소득 불균형의 확대는 사회통합과 지역경제 발전의 걸림돌로 작용할 수 있다. 이는 비정규직 노동자들의 과격한 노동쟁의로 연결되고 있다.

제조업 취업자의 연령 혹은 세대 간의 불균형도 심화되고 있고, 제조업 취업자의 중·고령화가 두드러지는데, 이러한 현상은 혁신주도형 성장을 통한 생산성 향상에 부정적으로 작용할 우려가 있다. 이와는 달리 청년층 취업자 수는 지속적으로 감소하고 있어 청년실업이 울산에서도 심각한 문제로 대두되고 있다.

2. 울산 여성의 경제활동 추이

1) 경제활동참가율 및 추이

<표 2-8>을 보면 2000년 이후 전국의 경제활동참가율은 61~62%를 꾸준히 유지하고 있다. 2004년에는 62.1%로 가장 높았고, 2007년에는 61.8%였다. 울산도 대체로 60~61% 정도의 경제활동참가율을 보이고 있으나, 2006년에는 59.3%로 나타났다. 울산 여성의 경제활동참가율은 2000년 41.1%에서 꾸준히 증가하여 2007년에는 43.6%를 보이고 있다. 그러나 2006년에는 울산 지역 전체의 경제활동참가율 저하와 더불어 41.9%로 떨어지기도 하였다.

〈표 2-8〉 울산광역시 경제활동참가율 추이

(단위 : 천명, %)

구분		2000	2001	2002	2003	2004	2005	2006	2007
전국	15세 이상인구	36,186	36,579	36,963	37,340	37,717	38,300	38,762	39,170
	경제활동인구	22,134	22,471	22,921	22,957	23,417	23,743	23,978	24,216
	경제활동참가율	61.2	61.4	62.0	61.5	62.1	62.0	61.9	61.8
울산 전체	15세 이상인구	759	775	792	808	823	842	858	874
	경제활동인구	456	465	485	492	507	511	509	528
	경제활동참가율	60.1	60.0	61.2	60.8	61.5	60.7	59.3	60.5
울산 여성	15세 이상인구	382	389	397	404	411	419	427	434
	경제활동인구	157	163	175	170	182	182	179	189
	경제활동참가율	41.1	41.9	44.1	42.0	44.2	43.5	41.9	43.6

자료 : KOSIS국가통계(2007).

2010년 여성의 경제활동참가율은 49.4%로 2009년(49.2%)에 이어 여전히 절반 수준에 못 미치는 것으로 나타났다. 연령계층별 여성의 경제활동참가율을 보면 25~29세가 69.8%로 가장 높았다가, 본격적인 육아가 진행되는 30~34세는 54.6%로 크게 하락 하였다가, 30대 후반부터 다시 증가하는 M자 패턴을 보인다. 과거에 비하여 대학진학률이 높아졌고 만혼 등으로 경제활동이 저하되는 지점(M자의 함몰점)이 20대 후반에서 30대 초반으로 이동하기는 하였으나, 패턴이 여전히 M자인 것은 여성의 일과 가정 양립의 어려움을 시사한다(통계청, 2011).

2) 광역시간 여성의 경제활동 참가율 비교

<표 2-9>를 보면 울산광역시는 여성 경제활동인구가 18만 9천명으로 43.6%를 차지하여 전체 광역시 중 최하위였다. 서울 51.7%나 전국 평균 50.2%와 비교해도 경제활동참가율이 저조한 편이라고 할 수 있다. 울산을 제외한 모든 광역시의 여성 경제활동참가율이 47%를 넘고 있다. 울산이 다른 광역시에 비해 여성의 경제활동 참가율이 저조한 이유는 울산 산업의 구조적인 문제에서 원인을 찾아볼 수 있다. 중화학 중심의 산업과 남성친화 직종 등의 구조적인 문제로 여성의 노동시장 진입이 용이하지 않음을 진단해 볼 수 있다.

〈표 2-9〉 광역시간 여성 경제활동참가율 비교(2007년 기준)

(단위 : 천명, %)

구분	15세이상인구	경제활동인구	비경제활동인구	경제활동참가율
전국	20,086	10,092	9,994	50.2
서울	4,215	2,179	2,036	51.7
부산	1,506	716	791	47.5
대구	1,043	510	533	48.9
인천	1,070	522	548	48.8
대전	609	290	319	47.6
광주	581	283	298	48.7
울산	434	189	245	43.6

자료 : KOSIS국가통계(2007).

3) 교육정도별 경제활동참가율

<표 2-10>에서 교육수준을 기준으로 볼 때, 대졸이상 학력자의 경제활동참가율은 전국 평균을 상회하고 있으나, 고졸이하 학력자의 경우에는 전국 평균에 미치지 못하고 있다. 특히 중졸이하의 경제활동참가율이 매우 저조한 것으로 나타났다. 울산 여성인력의 교육수준이 남성에 비해 상대적으로 낮은 것과 연결하여 볼 때, 울산 산업의 구조적 특성과 교육수준은 밀접한 관련을 가지는 것으로 판단된다.

〈표 2-10〉 교육수준별 경제활동참가율(2007년 기준)

(단위 : 천명, %)

구분	울산				전국			
	15세이상 인구	경제활동 인구	비경제활동 인구	경제활동 참가율	15세이상 인구	경제활동 인구	비경제활동 인구	경제활동참 가율
계	874	528	346	60.5	39,170	24,216	14,954	61.8
초졸이하	119	47	72	39.4	6,763	2,979	3,784	44.0
중졸	143	55	87	38.8	5,947	2,583	3,364	43.4
고졸	400	259	141	64.8	15,594	10,167	5,427	65.2
대졸이상	213	167	46	78.6	10,867	8,487	2,379	78.1
전문대졸	89	69	20	77.5	3,403	2,705	698	79.5
대졸	123	98	25	79.4	7,463	5,782	1,681	77.5

자료 : KOSIS국가통계(2007).

4) 제조업 중분류별 종사자수 및 여성인력 비중

<표 2-11>에서 2006년 기준으로 울산 제조업 종사자 중에서 여성인력이 차지하는 비율은 10.2%이며, 2004년과 2005년에 비해 감소하고 있는 추세이다. 주요 산업을 기준으로 볼 때, 주력산업인 화학, 자동차, 조선에서의 여성인력 비중은 각각 6.4%, 8.5%, 5.3%로서 매우 저조한 수준에 머물고 있다. 화학 및 자동차산업에서의 여성인력 비중은 미미하게라도 증가하는 추세를 보이고 있지만, 중화학 및 조선산업에서의 여성인력 비중은 오히려 줄어들고 있었다.

〈표 2-11〉 제조업 중분류별 여성종사자수 및 비중

(단위 명, %)

산업분류	2004			2005			2006		
	종사자수	남성비	여성비	종사자수	남성비	여성비	종사자수	남성비	여성비
제조업(15~37)	141,318	88.8	11.2	140,272	88.7	11.3	147,729	89.8	10.2
음·식료품 제조업	1,272	62.8	37.2	1,378	59.1	40.9	1,321	63.1	36.9
섬유제품 제조업 (봉제의복 제외)	2,965	60.4	39.6	2,780	54.5	45.5	2,575	58.3	41.7
봉제의복 및 모피제품 제조업	165	22.4	77.6	156	24.4	75.6	84	34.5	65.5
가죽, 가방 및 신발 제조업	313	30.4	69.6	292	32.2	67.8	302	41.1	58.9
목재 및 나무제품 제조업	524	81.3	18.7	536	81.5	18.5	581	84.7	15.3
펄프, 종이 및 종이제품 제조업	1,072	88.6	11.4	1,088	88.6	11.4	1,047	90.8	9.2
출판, 인쇄 및 기록매체 복제업	471	65.2	34.8	433	64.2	35.8	502	65.1	34.9
코크스, 석유정제품 및 핵연료	4,786	97.3	2.7	4,926	97.2	2.8	4,876	97.1	2.9
화합물 및 화학제품 제조업	13,351	94.1	5.9	13,032	93.7	6.3	13,010	93.6	6.4
고무 및 플라스틱제품 제조업	3,478	78.2	21.8	3,140	78.7	21.3	2,967	81.0	19.0
비금속광물제품 제조업	1,237	87.3	12.7	1,277	87.8	12.2	1,247	86.4	13.6

산업분류	2004			2005			2006		
	종사자수	남성비	여성비	종사자수	남성비	여성비	종사자수	남성비	여성비
제 1 차 금속산업	5,369	95.3	4.7	5,296	94.1	5.9	5,703	94.6	5.4
조립금속제품 제조업	5,907	85.3	14.7	6,645	84.0	16.0	7,386	83.1	16.9
기타 기계 및 장비 제조업	5,740	88.7	11.3	5,437	88.2	11.8	5,947	87.1	12.9
기타 전기기계 및 전기변환장치	2,570	69.3	30.7	2,886	71.1	28.9	3,403	72.2	27.8
전자부품, 영상, 음향 및 통신장비	7,419	53.6	46.4	5,858	61.6	38.4	4,923	73.2	26.8
의료, 정밀, 광학기기 및 시계	155	75.5	24.5	212	78.3	21.7	277	75.1	24.9
자동차 및 트레일러 제조업	47,514	93.0	7.0	47,483	91.6	8.4	48,287	91.5	8.5
기타 운송장비 제조업	36,281	94.4	5.6	36,387	94.5	5.5	41,437	94.7	5.3
가구 및 기타 제품 제조업	610	64.6	35.4	858	54.1	45.9	1,683	82.7	17.3
재생용 가공원료 생산업	109	59.6	40.4	138	59.4	40.6	129	62.0	38.0

자료 : KOSIS국가통계(2007).

5) 서비스업 종사자수 및 여성인력 비중

<표 2-12>를 보면 2006년 울산의 서비스업 종사자수는 18,875명이며, 이는 전국 서비스업 종사자9,091,849명의 2.0%에 해당하는 수치이다. 여성종사자 수는 98,739명으로서 전체 서비스업 종사자수의 54.6%이고, 남성종사자수를 능가하고 있으며 전국 여성 서비스업 종사자의 2.1%에 해당된다.

숙박 및 음식점업에 24,655명이 종사하여 72.8%를 차지하고 있고, 교육서비스업에는 18,586명로 68.7%를 차지하고 있다. 이는 전국 기준 67.8%, 61.0%를 초과하는 수치이다. 이 외에 도매 및 소매업, 금융 및 보험업, 부동산 및 임대업, 오락, 문화 및 운동관련 서비스업, 기타 개인서비스업에서 전국보다 높은 여성인력의 비율을 보인다. 반면 통신업, 사업서비스업에서는 전국 평균에 미치지 못하고 있다.

〈표 2-12〉 서비스업 여성종사자 수 및 비중(2006년 기준)

(단위 : 명, %)

산업구분		종사자수	비중	남성	여성	여성비중
울산	서비스산업	180,875	100.0	82,136	98,739	54.6
	도매 및 소매업	42,776	23.6	20,818	21,958	51.3
	숙박 및 음식점업	33,848	18.7	9,193	24,655	72.8
	통신업	1,836	1.0	1,337	499	27.2
	금융 및 보험업	9,821	5.4	4,037	5,784	58.9
	부동산 및 임대업	5,399	3.0	3,463	1,936	35.9
	사업서비스업	23,478	13.0	18,135	5,343	22.8
	교육 서비스업	27,068	15.0	8,482	18,586	68.7
	보건 및 사회복지사업	12,966	7.2	3,530	9,436	72.8
	오락, 문화 및 운동관련 서비스업	7,362	4.1	3,875	3,487	47.4
	기타 공공, 수리 및 개인서비스업	16,321	9.0	9,266	7,055	43.2
전국	서비스산업	9,091,849	100.0	4,472,635	4,619,214	50.8
	도매 및 소매업	2,366,455	26.0	1,292,637	1,073,818	45.4
	숙박 및 음식점업	1,585,947	17.4	510,600	1,075,347	67.8
	통신업	135,527	1.5	95,806	39,721	29.3
	금융 및 보험업	588,080	6.5	278,135	309,945	52.7
	부동산 및 임대업	385,147	4.2	269,949	115,198	29.9
	사업서비스업	1,052,167	11.6	696,095	356,072	33.8
	교육 서비스업	1,189,784	13.1	463,482	726,302	61.0
	보건 및 사회복지사업	638,774	7.0	180,600	458,174	71.7
	오락, 문화 및 운동관련 서비스업	370,383	4.1	226,078	144,305	39.0
	기타 공공, 수리 및 개인서비스업	779,585	8.6	459,253	320,332	41.1

자료 : KOSIS국가통계(2007).

6) 연령계층별 취업자 구성비

<표 2-13>에서 2006년 기준으로 연령계층별 취업자 구성을 보면 40대가 148,000명, 30대가 137,000명 20대가 89,000명의 순으로 나타났다. 이 중 여성 취업자는 40대가 5만명, 30대가 39,000명, 20대가 43,000명이었다. 여성취업자의 비율은 10대가 66.7%로 가장 높았고, 20대가 48.3%, 60대 이상이 40%, 40대가 33.8%였으며, 30대의 경우에 28.5%로 가장 낮았다.

〈표 2-13〉 성 및 연령별 취업자 분포

(단위 : 천명, %)

구분	전체	15~19세	20~29세	30~39세	40~49세	50~59세	60세 이상
전체	494	3	89	137	148	81	35
여성	173	2	43	39	50	26	14
여성비율	35.0	66.7	48.3	28.5	33.8	32.1	40.0

자료 : 울산광역시(2007), 2007 통계로 보는 울산여성

7) 여성인적자원 고용구조의 특징

(1) 여성 실업률 추이 및 시도별 비교

<표 2-14>에서 보면 2007년 울산지역 여성인적자원의 실업률은 2.8%로서 전국 평균 2.6%를 넘고 있으며, 2000년 이후 계속하여 전국 평균을 상회하고 있었다. 광역시 중에서는 여성인력의 실업률이 상대적으로 낮은 추세를 보이며, 2007년의 실업률 2.8%는 광역시 중에서는 가장 낮은 수치이다. 반면 남성인력의 실업률은 광역시 중에서 가장 낮을 뿐만 아니라 2000년 이후부터 계속 전국 평균보다 낮게 나타나고 있다.

〈표 2-14〉 광역시별 성별 실업률 추이

(단위 : %)

시도별	성별	2000년	2001년	2002년	2003년	2004년	2005년	2006년	2007년
계	남성	5.0	4.5	3.7	3.8	3.9	4.0	3.8	3.7
	여성	3.6	3.3	2.8	3.3	3.4	3.4	2.9	2.6
서울특별시	남성	5.7	5.2	4.9	4.8	5.0	4.9	4.8	4.6
	여성	4.2	4.1	3.6	4.3	4.3	4.6	4.1	3.3
부산광역시	남성	8.1	6.6	4.5	4.3	4.9	5.2	4.9	4.4
	여성	5.8	4.4	3.2	3.8	3.6	3.2	3.1	3.3
대구광역시	남성	5.8	5.9	5.0	4.8	4.3	4.7	4.4	3.8
	여성	3.3	3.4	3.1	3.9	4.2	3.7	2.9	3.2
인천광역시	남성	5.5	5.1	4.3	4.7	4.8	5.0	5.0	4.3
	여성	5.4	4.1	3.5	3.8	4.1	4.0	3.5	3.8
광수광역시	남성	7.2	5.7	4.2	5.1	4.8	4.9	4.9	4.8
	여성	5.7	4.2	3.3	4.0	3.5	3.6	3.1	2.8
대전광역시	남성	5.3	5.1	4.1	3.5	4.1	4.5	4.6	4.5
	여성	4.0	3.8	3.6	4.3	4.3	4.3	4.2	3.4
울산광역시	남성	4.3	3.3	2.6	3.1	3.3	3.3	2.8	2.4
	여성	3.8	3.7	2.9	3.4	4.1	3.8	3.2	2.8

자료 : KOSIS국가통계(2007).

(2) 여성취업자 수 및 산업별 분포

<표 2-15>를 보면 2006년 기준으로 울산의 취업자 수는 494,000명으로, 전국 취업자 수 23,151,000명의 2.1%를 차지하였다. 취업자를 성별로 구분해 보면 여성은 173,000명, 남성은 321,000명이었다. 전체 취업자 중 여성비율은 35%이며, 이는 전국 평균인 41.9%보다 6.9% 낮은 수치이다.

여성취업자 173,000명 중 1만명은 1차 산업인 농림어업에, 28,000명은 2차 산업인 광공업과 제조업에 각각 종사하고 있었고, 136,000명은 3차 산업인 사회간접자본 및 기타 서비스업에 종사하고 있었고, 비율을 살펴보면 1차 산업 5.8%, 2차 산업 3.8%, 사회간접자본 및 기타서비스업이 78.6%였다. 한편 여성취업자의 사회간접자본 및 기타서비스업이 종사비율은 전국 평균 77.2%를 상회하는 수준이었다. 전국의 2차 산업 종사자 수의 비율이 30.1%를 넘는 것에 비해 울산은 4.4%에 불과한 것으로 나타났다. 그 밖에도 4.1%가 사업, 개인, 공공서비스 및 기타에, 3.4%가 도소매, 음식, 숙박업에 종사하고 있였다. 이는 여성취업자의 78.6%가 사회간접자본 및 기타서비스업 부문에 편중되어 있어 여성 취업의 질을 떨어뜨리는 요인이 되고 있음을 알 수 있다.

〈표 2-15〉 울산 여성취업자의 산업별 분포(2006)

(단위 : 천명, %)

산업 구분	울산				전국			
	전체	여성	구성비	여성 비율	전체	여성	구성비	여성 비율
전산업	494	173	100.0	35.0	23,151	9,706	100.0	41.9
농림어업	20	10	5.8	50.5	1,785	838	8.6	46.9
광공업	183	28	1.6	15.3	4,185	1,374	14.2	32.8
제조업	183	28	1.6	15.3	4,167	1,372	14.2	32.9
사회간접자본 및 기타서비스업	292	136	78.6	46.6	17,181	7,495	77.2	43.6
건설업	36	2	1.2	5.6	1,835	167	1.7	9.1
도소매음식숙박업	92	58	3.4	63.0	5,762	3,136	32.3	54.4
전기운수통신금융	33	5	2.9	15.2	2,333	618	6.4	26.5
사업개인공공서비스업 및 기타	130	71	4.1	54.6	7,251	3,574	36.8	49.3

자료 : 울산광역시(2008), 2008~2010 여성인력개발기본계획

(3) 여성취업자의 직업별 분포

<표 2-16>을 보면 울산에서 여성취업자가 가장 많이 종사하고 있는 직업 1위가 '서비스직(26.6%)', 2위가 '사무직(16.8%)', 3위가 '단순노무직(12.7%)', 4위가 '판매직(12.1%)'으로 나타났다. 즉, 울산 여성취업자의 68.2%가 이 4개의 분야에 종사하고 있다. 반면 남성취업자가 가장 많이 종사하고 있는 직업은 1위 '장치, 기계 조작 및 조립직', 2위 '기능원 및 관련 기능직', 3위 '사무직'으로 나타났다.

울산에서 여성취업자 비율이 50%를 넘는 직업은 '서비스직(78%)', '전문직(63%)', '판매직(56.8%)', '농림 어업 숙련직(52.6%)' 등이고, 전국 평균 여성비율이 50% 이상인 직업은 '서비스직(70.3%)', '판매직(54.1%)', '사무직(51.3%)'이었다. 우리나라 평균 '사무직'은 남성취업자보다 여성취업자(51.3%)가 더 많이 종사하고 있지만, 울산에서는 남성취업자 비중(60%)이 더 높게 나타났다.

울산에서 여성비율이 전국 평균보다 높은 직업은 전문직, 서비스직, 판매직, 농림어업 숙련직이며, 여성비율이 전국 평균보다 낮은 직업은 기술공 및 준전문가, 사무직, 기능원 및 관련 기능종사자, 장치, 기계 조작 및 조립종사자, 단순노무직, 의회의원, 고위임원직 및 관리자이다.

〈표 2-16〉 울산 여성취업자의 직업별 분포와 비율(2006)

(단위 : 천명, %)

구 분	울산광역시			전국		
	전체	여성	여성비율	전체	여성	여성비율
전체	494	173	35.0	23,151	9,706	41.9
의회의원고위임직원 및 관리자	15	1	6.7	571	47	8.2
전문가	27	17	63.0	1,948	920	47.2
기술공및준전문가	43	12	27.9	2,478	857	34.6
사무종사자	71	29	40.8	3,284	1,685	51.3
서비스종사자	59	46	78.0	2,923	2,054	70.3
판매종사자	37	21	56.8	2,662	1,440	54.1
농림어업숙련종사자	19	10	52.6	1,676	754	45.0
기능원및기능종사자	70	4	5.7	2,455	375	15.3
장치, 기계조작 및 조립종사자	104	12	11.5	2,579	335	13.0
단순노무종사자	49	22	44.9	2,576	1,241	48.2

자료 : 울산광역시(2007), 2007 통계로 보는 울산여성

(4) 여성취업자의 종사상 지위별 분포

<표 2-17>에서 울산의 여성취업자의 종사상 지위별 분포를 보면 자영업주는 34,000명(19.7%), 무급가족종사자는 14,000명(8.0%), 임금근로자는 125,000명(72.3%)으로 구성되어 있다. 무급가족종사자의 비중은 전국 평균보다 5.5% 낮고, 자영업주와 임금근로자 비중은 전국 평균보다 각각 0.9%와 4.6% 높았다.

여성임금근로자 중 43.2%는 상용직에, 46.4%는 임시직에, 10.4%는 일용직에 종사하고 있었다. 여성임금근로자 가운데 상용직 비율은 전국 평균보다 3.4%, 임시직은 2.1% 높은 반면, 일용직은 전국 평균보다 5.5% 낮았다.

종사상 지위별 취업자 중 자영업주의 35.4%, 무급가족종사자의 87.5%, 임금근로자의 32.7%가 여성이었다. 임금근로자 중 상용직의 여성비율은 22%에 불과한 반면, 임시직은 56.3%, 일용직은 38.2%였다. 상용직의 여성비율은 전국 평균인 31.9%에 비해 9.7%나 낮았으나, 임시직에서의 여성비율은 전국 평균인 56.6%와 거의 동일하였다. 일용직의 여성비율도 상용직과 마찬가지로 전국 평균인 47.5%에 비해 9.3% 정도 낮은 편이었다.

〈표 2-17〉 울산 여성취업자의 종사상 지위별 분포와 비율(2006)

(단위 : 천명, %)

구분		계	자영업주	무급가족종사자	임금노동자			
						상용	임시	일용
전국	전체	23,152	6,135	1,466	15,551	8,204	5,143	2,204
	여성	9,707	1,828	1,306	6,573	2,616	2,909	1,048
	구성비	100.0	18.8	13.5	67.7	26.9	30.0	10.8
	여성비율	41.9	29.8	89.1	42.3	31.9	56.6	47.5
울산	전체	494	96	16	382	245	103	34
	여성	173	34	14	125	54	58	13
	구성비	100.0	19.7	8.0	72.3	31.2	33.5	7.5
	여성비율	35.0	35.4	87.5	32.7	22.0	56.3	38.2

자료 : 울산광역시(2007), 2007 통계로 보는 울산여성

2010년 여성취업자의 임금근로자 비중은 72.9%로 전년 대비 1.7% 증가하였다. 자영업자와 무급가족종사자로 이루어진 비임금근로자의 비중은 지속적으로 줄어들

고 있었다. 임금근로자 중 '상용'의 비중과 비임금근로자 중 '자영업자'의 비중은 여성이 남성보다 훨씬 낮아, 남녀간 고용의 질적 측면에 여전히 차이가 있는 것으로 보인다(통계청, 2011).

(5) 울산 여성취업자의 교육정도별 분포와 비율

<표 2-18>을 보면 여성취업자는 초졸 이하가 15.0%, 중졸이 15.0%, 고졸이 42.8%, 대졸이 27.7%로, 고졸학력의 여성이 가장 큰 비중을 차지하며, 대졸학력 여성이 그 다음을 차지하였다. 초졸 이하의 취업자 중 여성비율은 59.1%, 중졸은 47.3%, 고졸은 29.5%, 대졸이상은 33.3%로 나타났다. 중졸 이하의 저학력 취업자 중 여성비율은 상대적으로 높은 반면, 고졸 및 대졸이상 취업자의 여성비율은 낮은 편이었다. 이러한 결과는 상대적으로 고학력 여성인력의 취업이 어렵다는 것을 입증하는 것이라 할 수 있다.

2010년 여성취업자의 교육정도별 분포를 보면 '고졸'이 38.9%로 가장 많았고, 다음은 '대졸 이상으로 34.5%였다. 여성의 대졸 취업자 중에서는 '대졸 이상'의 비중 21.5%로 '전문대학 졸업자 13.0%이었다' 보다 높았다(통계청, 2011).

〈표 2-18〉 여성취업자의 교육정도별 분포

(단위 : 천명, %)

구분	전체	초졸이하	중졸	고졸	대졸이상
전체	494	44	55	251	144
구성비	100.0	8.9	11.1	50.8	29.1
여성	173	26	26	74	48
구성비	100.0	15.0	15.0	42.8	27.7
여성비율	35.0	59.1	47.3	29.5	33.3

자료 : 울산광역시(2007), 2007 통계로 보는 울산여성

(6) 울산 여성취업자의 산업별 임금수준 및 격차

<표 2-19>를 보면 2006년 기준으로 농림어업을 제외한 전산업 부분에서 울산 여성취업자의 월평균 임금은 1,326,000원이며, 남성취업자의 월평균 임금인 2,170,000원의 61.2%에 불과하였다. 2010년 남성임금을 100이라고 할때 여성의 임금은 66.9%로 여전히 남성 임금의 70 수준에도 미치지 못하고 있었다(통계청, 2011). 여성취업자의 임금수준이 가장 높은 산업은 '전기, 가스 및 수도업', '교육, 보건, 사

회복지, 개인서비스업', '금융, 보험, 부동산 및 임대, 사업서비스업'의 순으로 나타났다. 여성취업자의 임금수준이 가장 낮은 업종은 도소매, 음식, 숙박업, 건설업, 제조업 순이었다.

남성의 경우 제조업은 전기, 가스, 수도업에 이어 두 번째로 임금수준이 높은 업종으로 나타났는데, 이것은 상대적으로 임금수준이 높은 중화학공업 분야에 남성취업자들이 몰려있기 때문인 것으로 유추된다. 그리고 울산에서 남성대비 여성임금이 상대적으로 높은 산업은 '금융, 보험, 부동산 및 임대, 사업서비스업(76.6%)'과 '운수업, 창고 및 통신업(67.5%)'이었다.

〈표 2-19〉 울산 성/산업별 월평균 임금총액(2006년)

(단위 : 천원, %)

구분	전산업	광업 및 제조업	전기, 가스 및 수도업	건설업	도소매숙박 및 음식업	운수업, 창고및통신업	금융, 보험, 부동산 및 임대, 사업서비스업	교육보건, 사회복지, 개인서비스업
전체	2,199	2,426	3,294	1,873	1,566	1,790	1,723	1,933
여성(A)	1,327	1,394	1,860	1,251	1,134	1,256	1,409	1,437
남성(B)	2,170	2,549	3,400	1,947	1,912	1,860	1,836	2,500
임금비(A/B)	61.2	54.7	54.7	64.2	59.3	67.5	76.7	57.5

자료 : 울산광역시(2007), 2007 통계로 보는 울산여성

(7) 울산 여성취업자의 직업별 임금수준 및 격차

<표 2-20>을 보면 2005년 기준으로 울산 여성취업자의 직업별 월평균 임금은 1,673,000원이고, 남성은 2,630,000원이었다. 여성취업자 중 가장 고임금 직종은 '의회의원, 고위임원직 및 관리자'로 3,164,000원이며, 다음으로는 '전문가' 2,286,000원, '기술공 및 준전문가' 1,796,000원의 순서로 나타났다. '전문가'는 남성보다 여성비율(63%)이 높은 직종이나, '기술공 및 준전문가(27.9%)', '의회의원, 고위임원직 및 관리자(6.7%)'는 여성비율이 월등히 낮은 직종이었다.

여성취업자의 임금수준이 가장 낮은 직종은 1,071,000원의 단순노무직이며, 그 다음으로 1,291,000원의 기능원 및 관련 기능종사자, 1,303,000원의 농림어업 숙련직, 1,306,000원의 서비스종사자, 1,425,000원의 판매종사자의 순이었다. 남녀임금격차가 가장 작은 직업은 '단순노무직(77.1)'이며, 가장 큰 직업은 '기능원 및 관련 기능종사자(58.4%)'였다. 의회의원, 고위임원직 및 관리자는 남녀 모두 임금수준이

가장 높은 고임금 직종이며, 남성대비 여성임금이 73.8%로 다른 직종에 비해 남녀 임금격차도 크지 않았다.

〈표 2-20〉 울산 직업별 월평균 여성임금 및 여성 임금비(2005년)

(단위 : 천원, %)

	2000			2005			증가율	
	여성(A)	남성(B)	임금비(A/B)	여성(A)	남성(B)	임금비(A/B)	여성	남성
전직종	1,167	1,855	62.9	1,673	2,630	63.6	43.4	41.8
의회의원, 고위임직원 및 관리자	2,289	2,890	79.2	3,164	4,288	73.8	38.2	48.4
전문가	1,696	2,613	64.9	2,286	3,614	63.3	34.8	38.3
기술공 및 준전문가	1,370	2,013	68.1	1,796	2,788	64.4	31.1	38.5
사무직원	1,183	1,812	65.3	1,794	2,787	64.4	51.6	53.8
서비스종사자	967	1,531	63.2	1,306	1,886	69.2	35.1	23.2
판매종사자	1,014	1,305	77.7	1,425	2,091	68.1	40.5	60.2
농림어업 숙련직	736	1,409	52.2	1,303	2,185	59.6	77.0	55.1
기능원 및 관련기능종사자	908	1,631	55.7	1,291	2,210	58.4	42.2	35.5
장치, 기계조작 및 조립원	962	1,556	61.8	1,450	2,176	66.6	50.7	39.8
단순노무직	775	1,041	74.4	1,071	1,389	77.1	38.2	33.4

자료 : 울산광역시(2007), 2007 통계로 보는 울산여성

"워킹맘이 조직에서 미흡하다고 생각하는 부분은 무엇인가" (복수응답)

구분	워킹맘 자신	관리자	동료
1순위	자기계발 소홀(45.9%)	갑작스러운 업무공백(44.9%)	야근, 시간이 많이 소요되는 업무 회피(44.8%)
2순위	갑작스러운 업무공백(29.4%)	야근, 시간이 많이 소요되는 업무 회피(38.3%)	갑작스러운 업무공백(40.6%)
3순위	야근, 시간이 많이 소요되는 업무 회피(29.1%)	업무에 대해 도전적, 적극적인 자세 미흡(33.2%)	업무몰입도 미흡(25.7%)
4순위	회식 기피 및 불참(27.8%)	업무몰입도 미흡(19.0%)	배려받는 것을 당연시하는 태도(21.2%)
5순위	인적 네드워크 형성 미흡(26.3%)	배려받는 것을 당연시하는 태도(19.0%)	업무에 대해 도전적, 적극적인 자세 미흡(20.5%)

〈출처 : 삼성경제연구소(2010), CEO Information, 9월 8일(제771호)〉

제 3 장
울산광역시 여성인력 활용 및 지원기관

지식기반사회에서는 노동력의 성별 구분이 무의미해지고 있으며 출산율 저하와 고령화 등의 진행으로 노동력 공급규모가 점차 감소함에 따라 여성 인적자원의 경제활동 참여가 더욱 중요해질 것이다. 여성의 고학력화와 사회참여 욕구의 증가로 여성의 경제활동참여가 확산되는 것은 세계적인 추세이며, 청년 노동력이 감소함에 따라 여성의 노동시장 참여와 효과적 활용이 더욱 중요해지고 있다는 점에서 울산광역시의 여성인적자원 활용정책을 분석하는 것은 매우 중요한 의미를 가진다. 전문성과 창의력을 갖춘 여성인력을 양성하고 최적으로 활용함으로써 지역경제의 성장잠재력을 증대하고, 경제활동의 효율을 제고시키는 것이 시급한 정책과제가 되었기 때문이다.

1. 여성인력 개발 관련 기관[1)]

2007년 기준으로 울산광역시의 여성인력개발 관련기관에는 울산여성인력개발센터, 울산광역시 여성회관, 울산가족문화센터 등의 여성사회교육기관 3개소와 여성과학기술인지원(WIST)센터, 여대생커리어개발(WISE)센터, 여성가족정책센터가 있다. 울산여성인력개발센터는 직업능력 측면의 여성인력개발이 주 기능인 기관이며,

1) 울산광역시의 2008~2012 울산광역시 여성인력개발기본계획을 참고로 재정리하였다.

WIST센터나 WISE센터는 2007년 개소하였고, 2006년에 개소한 울산 여성가족정책센터는 연구기관 성격을 지닌다.

여성 인적자원 개발과 사회교육은 주로 여성인력개발센터나 여성회관을 통해 이루어지고 있으며, 그 밖의 다른 기관들은 직업훈련이 아닌 사회교육 혹은 평생교육프로그램 중심으로 운영하고 있어 여성인적자원개발 전담기구로서 부족하거나 특성화가 부족하다는 문제가 있다. 한편, 종합고용지원센터, 영남남부가사간병교육센터, 아동복지교사 울산지원센터, 울산건강가정지원센터 등의 기관에서는 여성인력개발관련 프로그램이 운영되고 있다.

그리고 지역사회복지관에서 여성인력개발을 위한 프로그램을 운영하고 있는데, 울산화정종합사회복지관, 울산중구종합사회복지관, 울산남구종합사회복지관, 울산북구종합사회복지관, 울산광역시 장애인복지관에서는 직업능력개발과정으로 요리, 컴퓨터반을 개설하거나 도우미 양성 교육을 부분적으로 운영하고 있다. 한편 기업체의 사내직업훈련원을 중심으로 하는 200여개의 직업훈련기관이 노동부에 등록되어 있다.

〈표 3-1〉 울산여성인력개발 관련기관 현황

구분	기관명	소재지	설립년도	운영주체
여성인력개발 관련기관	울산여성인력개발센터	남구 옥동	2001	여성중앙회
	울산광역시여성회관	중구 복산동	1991	울산YWCA
	울산가족문화센터	남구 신정동	2002	울산시설관리공단
	부산울산경남WIST센터	부산 사상구	2007	동서대학교
	울산WISE센터	남구 무거동	2007	울산대학교
	울산여성가족정책센터	북구 연암동	2006	울산발전연구원
여성인력개발 관련 프로그램 운영기관	울산종합고용지원센터	남구 삼산동	2007	노동청 울산지소
	영남남부가사간병교육센터	중구 남외동	2004	보건복지부
	아동복지교사울산지원센터	남구 무거동	2006	여성가족부
	울산건강가정지원센터	남구 옥동	2006	울산대학교
	울산여성비지니스지원센터	북구 연암동	2007	한국여성경제인협회

자료 : 울산광역시(2008), 2008~2012 울산광역시여성인력개발기본계획에서 인용 수정

1) 교육훈련기관

(1) 여성인력개발센터

여성의 직업능력개발과 취업 및 복지증진에 관한 사업을 수행하고 있다. 1998년

'울산 일하는 여성의 집'으로 출범하여 2001년 여성인력개발센터로 명칭을 변경하였다. 8여년간 20,000여명의 각 분야의 전문가 및 기능인을 배출하고 있으며, 전문직업훈련, 단기고용촉진훈련 등을 통해 지역 내 여성들에게 재취업의 기회를 부여하고 있다. 그 외에도 여성취업지원 및 창업지원, 직업상담실(무료 취업알선), 직업훈련개발부 등을 운영하고 있다.

울산여성인력개발센터, 전략산업분야 취업 지원 모색

울산여성인력개발센터(관장 최경란)는 27일 센터1층 소강당에서 조선·선박설계사 양성과정 일자리협력망위원 회의를 열었다. 이날 회의에는 최경란 과장을 비롯해 정진택 울산시 경제정책과장, 류준수 울산시 여성가족청소년과장, 이영주 울산고용센터 취업지원과장, 유태근 현대중공업기술교육원장, 이종욱 한국폴리텍 VII대학 울산캠퍼스학장, 임대성 (주)진방템프그룹 울산지사장, 이홍섭 성도철강(주) 대표이사, 김상길 삼원엔지니어링 대표 등이 참석해 사회서비스 일자리 창출분야 훈련생들의 취업지원방안 및 지역네트워크 구축방안 등을 모색했다. 최경란 관장은 "이번 위원회의에서는 울산지역 여성들의 전략산업분야 취업지원방안 및 지역네트워크 구축방안 등에 대해 다양한 의견을 논의됐다"며 "센터에서는 앞으로도 경력단절여성 직업훈련에 최선을 다할 것"이라고 밝혔다.

여성인력개발센터는 일자리협력망위원 회의를 비롯해 울산 사회복지공동모금회 테마기획사업 일환으로 '산모·신생아 도우미 양성과정'을 무료로 실시하는 등 경력단절여성들의 취업을 위해 총력을 기울이고 있다.

〈출처 : 뉴시스, 2010년 9월 27일자〉

(2) 울산광역시여성회관

여성정책 및 여성문제에 대한 사회전반의 인식을 높이고 사회교육을 통하여 여성들의 의식함양과 더불어 능력과 자질을 개발하여 자아실현을 도모하고 지역사회 발전에 기여함을 목적으로 하고 있다. 평생교육프로그램 운영을 통한 직업능력개발로 창업 및 취업지원, 경제활동지원(전문기능인 양성, 전문지도자 육성, 학습동아리 운영, 창업동아리 운영, 창업인큐베이팅 프로그램, 취업 및 창업상담·정보제공)에 주력하고 있다.

울산여성회관 구·구직 만남의 날…30여명 채용

경력 단절여성들의 취업을 위해 마련한 구인·구직 만남의 날 행사가 성황을 이뤘다. 이번 행사에서 30여 명의 경력단절 여성의 채용이 결정됐다. 울산시여성회관(관장 서정순)은 25일 여성회관 대강당에서 200여 명의 경력 단절 여성 구직자가 참여한 가운데 구인·구직 만남의 날 행사를 열었다. 이날 창훈산업(주), 성웅산업, 정해(주), (주)아워홈, (주)이코스웨이, 삼광산업, 대성산업, 영신산업 등 지역 기업체 인사 담당자들이 참가자들과 1대1 면담을 진행했다.

여성회관은 취업상담 및 관련 정보를 함께 제공하며, 삼성테스코(주)홈플러스울산점 등 20여 개 기업의 채용을 대행하기도 했다. 한 업체에 면접을 본 장인준(44·중구 우정동)씨는 "일을 하고 싶어도 정보를 몰라 막막했는데 교육을 통해 시트제작 기술을 익히고 나니 저절로 자신감이 생겨 취업에 도전하게 됐다"고 말했다. 장씨는 이달 말 교육이 끝나는 여성회관 '자동차시트제작원' 양성과정 수강생이다. 창훈산업(주) 강민현 차장은 "일손이 모자라는 생산현장에서 사람 구하기가 어려웠는데 오늘 행사는 시트교육을 받은 인력을 충원할 수 있는 좋은 자리였다"고 전했다.

서정순관장은 "현장 실습 경험이 있는 시트 훈련생 20여 명을 비롯해 30여 명의 일반 구직자가 현장 채용됐다"며 "실질적인 취업이 가능한 직업교육훈련을 개설해 관련분야 업체와 연계하는 등 꾸준한 취업지원 업무를 해나가겠다"고 말했다

〈출처 : 뉴시스, 2011년 5월 25일자〉

2011 여성회관 패션쇼·작품발표회 성황

울산시여성회관(관장 서정순)은 14일 여성회관 1층 대강당에서 '2011년 패션쇼 및 작품발표회'를 성황리에 열었다. 이날 수강생, 강사 등 200여 명이 참석한 가운데 식전행사로 저출산 관련 홍보 동영상 '지금이 아니면 늦다' 상영에 이어 의전행사가 진행됐다.

패션쇼에서는 생활양재 초·중급, 양장전문기능사, 생활한복 초·중급, 한복전문기능사, 미용사 초·중급 등 7개 반 수강생의 작품쇼가 펼쳐졌다. 이어진 발표회는 댄스스포츠, 우리춤, 줌마잉글리시 스피치, 노래교실, 우리가락, 생활영어회화, 뷰티요가, 밸리댄스 등 11개반 수강생들이 실력을 겨뤘다. 이날 우수 반에 대한 시상식도 진행됐다. 한편 작품전시는 1층 로비에서 마련되고 있다.

〈출처 : 뉴시스, 2011년 7월 14일자〉

울산여성회관 작은 취업박람회 '호응'

울산시여성회관 여성새로일하기센터(센터장 서정순)가 6일 오후 회관 1층 대강당에서 마련한 경력단절여성들의 취업지원을 위한 작은 취업박람회 "구인·구직 만남의 날" 행사가 호응을 얻었다. 이날 자원봉사와 관련해 관심이 많은 박금옥씨(42·유곡동)는 "평소 장애인 복지에 관심이 많아 별도로 공부를 했었다"며 "마음 속으로 생각하고 있는 곳이 근무 요건도 맞고 적성에도 맞는 것 같다"고 취업이 되길 희망했다.

취업희망여성들은 1층 로비에서 먼저 새일센터 직원의 안내를 받고 대강당으로 들어가 이력서를 작성한 후 원하는 업체 코너에서 상담 시간을 가졌다. 한 제조업체는 "여성회관 새일센터에서 소정의 교육을 받은 여성들이 지원해 입사를 하더라도 별 어려움 없이 잘 적응할 것으로 기대된다"고 말했다.

이번 취업박람회에 참여한 업체는 현대SNS푸드시스템, 장애인종합복지관, ㈜승현선박, 혜인산업 등 8개 업체다. 여성회관 새일센터 관계자는 "이번 박람회는 센터에서 경력단절여성들의 구직을 위한 프로그램에 참여한 여성들이 많이 지원해 구인, 구직 모두 좋은 효과를 나타내고 있다"고 말했다.

〈출처: 뉴시스, 2010년 7월 6일자〉

(3) 울산가족문화센터

시민생활문화 및 여가선용 공간, 시민 잠재능력 개발에 필요한 각종 교육장소, 아동의 보육을 위한 보육 공간 제공, 대강당, 대연회장, 예식장, 실내 체육관 등 다중이용시설 대관, 사이버도서관, 가족휴게실 등 시민 편의시설 운영, 기타 시민의 가족공동체 형성을 위한 프로그램 운영 공간을 두고 있다.

(4) 부산울산경남 여성과학기술인지원(WIST)센터

여성과학기술인의 육성 및 지원에 관한 정책 개발을 위한 조사·연구, 여성과학기술인을 위한 교육·훈련·연수 및 상담, 과학기술 관련직종의 취업 정보 등의 제공, 그 밖에 여성과학기술인 및 여성과학기술인단체의 활동을 지원하는 기관이다. 2006년 9월에 발족하였고, 여성직업능력개발 훈련, 실업자 재취업 무료직업훈련, 여성정보화 교육, 폭력피해여성 직업훈련, 여성 고용촉진 단기적응 무료훈련, 전업주부 중소기업 취업지원훈련, 사회적 일자리창출지원사업 무료훈련, 근로자수강지원금 훈련 등의 사업을 수행하고 있다.

여성과학기술인에 관심을…

여성과학기술인과 기업 임직원 간 교류를 통해 취업을 확대하고 지역기업의 과학기술인력 확보를 위한 '2010 CEO/CTO 서포터즈 교류회'가 13일 오후 4시30분 부산상공회의소에서 열린다. 부산·울산·경남여성과학기술인지원센터(소장 김정선 동서대 교수) 주관으로 열리는 이 행사는 지역 여성과학기술인과 기업체의 CEO, CTO 및 연구기관의 장 등 100여명이 참석해 취업과 채용을 위한 정보교류의 시간으로 진행된다.

교류회는 김 센터장의 개회사와 배영길 부산시 행정부시장의 격려사에 이어 오후 5시부터 '변화경영을 주도하는 리더'라는 제목으로 공병호 경영연구소장의 특강이 열리며 만찬 및 차세대 여성과학기술인을 위한 서포터즈의 멘토링 시간을 갖는다. 행사에 앞서 오후 3시에는 '동남권 여성과학기술인 PR박람회'가 열려 사전심사를 통해 선정된 (예비)여성과학기술인 4팀이 'Being a Woman Scientist'라는 주제로 한국어·영어·일본어로 프리젠테이션을 하고, 심사를 거쳐 우수 발표팀에 대해 시상한다.

2006년 9월 문을 연 부산·울산·경남여성과학기술인지원센터는 미취업, 경력단절 여성과학기술인의 경쟁력 강화를 위한 취업, 교육지원, 정책개발을 위한 조사연구, 네트워크 활성화 지원사업 등을 수행하고 있다. 김 센터장은 "자연계 전공 2,000여명의 우수한 여성 석·학사들을 인력풀로 갖고 있다"며 "이번 교류회를 통해 기업체 및 연구기관이 지역의 우수한 여성과학인에 보다 많은 관심과 지원을 아끼지 않았으면 한다"고 밝혔다.

〈출처 : 한국일보, 2010년 9월 28일자〉

(5) 여대생커리어개발(WISE)센터

이공계 여성인력양성을 주요 목적으로 하며, 과학교실, 과학캠프, 여성과학자와 이공계여학생의 멘토링 사업을 추진하고 있다. 2007년 울산대학교내에 개소되었다.

울산대, 이공계 여대생 맞춤형 경력개발 강좌 개설

울산대학교(총장 김도연)는 21일 이공계 여대생을 위한 맞춤형 경력 개발 강좌를 개설했다고 밝혔다. 이공계 여대생들이 전공을 살려 성공적으로 진로를 개척해 나가는데 필요한 자기 로드맵 설정, 이미지 만들기, 대화법, 경력관리, 지역 산업에 맞는 인재상 등에 대한 강의를 16주 동안 진행한다.

강사로는 이공계 여대생의 롤 모델로 대한수학회 부회장이며 울산대학교 WISE센터장인 장선영 교수, 울산과학기술대학 조윤경 교수, 자동차부품연구원 오미혜 박사 등 여성 과학자와 여대생들에게 산업 현장과 학문의 접목을 강의할 전현직 기업이나 연구소 기관장으로 남두현 울산정밀화학센터장, 울산대학교 생명화학공학부 김대식 교수 등이 나선다.

국내 주요 기업의 인사분야 관리직에서 인력개발과 채용업무를 담당하고 있는 현대중공업 최헌 부장과 삼성전자 전정권 부장의 기업조직 문화의 이해와 이공계 여성 인력의 사회 진출에 대한 강의가 있으며 전직 아나운서 및 경력관리나 이미지 관리 전문가들도 참여한다.

WISE울산지역센터는 강좌개설을 위해 1년간 이공계 분야의 다양한 진로 소개와 지역 특성에 맞는 여성 과학기술인 양성을 위한 표준적인 모형을 개발했다. 이공계 여대생이 올바른 자기 이해를 통한 커리어개발의 의미와 필요성을 인식하고 사회 변화를 이해해 그에 따른 다양한 사회진출을 모색할 수 있도록 돕는다. 아울러 이공계 여대생들이 직업 능력 개발 및 실천전략을 갖출 수 있도록 지원한다.

강좌는 울산대학교 WISE 울산지역센터(센터장 장선영 교수)와 울산대학교 공학교육혁신센터(센터장 황갑주 교수)가 전문가의 조언을 얻어 열었다. 장선영 교수는 "이공계 여대생들이 자신의 진로 개척 및 조직과 사회의 구조에 대한 적절한 지도와 교육을 받지 못해 사회에 진출하기도 힘들 뿐 아니라 진출 후에도 각종 어려움으로 중도 포기하는 사례가 많다"며 "더욱 효과적으로 자신을 개발하고 성공적으로 사회에 진출할 수 있도록 돕는 알찬 시간이 될 것"이라고 말했다.

〈출처 : 뉴시스 2009년 9월 21일자〉

(6) 울산여성가족정책센터

울산여성의 지역특성에 대한 분석과 지역여성정책 개발을 목적으로 2006년 3월 울산발전연구원내에 설립되었다. 지역여성상 정립 및 정체감 형성 문화연구, 지역 생활주기를 고려한 가족공동체 모델 개발, 저출산 및 고령화 시대에 대응한 여성복지 정책연구, 여성의 사회·경제적 참여방안 확대 연구, 여성인적자원개발과 고용안전 방안 제시 등이 주요 업무이다.

여성발전대토론회, "동남권 여성, 새로운 문화를 열어라"

동남권 광역발전을 위한 여성계 역할제고 방안을 협의하고 우수 여성정책 사례를 공유하고 발전시킬 수 있는 방안 모색을 위한 동남권 여성발전 대토론회가 성황리에 열렸다. 울산시가 주최하고 동남권 여성발전네트워크, 울산여성포럼, 울산발전연구원이 주관한 '2010 동남권 여성발전 대토론회'가 28일 울산시청 시민홀에서 박맹우 울산시장, 동남권 여성발전네트워크 참여자, 여성관련 전문가 등 150여명이 참석한 가운데 개최됐다.

이날 신혜수 UN인권정책센터 상임대표는 '동남권 여성, 새로운 문화를 열어라!'를 주제로 기조강연을 통해 "한국여성의 지위는 공직참여 부문은 하위이고 낮은 취업률 비정규직, 임금격차 등에 대한 문제점이 있다. 또한 여성에 대한 차별과 폭력, 특히 이주여성 문제 등이 있으나, 계속 노력하고 발전하는 나라라는 것이 2007년 7월 유엔여성차별철폐위원회 심의 최종견해"라고 밝혔다. 신대표는 동남권 여성의 과제로 지자체가 국제기준을 이행하도록 견인할 것과 CEDAW(여성차별철폐협약) 협약 이행 모니터링, CEDAW위원회 심의 직접 참여해야 한다고 강조했다. 이어 김도희 울산여성포럼 지역공동체분과장이 '동남권 여성문화의 현주소와 정책과제'를 주제로 기조발제했다.

이날 김혜림 울산발전연구원 여성가족정책센터장의 사회로 정치행정(부산) 하선규 부산YWCA 이사, 직장문화(경남) 김인영 경남여성단체연합 상임대표, 가정문화(부산) 한동희 부산여성가족개발원 건강가정지원센터장, 시민사회문화(울산) 김덕순 울산여성포럼 부대표 등이 지정토론을 펼쳤다. 울산시 관계자는 "이번 토론회를 계기로 광역발전을 위한 여성계 공동대응 전략개발 및 우수 여성정책사례 공유 등을 통해 상호간 발전적인 공동연구 과제를 발굴하여 수행하는 등 다양한 사업이 추진될 수 있도록 노력하겠다"고 밝혔다. 한편 울산·부산·경남은 정부의 '광역경제권 개발 계획'에 의한 동남권에 속하는 지역으로서 해당지역 여성계의 공동 대응 전략 개발 및 역할제고를 위해 지난해 2월 부산시에서 울산시와 경상남도에 '네트워크' 구성을 제의했으며, 그동안 실무회의 등 상호 협의를 통해 지난해 6월 창립회의를 개최했다.

〈출처 : 뉴시스 2010년 9월 28일자〉

2) 취업지원기관

(1) 울산종합고용지원센터

취업지원, 고용안정사업, 고용보험관리, 집단직업상담, 직업능력개발 등을 주로 수행하고 있다. 구체적으로 구직자 취업지원 활동으로는 다양한 직업 심리검사를 통한 적성 발견 및 직업선택 지원, 고용동향 및 일자리 정보제공, 직업능력진단 및 직업훈련정보 제공, 심층상담을 통한 개인 특성별 맞춤형 취업지원, 집단상담프로그램을 통한 취업 능력 배양, 고령자, 여성, 장애인 등 취약계층 밀착 지원 등을 수행하고 있다. 구인업체 인력지원 활동으로는 Work-net에 등록한 인재풀을 활용하여 기업이 필요로 하는 인재 알선, 모집, 전형, 선발 등 채용 대행 서비스 실시, 맞춤 훈련을 통해 기업이 필요로 하는 전문인력 확보 지원, 구인·구직 만남의 날을 개최하는 등 취업지원을 위한 여러 가지 프로그램을 운영하고 있다.

그리고 중소기업의 고용창출을 위해 근로시간단축지원금, 교대제전환지원금, 신규업종진출지원금 등과, 생산량의 감소 등 경영상의 이유로 고용조정이 불가피한 사업주의 근로자 고용유지를 위한 휴업/휴직/훈련/인력재배치/교대제전환 등을 지원하고 있다. 또한 근로자의 고용안정을 위해 장기구직자고용촉진장려금, 중장년수료자채용장려금, 신규고용촉진장려금, 육아휴직장려금 등을 지원하고 있다.

(2) 울산여성비지니스지원센터

전국여성경제인협회 산하의 센터로 여성기업에 대한 정보제공, 교육 및 연수, 애로상담, 창업보육 등의 종합지원을 목적으로 하고 있다. 각종 산업, 금융, 경영, 산업기술, 무역, 인력 등의 정보제공, 해외무역제공, 시장개척, 마케팅 지원, 여성기업의 애로사항 상담 및 해결지원, 여성창업정보제공, 창업교육 및 창업보육사업 실시, 기술, 경영, 무역 등 교육연수사업 실시, 여성기업지원기관 간의 연계를 통한 공동사업을 실시하고 있으며, 현재 5개사가 입주하고 있다.

〈표 3-2〉 울산 여성 비즈니스 지원센터 입주업체

업체명	품목	전화	홈페이지
당코	침구류, 생활용품, 인테리어소품	052-982-6006	www.dangko.co.kr
선도 IT	모바일 물류관리	011-9509-0983	www.sundo.co.kr
문경통상	생활용품, 의류기기	052-252-0204	-
로만이엔씨	무역, 주선업	052-289-4746	www.roman-ec.com
혜림원예/숙향	조경, 교육서비스	052-287-4746	www.shdream.co.kr

(3) 영남남부가사간병교육센터

저소득, 차상위계층에 대하여 체계적이고 전문적인 가사·간병교육 실시로 자활능력 및 자립기반 조성지원을 목적으로 2004년 12월에 설립하였다. 가사·간병도우미 기초교육, 보수교육, 전문교육을 실시하고 있으며, 전국 센터간 조직연계를 통하여 간병교육 체계화 및 교육의 표준화를 마련하고 있다.

(4) 아동복지교사 울산지원센터

빈곤지역, 소외된 아동에게 학습, 문화, 복지, 보호서비스 제공, 사회적 일자리 창출, 지역아동센터의 기능향상, 지역아동센터에서 활용할 수 있는 학습, 문화 인력풀 형성 등을 목적으로 하고 있다. 지역아동센터에 학습, 급식, 보육, 상담교사를 양성, 파견하는 아동복지교사 지원사업을 수행하고 있다. 아동복지교사 울산지원센터는 남구 무거동에 위치하고 있고, 참여교사 77명, 참여지역아동센터 수는 44개 기관에 이르고 있다.

(5) 울산건강가정지원센터

건강가정지원센터는 건강가정기본법에 근거하여 건강한 가정생활 영위 및 유지·발전을 통해 지역주민의 삶의 질 향상에 기여하고자 설립되었다. 가족상담사업, 생애주기별 가족교육사업, 가족친화문화조성사업, 가족돌봄 지원사업, 가족지원사업, 지역사회 네트워크 조성사업 등을 수행하고 있다. 울산건강가정지원센터는 2006년 3월에 남구 옥동 가족문화센터 내에 개소되었다.

울산시건강가정지원센터 아이돌보미 모집

울산시건강가정지원센터는 부모의 직장근무, 출장, 야근 또는 질병 등으로 인한 아동의 돌봄을 필요로 하는 가정에서 활동할 아이돌보미를 21일부터 31일까지 모집한다. 지원자격은 신체 건강하고 정신상태 양호한 만 65세 이하 울산시 거주자이다. 보육교사, 유치원교사, 간호사, 장애아관련 자격증 소지자는 우대한다. 서류 및 면접심사, 양성교육(80시간)을 거쳐 부모가 올 때까지 임시보육, 놀이활동, 식사·간식 챙겨주기, 보육시설, 학교, 학원 등·하원, 안전·신변보호 처리와 숙제점검, 준비물 보조 등 아동의 학습 보조 활동을 한다.

문의 : 052-271-3334, 070-4035-4793, 052-275-1239(아이돌보미지원사업팀)

〈출처 : 뉴시스 2011년 3월 18일자〉

3) 여성인력 활용을 위한 주요정책 현황

(1) 여성발전기금 운용

여성복지 증진을 위하여 여성발전기금 사업을 지원하고 있다. 2010년까지 30억원을 조성하여, 법인 및 단체의 여성일자리 창출 및 여성복지 증진 사업에 지원을 할 예정이고, 지원여부는 여성발전위원회의 심의·결정에 따른다.

울산동구 '사회적응지원 공모사업' 5개 사회단체 선정

울산시 동구는 올해 여성발전기금에 3개 단체 1260만원을, 결혼이주여성 사회적응지원사업에 2개 단체 2400만원을 지원한다고 3일 밝혔다. 이와 관련 동구는 각각 지난 4월과 3월에 올 여성발전기금 지원 사업과 결혼이주여성 사회적응 지원사업 대상자를 공모, 이날 동구 여성정책발전위원회의 심의를 거쳐 지원대상으로 최종 선정했다.

여성발전기금 지원대상에는 동구여성단체협의회와 동구다문화복지센터, (사)울산여성회 동구지부 등 3개 단체가, 결혼이주여성 사회적응지원사업에는 동구종합사회복지관과 희망을 나누는 집 등 2개 단체가 선정됐다. 동구는 선정에 앞서 사업의 시대성과 실현가능성, 자생능력, 수혜대상 범위 등에 대해 엄정하게 심사했다. 동구 관계자는 "여성일자리 창출과 여성인력개발, 결혼이민자가족의 종합적 지원 등 여성의 삶의 질 향상에 도움이 될 것"이라고 말했다.

〈출처 : 뉴시스 2011년 5월 3일자〉

(2) 여성사회안전망 확충 및 자립지원

취약계층 여성에 대해 생계지원이라는 단순보호에서 부터 생활안정 및 자립까지 지원하고 있다. 저소득 모부자 가정 자립지원으로 모자보호시설 운영, 생활안정 및 자녀양육지원과, 미혼모 발생예방 및 사후 자립지원으로 미혼모 시설/양육모 그룹홈, 상담/교육 등을, 취약계층여성 보호 및 자활지원으로 폭력피해자 보호시설 및 상담소 운영, 일군위안부 치료회복지원 등을 시행한다.

(3) 울산여성포럼 운영

여성정책 전문가 네트워크 구성으로 혁신지도역량 강화 및 여성연대 기반을 구축하기 위하여 만들어졌다. 울산발전연구원의 여성가족정책센터 주관으로 분기별 포럼을 운영하고 있다.

울산여성포럼 '컬처 비즈니스' 포럼 개최

울산여성포럼(대표 엄순자)은 4월1일 오후 7시 CK치과 세미나실에서 '컬처 비즈니스란?' 주제로 강련한다. 여성포럼 문화예술분과가 주관하는 이날 포럼에선 책 '컬처 비즈니스' 의 저자인 성신여대 심상명 교수가 최근 세컨드 라이프 열풍과 신인류 등 문화에 탐닉하는 사회 현상, 문화와 경제가 얼마나 밀접한 관계가 있는가, 문화에 투자하는 방법, 문화와 관련된 경제 트렌드 등을 소개한다.

울산지역 전문직 여성 100여명으로 구성된 울산여성포럼은 올해 '성장하는 여성, 행복한 울산'을 연중 테마로 잡고 각 분야 여성 전문가 네트워크를 활성화하는 한편 문화예술 외에도 경제와 복지, 지역 공동체, 인적 자원 등 다양한 분야의 포럼을 마련한다.

〈출처 : 뉴시스 2011년 3월 26일자〉

(4) 여성 인적자원개발 활성화

여성인력개발을 통한 지역사회 차원의 서비스 욕구를 파악하고, 다양하고 신속한 정보제공으로 여성취업증대 및 빈곤여성 자립을 도모하고자 한다.

(5) 울산여성희망일터지원단 구성·운영

2007년 울산 여성 인력 개발과 취업을 지원하기 위한 민·관 협력기구 발족되었다. 울산여성희망일터지원단은 복지여성국장을 위원장으로 대학교, 여성사회교육기관, 공공기관, 기업·단체 등 총 26명으로 구성되어 있다.

여성인적자원 활성화를 위한 기본계획 수립, 여성인력개발 및 취업활성화를 위한 심포지움개최, 구인·구직 정보수집 및 구인구직 DB구축, 취업지원 컨설팅 활동, 여성고용창출을 위한 사업모형 발굴 및 확산, 여성취업상담사 양성·보급, 유망분야 교육훈련 직종개발 및 교육훈련 프로그램 개발 등의 사업을 추진하고 있다. 실질적으로 기업에서 필요로 하는 여성 인력을 양성해 취업처에 알선하는 원스톱 취업지원을 위한 관계기관과의 네트워크의 역할을 하고 있다.

실업자들 '공공 구직서비스' 외면…이용률 9.4%

실업자들의 공공 고용서비스(PES) 이용률이 한자릿수에 불과할 만큼 저조한 것으로 나타났다. 한국고용정보원은 지난해 통계청의 경제활동인구조사 등을 토대로 구직경로별 이용자 특성을 비교 분석한 결과, 실업자가 가장 많이 이용한 구직 경로는 대중매체로 이용률이 42.9%에 달했다고 22일 밝혔다. 이어 친척·친구·동료 소개(35.4%), 공공 직업알선기관(9.4%), 민간 직업알선기관(7.1%), 학교·학원 추천(2.8%), 기타(2.5%) 순이었다.

공공 직업알선기관을 통한 정부의 고용서비스 이용률은 10%에도 미치지 못했다. 연령대별로 보면 고령층(55~79살)은 친지 소개나 부탁(44.8%)으로 일자리를 찾는 경우가 가장 많았고 공공 고용서비스 이용률도 21.2%로 비교적 높았다. 반면 청년층(20~29살)의 공공 고용서비스 이용률은 1.4%로 극히 낮았다. 청년층은 친척·친구·동료 소개(33%)로 구인정보를 얻거나 일자리를 찾았고, 신문잡지·인터넷(27.8%), 공개·특별채용(24.6%), 학교·학원 추천(9.3%) 등을 활용했다.

성별로 살펴보면 여성 실업자들은 대중매체, 공공 직업알선기관, 학교·학원 추천 등의 이용률이 높지만 남성 실업자는 민간 직업알선기관, 친척·친구·동료 소개 등의 이용 빈도가 상대적으로 잦았다. 고용정보원은 "공공 고용서비스 이용을 촉진하려면 실업자, 청년층, 고령자 등 구직자별로 차별화된 이용 촉진책과 서비스를 개발해야 한다"고 말했다.

〈출처 : 연합뉴스, 2010년 9월 22일자〉

2. 여성인력 개발 추진 체계[2)]

1) 울산광역시 정책 현황

(1) 제한적인 범위에서 여성인력개발사업 추진

법령에 의거하여 중앙부처의 개별적인 사업들을 추진하고 있다. 예를 들어, 여성노동인 전문교육훈련, 여성농어업인의 대표성 제고 및 지위향상, 여성 노인의 취업능력 제고, 여성장애인의 취업능력 제고 사업 등이다. 그러나 현재는 주요 여성인력관련 사업이 직업훈련 수준에만 머물고 있는 실정이다.

2) 울산광역시의 2008~2012 울산광역시 여성인력개발 기본계획을 참고로 재정리하였다.

(2) 사회교육에만 집중

여성인력개발의 중요 인프라인 여성회관과 가족문화센터가 사회교육에만 집중되어 있으며, 실질적인 직업훈련은 여성인력개발센터가 전담하고 있다.

(3) 여성 인적자원개발의 중요성 간과

2004년 「울산여성발전종합계획」 수립 및 2007년 「통계로 보는 울산여성」 발간 등으로 여성인력개발계획을 위한 기본 자료들이 모아지고 있으며, 2007년 울산광역시 여성가족청소년과는 '여성인력자원 활용 활성화' 를 주요 정책과제로 선정하고, 여성사회교육기관, 여성취업센터, 희망일터지원단, 여성취업박람회 등의 사업을 유기적으로 추진하고 있다. 더불어 울산지역 여성인력개발과 취업지원을 위한 민관협력기구로 「울산여성희망일터지원단」을 2007년 10월에 구성하기도 하였다. 그러나 현재는 여성인력개발센터가 여성취업일선과 여성유망직종 프로그램 발굴을 위한 여성취업센터로서의 기능을 더 효과적으로 수행하고 있는 실정이다. 또한 「울산광역시 인적자원개발 기본계획(2006년~2011년)」은 성인지적 관점에서 접근하지 못하고 여성인력자원개발을 '취약계층분야 인적자원개발'에서 접근하고 있다는 점도 여성 인적자원개발의 중요성을 제대로 인식하지 못하고 있음을 알 수 있다.

2) 추진체계 현황

(1) 여성발전위원회와 여성가족청소년과 중심이 된 추진체계

1998년 구성된 여성발전위원회는 여성정책시행계획과 여성발전기금 운용·지원계획 및 여성정책을 심의·결정하는 최고의 추진체계이다. 2003년 만들어진 울산광역시의 여성가족청소년과는 여성정책시행계획을 만들고 여성발전위원회에서 심의·결정된 계획들을 집행하는 주체이다.

(2) 여성정책의 거버넌스 구축

2005년 울산광역시는 중점추진 시책으로 여성 인프라구축 및 지도자 양성 등을 추진하고, 여성정책 네트워크에 여성사회단체 회원들의 참여를 높이는 노력을 하였다. 여성단체협의회의 역량을 강화하기 위한 노력이 경주되고, 여성단체협의회와 여성가족청소년과의 긴밀한 정책 네트워크가 형성되었다. 2006년에는 여성가족정

책센터를 울산발전연구원에 설치하여 여성통계 및 여성정책대안을 제시할 수 있는 연구의 축을 만들었고, 2007년에는 울산여성포럼을 구성하여 지역의 다양한 여성 인적자원이 네트워크를 형성하고 정책대안을 검토하고 논의할 수 있는 장을 열었다. 그리고 여성발전위원회, 여성가족청소년과, 여성가족정책센터, 여성포럼, 여성사회교육기관, 여성단체협의회 등이 중심이 된 여성정책의 거버넌스가 형성되어 여성자원봉사활동 활성화 등 여성정책 거버넌스의 성과가 나타나고 있다.

(3) 여성인적자원개발을 위한 네트워크 구축

여성사회교육기관을 통한 여성교육, 여성회관, 가족문화센터를 통한 사회교육을 실시하고 있다. 여성회관은 여성자원봉사활동과 인력뱅크를 운용함으로서 자원봉사활동의 활성화와 자원봉사를 통한 인적자원개발을 도모하였고, 취업교육은 여성인력개발센터에서 주로 이루어졌다. 울산여성희망일터지원단은 여성취업지원기관과의 연대를 구축하기도 했다.

3) 기존정책의 문제점

(1) 범부처적 국가인적자원개발 기본계획(2001년)의 문제점

시행계획이 부처별로 제시되고 추진되었기 때문에 계획의 구체성 및 효과성에 대한 검토가 어렵고, 시행계획의 과제 수도 줄어들고 있다. 이는 여성부가 여성인적자원개발 분야를 종합할 수 있는 법적 근거 및 예산권이 없으므로 관련부처에게 여성관련 과제를 발굴하도록 하기 어렵기 때문이다. 교육인적자원부 주관 시행계획추진실적 평가단은 여성인적자원 활용을 위한 세부 정책과제 추진과정에서 상호 연계성이 부족하고, 이를 조정하고 통합할 수 있는 체계가 마련되어있지 않아 실질적인 실천상의 애로점이 있고, 부처 간 갈등 발생 시 이를 조정할 수 있는 역할 또한 미비한 상태라고 평가하였다. 따라서 여성인적자원의 활용이라는 정책목표에 대한 주관부처와 관련부처가 협조하고 연계 할 필요성이 있으며, 여성부와 같은 정책부서는 정책형성단계에서 집행력이 있는 다른 부처와의 협조가 없을 경우 정책의 실효성을 높이기 위해 점진적으로 여성부에게 예산권을 부여하는 것이 바람직하다고 의견을 제시하여야 한다.

(2) 국가차원의 여성인력활용 대책 미흡

현재 정부의 여성인력 활용대책은 부처별로 산재한 정책을 취합한 수준으로 국가차원의 여성인력개발정책의 범위 및 목표가 불분명하다. 여성의 근로생애주기를 반영한 국가인적자원개발정책 또한 미흡하다고 볼 수 있다.

(3) 고학력 여성 실업자 교육훈련 정책의 문제점

고학력 여성을 대상으로 했던 교육프로그램들은 대부분 3~6개월 과정으로 구성되었고, 길게는 1년 과정으로 개설되었다. 교육비용의 경우, 정보통신 분야의 교육과정은 개인당 과정별로 200~300만원의 교육비용을 지급하며, 일반 산업지원 분야의 교육과정은 1인당 월별 50만원을 지급해 왔다. 이와 같은 교육비용은 총 교육비의 50~80%에 해당하며, 나머지는 수강생의 자비 부담으로 하였다. 아울러 노동부에서 실시하는 취업 유망직종분야의 훈련은 일반적으로 표준교육비를 적용하되, 교통비 및 부양가족수당 등을 추가로 지원하였다.

여성부 출범 이후, 더욱 다양한 정책 사업들이 입안되면서 고학력 여성의 경제활동 참여에 대한 범사회적 협력이 진행되고 있으나, 노동시장에서 여성에 대한 차별은 사회역사적, 문화적 장벽을 여전히 갖고 있는 것이 사실이다. 그렇기 때문에 고학력 여성의 능력개발과 경제활동 참여 증진 사업은 정부가 당면한 핵심 과제로 설정하고, 여성이 갖는 잠재적인 능력을 국가적 차원에서 최대한 활용하고, 여성 개개인에게 삶의 기회를 제공하며 자아실현을 확대시켜 나갈 수 있는 사회적 기반을 구축하는 것을 목표로 추진되어야 한다. 이런 점에서 여성부와 노동부, 교육인적자원부 등 인적자원 개발 및 노동시장 육성과 관련된 주요 부처들은 고학력 여성 미취업자를 대상으로 한 실업대책 교육훈련을 강화하고 실효성 있는 교육훈련이 이루어질 수 있도록 보다 다양한 정책 방안이 강구될 필요가 있다.

(4) 국가차원의 여성인력개발 정책의 추진체계 미비

여성인력개발정책을 주도할 범정부 차원의 추진체계가 없으며, 중앙부처와 지방정부 간의 연계도 부족하다. 지방자치단체에 대한 평가가 경직적·형식적으로 운용되어 지방여성인력 개발정책을 발전시켜나갈 유인이 부족하다.

(5) 울산시 차원의 여성인력개발정책 미흡

여성가족청소년과를 중심으로 '여성인력자원 활용 활성화' 를 위한 사업들이 적극적으로 추진되고 있으나 울산시 차원의 인적자원개발계획과 유기적으로 연계되지 못하고 있다. 시 차원의 인적자원개발계획은 여성인력을 '취약계층분야 인적자원'에서 고려할 뿐 성인지적 관점에서 인적자원개발계획이 검토되어 있지 않다. 즉 '성인지적 정책평가' 및 '성인지예산제도' 의 시행에 적합하지 못한 인적자원개발계획이 추진되고 있는 실정이다.

(6) 울산시 차원의 여성인력개발 정책의 추진체계 부족

여성발전위원회, 여성정책과, 여성가족정책센터, 여성포럼, 여성사회기관, 여성단체협의회 등이 참여하는 여성정책의 거버넌스는 일정 부분 성공적으로 운영되고 있으나 '여성정책의 주류화'를 추진하기에는 미흡하다. 울산시 차원의 인력개발계획에 여성인력개발이 주요 의제로 등장하기 위해서는 여성정책 거버넌스를 확장할 필요가 있다. 시장 직속의 여성정책위원회, 행정부시장이 주재하는 여성발전위원회에서 '성인지적 정책평가'를 실시할 필요가 있고, 구·군의 긴밀한 협조를 담보할 수 있는 네트워크 구축과 구·군의 여성정책 평가도 이루어져야 한다. 그리고 행정자치부의 지방자치단체평가에 '성인지적 정책실행 및 성인지예산제도 실시'를 주요 평가항목으로 도입하여야 한다.

> **"출산휴가 다 못쓰는 여성이 태반인데…"**
>
> 정부가 최근 발표한 2차 저출산 고령사회 기본계획안에 대한 비판의 목소리가 높다. 일부 공무원, 전문직 여성이 아닌 대다수의 여성들은 이 계획안을 접하고 허탈감을 감추지 못했다. 이를 보는 여성들의 목소리를 들어본다.
>
> 대구여성노동자회 정현정 실업빈곤팀장은 이번 계획안에 대해 냉소적인 반응을 보였다. 대구여성노동자회로 상담을 요청하는 여성 노동자의 90%는 출산휴가와 육아휴직에 관한 상담을 한다. 주로 중·소규모 업체에 근무하는 이들은 출산 후 3개월 주어지는 휴가를 쓰지 못해 회사를 그만둬야 하는 여성이 많다. 임신은 곧 퇴사를 의미하는 직장이 아직도 많다. 육아휴직은 말할 것도 없다.

이번 대책안에는 육아 직장인의 근로시간 단축 청구권, 육아휴직을 신청할 수 있는 대상 영유아의 나이도 만 6세에서 만 8세로 확대 등의 방안을 내놓았지만, 정작 여성인력을 보충할 대체인력에 대한 방안이 없다. 또 맞벌이 부부에 대책이 집중돼 영세자영업자, 비정규직, 전업주부에 대한 배려가 없다는 지적이다.

"작은 회사에는 출산 휴가 기간인 3개월 동안 대체인력을 구하기도 쉽지가 않고, 나머지 사람들에게 업무가 집중되기 때문에 눈치가 보여서 출산을 앞두고 직장을 그만두는 경우가 많아요. 그래서 경력 단절이 이뤄지고, 아이를 키운 후 다시 직장을 구하면 단순 업무가 대부분이고 임금은 저하되지요. 이런 악순환이 계속됩니다." 정 팀장은 "돈 얼마 더 주는 것이 저출산 문제 해결에 효과가 없다"고 말했다. 자영업자, 방문교사 등의 여성들은 이마저도 받을 수 없다. 정책의 사각지대에 있는 여성이 의외로 많다는 것. 4살, 7살 두 아이를 둔 정 씨 역시 아이를 키우는 문제로 골머리를 앓는다. 늘어나는 사교육비를 생각하면 당장 돈을 얼마 준다고 아이를 낳을 생각은 전혀 없다.

이미원 대구여성가족정책연구센터 수석연구원은 2차 저출산 고령사회 기본계획의 방향을 두고 우려를 나타냈다. 이번에 정부가 발표한 계획은 주로 육아휴직 급여 인상, 보육료와 양육비 부담 경감, 내년부터 태어나는 둘째 자녀 고교 수업료 면제 등 대부분 자녀 양육권의 보호에 집중됐다. 독일과 프랑스는 출산율을 높이기 위해 파격적인 지원을 했다. 그 결과 프랑스의 출산율은 높아지기 시작했지만 독일은 별 효과를 보지 못했다. 그 차이는 무엇일까. 프랑스는 정책의 중심을 부모의 노동권에 둔 반면 독일은 자녀 양육권에 지원을 집중한 것. 이번 저출산 대책은 독일형에 가깝다는 평가다.

"근본적으로 부모가 일할 수 없으면 독일의 경우처럼 실패할 확률이 높아요. 우리나라는 자녀 양육권에 대한 배려가 워낙 적었던 만큼 보육과 경제활동에 대한 정책이 병행돼야 합니다." 이 연구원은 노동권 보호를 위해 세심한 배려를 하지 않으면 선심성 행정에 그칠 공산이 크다고 지적했다. 일자리를 만들고 기업 내 양성평등, 가정에서의 평등이 자녀 양육권과 병행돼야 아이를 더 낳을 수 있다는 것이다. 정부가 저출산 문제에 대한 근본적인 해결에 대한 의지가 부족한 것으로 읽힐 수밖에 없다는 말이다.

파격적으로 늘어난 예산 만큼이나 효율성이 있어야 한다고 주장했다. "여성정책 연구자들 대부분이 독일과 프랑스 사례를 알고 있지만 '노동권 보호'라는 사회 구조적인 문제를 해결하지 못해 독일의 전철을 밟아가고 있는 것 같습니다. 유럽도 이제 출산정책의 방향을 전환하고 있는 만큼 우리 역시 이 문제를 간과해서는 안됩니다." 최근 셋째를 출산한 공무원 임언미(36) 씨는 이번 정책을 꼼꼼히 살펴봤지만 과연 무엇이 도움이 될 수 있을지 의문이다. 가장 파격적인 정책 가운데 하나인 육아휴직 급여에 대해 할 말이 많다. "첫째와 둘째의 보육료만 해도 월 100만원은 될 겁니다. 물가가 올라 기본 생활비도 많고, 갓난 아기에게 들어가는 비용까지 생각하면 100만원 받고 집에 있을 수는 없죠." 게다가 월 100만원의 육아휴직 급여를 받기 위해선 기본급이 월 250만원이 돼야 하는데, 가임여성 가운데 이 정도 급여를 받는 가임여성은 극소수에 불과하다. '월100만원'도 생색내기용 숫자라는 것이다.

임 씨는 육아휴직을 선택할 수 없는 이유 가운데 하나로 '경력 단절'을 꼽았다. 또 대체근무인력도 구하기 힘들다는 것. '첫째 아이를 출산하는 교사' 정도만이 육아휴직을 마음놓고 사용할 수 있지 않겠냐고 꼬집었다. 임 씨의 경우 출산 비용에만 적잖은 돈이 들어갔다. 산전 검사 비용을 비롯, 제왕절개 수술 비용 100여만원, 산후조리원 비용 200여만원이 소요됐다. 여기에다 출산 준비물, 출산 후 예방접종 비용 100여만원까지 더하면 출산 전후 2년간 드는 비용은 500만~600만원은 족히 된다. 현재 출산지원정책에는 이런 비용에 대해서는 언급이 없다. 많은 여성들에게 저출산 극복 실효성에 대해 비판받는 이유다.

〈출처 : 매일신문, 2010년 9월 24일자〉

3. 울산지역 여성인적자원의 산업연계 확대방안

이 절에서는 울산지역 여성인적자원의 산업연계를 확대하기 위한 방안에 대하여 구체적으로 살펴보기로 한다(강종열 등, 2008).

1) 여성인적자원의 산업연계를 위한 기본전략

울산지역 사회에서 요구하는 여성인적자원을 효율적으로 활용하여 여성인적자원이 지속적인 지역 경제발전을 선도하는 핵심인력으로써의 역할을 하도록 하기 위해서는 지식기반경제에서 산업계의 인력수요에 신축적으로 대응하는 방향으로 여성인적자원의 양성체계를 구축하는 것이 최우선시 되어야 한다. 여성인적자원이 지역경제를 선도할 수 있도록 여성의 창업능력을 제고시킴과 동시에 기존산업의 지식화를 촉진시키기 위해서 기존의 전통산업에 종사하는 여성인적자원의 능력을 적극적으로 개발할 필요가 있다.

지식기반경제로 이행하는 과정에서 인적자원개발에서 소외될 가능성이 큰 하위직 재직여성근로자, 비정규 여성근로자, 전업주부 등과 같은 여성 집단이 전생애에 걸쳐서 능력개발을 할 수 있도록 유도 할 필요가 있으며, 이를 위해서 먼저 저숙련 재직근로자와 비정규 여성근로자들이 급속히 변화하는 직업요구능력을 갖출 수 있도록 교육훈련 기회를 확대하여야 한다. 또한, 모자가구의 여성가구주, 미혼모 등과 같은 복지대상 여성인력이 지식기반경제에서 필요로 하는 직업능력을 갖출 수 있는 기회를 확대하고, 이들의 능력개발을 담당하는 교육훈련체제의 유연성을 제고시킴으로써 실질적인 경제적 자립을 도모해야 한다. 더불어, 지식정보화사회에서 지식격차에 따른 양극화 현상으로 가장 소외되기 쉬운 집단 중의 하나인 전업주부의 경제적, 사회적 능력을 전생애에 걸쳐 지속적으로 개발하여 이들 인적자원의 효율적인 활용을 도모할 필요가 있다.

여성들이 지식기반경제에서 변화하는 직업요구능력을 갖추고, 안정적으로 경제활동을 할 수 있도록 노동시장 및 사회 인프라를 구축하여야 하는데, 이를 위해 먼저 남녀 인적자원의 개발 및 활용과 관련된 주요한 걸림돌 중의 하나인 보육문제를 해결하기 위해서, 보육 인프라를 구축하여야 한다. 또한 시장기능에 의해서 여성인적자원이 개발될 수 있도록 함과 동시에 우수한 여성인적자원의 활용을 촉진시키기 위해서, 현재 양성된 여성인적자원의 활용과 관련된 노동시장에서 각종 남녀차별을 근절하여야 하며, 여성 인적자원과 관련된 정보인프라를 구축하는 것이 시급하다.

2) 여성인적자원의 산업연계를 위한 세부과제

(1) 여학생 직업의식과 진로교육 강화

울산광역시는 교육인적자원부와 협조하여 <표 3-3>과 같은 여학생 직업의식 및 진로교육 강화를 통하여 여성인력의 산업연계를 위한 장기대책을 수립해야 할 필요가 있다.

〈표 3-3〉 여학생 직업의식 및 진로교육 강화를 위한 과제

정책과제	세부정책
직업현장과 연계한 진로지도 강화방안	여성직업인 및 직업현장과 연계한 진로지도강화 프로그램 개발 및 운영
	'여성·직업·평등'을 주제로 한 여학생 진로탐색 박람회 운영
	여학생 직업의식 제고를 위한 산학연간의 연계 촉진을 위한 지원기구 설치 및 운영
	다양한 여성직업인 역할모델 발굴 및 DB화 인터넷을 통한 여학생 진로지도(Girl-Net)강화 방안
	관련집단의 인식제고를 위한 대규모 여학생 진로 지도 캠페인 활동
다양한 분야로의 진출 촉진을 위한 진로지도 강화방안	과학기술분야 여성직업인 멘터 제도 운영
	과학기술분야 직업현장체험을 위한 여학생 캠프 설치 및 운영
	비전통적 영역의 여성직업인들의 DB화 및 활용

정책과제	세부정책
학교교육과정 내의 여학생 진로지도의 강화방안	학교별 학년별 여학생 진로지도 지침안 개발 및 보급
	여학생 진로지도 실시를 위한 제도적 조건 강화 - 진로지도 실시를 위한 시간확보 - 진로지도 관련 법규 및 행정체계 개선 추진
	여학생 직업의식 제고를 위한 교사 및 학부모 프로그램의 개발 및 운영

(2) 중등교육과정에서 여성직업교육 내실화

울산광역시는 교육인적자원부와 협조하여 <표 3-4>와 같은 중등교육단계의 여성직업교육의 내실화를 기할 필요가 있다.

〈표 3-4〉 중등교육단계의 여성직업교육의 내실화 과제

정책과제	세부정책
여학생들의 공업계 학교로의 지속적 유도	공업계 진학 여학생들에 대한 장학금지원 확대
	여자공고의 전공확대 및 남녀공학 공고의 여학생 입학학과 확대
상업계교육의 내실화	상업계 고교에 대한 재정지원 강화
	상업계학교 졸업자의 취득자격 다양화 및 실질화 방안 강구
	여자 상업계 고교 시설 및 프로그램의 지역사회 개방을 통한 연계 구축
여자 실업고 및 상업고의 특성화 고교로의 전환유도	실업고나 상업계 학교 중 일부를 지식기반 산업 분야에 맞는 특성화고등학교로 전환 유도 및 재정 지원을 강화
	특성화고교 중에서 여학생들의 취업률이 높고 향후 유망한 분야를 더욱 확대 및 분야개발(디자인고, 조리고, 영상고, 관광고, 만화고, 원예고, 미용고 등)
여자실업계 고교와 전문대학과의 연계 교육 강화 및 지원	여자실업계고교와 전문대학과의 연계를 강화하여 교육과정 및 학점 등의 상호 인정 등 실질적 연계 방안을 모색
실업계 고교 여자졸업생에 대한 추수지도의 강화	실업계 고교 여자졸업생에 대한 산업체 근무실태를 조사하고 추수지도를 강화하여 여자 실업계졸업자에 대한 사회적 이미지를 제고시킴

(3) 고학력 여성의 취업능력 활성화

첫째, 울산광역시는 교육인적자원부, 노동부, 중소기업청, 여성부 등과 협조하여 <표 3-5>와 같은 고학력 여성의 취업능력 증대 및 활용 활성화방안을 마련하여야 한다.

〈표 3-5〉 고학력 여성의 취업능력 증대 및 활용활성화를 위한 과제

정책과제	세부정책	담당부처
여대생에 대한 지원정책의 확대	여대생 취업능력 증진을 위한 대학의 취업지도 강화 및 지원 - 진로 및 직업관련 과목을 개설, 의무적으로 이수토록 유도 - 남녀공학대학에 여학생처나 여학생 지원실 신설 - 취업정보실의 인력확대 및 전문성 강화 - 미취업 졸업생을 위한 교육프로그램 및 취업서비스 지원	교육인적자원부
	여대생 취업능력 제고를 위한 대학과 기업의 연계강화 - 여대생 기업연수 프로그램의 확대 실시 - 여대생 취업박람회 실시	노동부
	여대생 창업프로그램 개발과 동아리 지원	중소기업청
국공립대학 및 정부출연 연구기관의 여성채용 목표제 도입	채용목표제 도입을 위한 법·제도적 기반 마련	교육인적자원부
	여성 고급인력의 고용증대를 위한 기반 조성	교육인적자원부
	국립대학 교수 증원 시 여성비율 할당	교육인적자원부
	교수 임용심사원 중 일정비율을 여성으로 위촉	교육인적자원부
	교육인적자원부에 교수임용공정위원회(가칭) 설치	교육인적자원부
여성연구자 지원 및 활용	기금여성연구자제도의 운영	여성부
	인문사회계열 여성박사 활용지원사업 개발	교육인적자원부 학술진흥재단
	이공계열 석박사 과정 여학생에 대한 재정적 지원	교육인적자원부
	시간강사에 대한 처우개선 및 전임교원의 직제화 검토	교육인적자원부
고학력 여성인적 자원 관리체제 구축	여성박사인력의 분야별 DB화와 정보제공 고학력 여성인적자원 패널자료 구축	여성부

둘째, 울산광역시는 교육인적자원부, 과학기술부, 정보통신부 등과 협조하여 <표 3-6>과 같이 과학기술분야의 여성인력 양성과 활용방안을 수립할 필요가 있다.

〈표 3-6〉 과학기술분야의 여성인력 양성과 활용을 위한 과제

정책과제	세부정책	담당부처
여성과학기술의 양성과 활용촉진을 위한 법제마련	'과학기술분야 여성인력 양성 특별반'을 국무 총리실 산하에 한시적 설치	교육인적자원부
	(가칭) '과학기술남녀평등법' 제정	과학기술부
예비 여성과학기술자의 양성 강화	초중고 과학교육 강화 및 WISE 프로그램의 실시	교육인적자원부
	청소년 대상 과학진흥사업의 실시	과학기술부
대학에서의 이공계 여성 인재양성 지원	이공대학 및 대학원 진학 여학생에 대한 장학금, 연구비, 해외유학 및 연수기회의 제공	과학기술부
	우수여학생의 박사과정 유치를 위해 국가연수생 (Junior Research Women Fellow)제도 도입	과학기술부

정책과제	세부정책	담당부처
여성과학기술인력의 취업난 해소	여성과학기술자 채용목표제 도입	과학기술부
	여성과학자 박사후연구원 연구비 지원	과학기술부
	Post-doc. 연수자 중 일정비율 할당	과학기술부 교육인적자원부
	여성 R&D 지원인력의 육성 및 활용	과학기술부
고학력 여성의 취업능력 증대 및 활용활성화	전략분야 여성인력 양성 지원	과학기술부 정보통신부
	고급연구인력의 연구력 향상 프로그램	과학기술부 정보통신부 교육인적자원부
	전문기술관료 진출 및 발전 방안	과학기술부 정보통신부 교육인적자원부

셋째, 울산광역시는 교육인적자원부, 노동부, 정보통신부 등과 협조하여 <표 3-7>과 같은 정보통신 분야의 여성인력 양성과 활용화 방안을 강구할 필요가 있다.

〈표 3-7〉 정보통신분야의 여성인력 양성과 활용을 위한 과제

정책과제	세부정책	담당부처
정규교육기관에 정보통신분야 교육강화정책	초·중등학교에서 IT친화적인 환경을 조성하고 IT분야 진로교육 강화	교육인적자원부
	실업계 여자고등학교 및 전문대학의 IT기업과의 연계 지원	교육인적자원부
	대학 간 전략적 제휴를 통한 다양한 IT전문과정 개설 및 운영지원	교육인적자원부
IT분야 취업 확대를 위한 정책	IT분야 직종 전환을 위한 교육과정 개발 및 운영지원	교육인적자원부 정보통신부
	대학의 IT관련학과 전공 여학생 지원 확대	정보통신부
	여성 특화 직종의 사이버교육 프로그램 개발 및 운영 지원	노동부
IT 분야 전문여성인력 양성 및 활용을 위한 정책	국·공립대학 및 정부출연기관에서의 여성취업 지원	교육인적자원부

(4) 취업여성과 취약계층여성의 능력개발

울산광역시는 노동부, 보건복지부, 여성부, 법무부 등과 협조하여 <표 3-8>과 같은 재직여성 및 취약계층여성의 능력개발을 위한 방안을 강구할 필요가 있다.

〈표 3-8〉 재직여성 및 취약계층여성의 능력개발을 위한 과제

정책과제	세부정책	담당부처
재직 여성근로자의 능력개발관련 정책	여성 직무능력전환 교육프로그램 개발 및 시행	노동부
	훈련프로그램의 모듈별 과정 개발 및 인정제도 마련	
	재직 여성근로자의 직업능력개발 기회의 확대	
	직장복귀 프로그램의 도입과 운영	
비정규직 여성근로자의 능력개발	비정규직 여성근로자를 위한 직업능력개발 프로그램 개발, 여성인력센터를 통한 직업능력개발 사업을 확대	여성부
	비정규직 근로자도 고용보험제도를 통해서 직업훈련을 받을 수 있는 제도가 있음을 홍보하고, 고용보험제도를 통해서 훈련비용의 지원이 가능한 교육훈련프로그램을 개발	노동부
	비정규직 여성근로자의 전직이나 창업을 지원하는 상담 및 직업능력 향상 프로그램을 확대	노동부
취업희망 여성을 위한 능력개발	교육훈련체제의 정비와 취업과 연계된 여성직업능력흔련실시	노동부
	여성인력개발센타의 효율적인 운영을 위한 제도 구축 종합능력개발 상담창구 개설	여성부
복지대상 여성을 위한 능력개발	여성가구주 실업자를 위한 직업훈련 규모확대와 직업훈련기간 연장	노동부
	복지대상 여성집단에 대한 직업훈련체계의 유연성과 효율성 제고	노동부 보건복지부
	여성수용자에 대한 직업훈련프로그램의 개발 및 보급	노동부 법무부
여성 직업능력개발을 위한 교육인프라 구축	기혼여성의 직업교육훈련 참여를 지원하는 각종제도 정비	노동부
	여성 인적자원개발 및 활용에 대한 정확한 통계 자료 생산	여성부

(5) 전업주부의 사회참여 활성화

울산광역시는 여성부, 노동부, 보건복지부 등과 협조하여 <표 3-9>와 같은 전업주부 능력개발과 사회참여 지원방안을 강구할 필요가 있다.

〈표 3-9〉 전업주부 능력개발과 사회참여지원 방안수립을 위한 과제

정책과제	세부정책	담당부처
전업주부의 능력개발을 위한 교육여건 조성	지식 정보화 사회에 걸맞는 가정경영을 지원하는 교육프로그램의 개발 보급	여성부
	주부집단 별 요구에 걸맞는 교육프로그램의 개발	여성부
	NGO의 주부교육지원	여성부
	저소득·저학력 여성의 학습기회 보장을 위한 정부지원 강화	여성부
	중앙정부, 지자체, 여성평생교육기관 간 네트워크 구축을 통한 중복 기능 조정 및 정보·자원의 공유	여성부

정책과제	세부정책	담당부처
취업희망 주부인력의 개발과 활용 및 창업지원	여성인력개발센터의 기능 강화	여성부
	저소득층 주부의 취업과 창업을 위한 지원책	노동부
	주부창업이 용이한 분야의 청업훈련 프로그램 개발·보급 및 투자기금의 조성	노동부
자원봉사영역에서의 고용창출과 각종 인정 보상제도의 마련	자원활동영역의 성별화 철폐 및 전국차원의 통합적 활동지원센터의 설립	보건복지부
	자원봉사영역에서 주부인턴쉽을 통한 고용의 창출	보건복지부
	자원활동누진제와 각종 인정과 보상체계 등 자원활동촉진	보건복지부

(6) 보육인프라 구축

울산광역시는 보건복지부, 여성부 등과 협조하여 <표 3-10>과 같은 여성의 능력개발 참여를 위한 보육인프라 구축을 위한 방안을 강구할 필요가 있다.

〈표 3-10〉 여성의 능력개발참여를 위한 보육인프라 구축을 위한 과제

정책과제	세부정책	담당부처
보육사업의 공공화 추진	국·공립 보육시설의 확충	보건복지부
	다양한 보육시설의 공공화 모색	보건복지부
보육사업의 질적수준 향상	현재 운영 중인 시설들의 문제점 정리, 분석	보건복지부
	교사의 전문성 향상 및 교사 관리	보건복지부
	기존 보육시설의 관리, 점검	보건복지부
	보육시설에 대한 운영지원 방안 마련	보건복지부
보육(보호·교육) 프로그램의 다양화 방안 마련	영유아의 연령대별(영아/유아) 프로그램 개발	보건복지부
	연장, 야간 및 24시간 보육시설 확산	보건복지부
	특수아동(장애아) 대상 프로그램 개발	보건복지부
	특별 프로그램 개발 및 시행	보건복지부
지역사회 통합 방안 마련	부모 참여, 지원 확대 방안 마련	여성부
	지역사회의 참여확대 방안 마련	여성부
보육사업 지원 체계 마련	보육행정 전달체계 구축	보건복지부
방과 후 이동교육에 대한 대책 수립	방과후 아동교육의 활성화를 위한 법적·제도적 근거 마련	보건복지부
	시설 확충 방안 마련	보건복지부
	교사의 전문성 향상 및 교사 관리	보건복지부
	방과 후 아동교실에 대한 운영지원 방안 마련	보건복지부
	방과 후 아동교실 지원체계 마련	보건복지부

(7) 남녀평등을 이룩하기 위한 노동환경 구축

남녀간에 임금격차가 존재하게 되면 여성들이 취업을 하려는 욕구가 줄어들게 된다. 그러므로 울산광역시는 노동부, 여성부 등과 협조하여 <표 3-11>과 같이 남녀차별을 근절할 수 있는 노동환경을 구축하기 위한 방안을 강구할 필요가 있다.

〈표 3-11〉 남녀차별 근절을 위한 노동환경구축을 위한 과제

정책과제	세부정책	담당부처
남녀 평등한 고용환경 구축	남녀고용평등법 준수기업에 대한 행정직, 재정적 지원	노동부
	남녀고용평등정착을 위해 계약준수제도(contract compliance program) 도입 검토	노동부
	남녀고용차별 관련 행정기구의 연계성 제고	여성부 노동부
출산 및 육아휴직제, 가족간호유가제의 실효성 제고	출산 및 육아휴직제, 가족간호제 관련 법 개정	여성부 노동부
	가족친화적인 제도 확산을 위해 기업 인센티브 제도 도입	노동부
	가족친화적인 기업표창 제도 신설	노동부
	직장과 가정 양립지원제도의 실효성 제고	노동부

(8) 정보인프라 구축

울산광역시는 여성부와 협조하여 <표 3-12>와 같은 여성인적자원에 대한 정보인프라 구축을 위한 방안을 강구할 필요가 있다.

〈표 3-12〉 여성인적자원에 대한 정보인프라 구축을 위한 과제

정책과제	세부정책	담당부서
여성인적자원개발을 위한 정보체계 구축	여성 포탈사이트로서의 Women-Net 구축 - 여성관련 공공 커뮤니티의 공간제공 - 온라인상의 여성교육, 취업, 복비, 상담을 위한 체계 구축 - 여성정책, 여성관련 자료의 통합검색 기능제공	여성부
여성인적자원 DB 및 통계 자료 생산	여성인적자원 DB 구축	여성부
	여성인력에 대한 패널데이터 생산 및 구축	여성부

4. 울산 미취업 여성의 취업활성화를 위한 신산업 발굴

이 절에서는 울산광역시의 미취업 여성의 취업을 활성화하기 위한 방안으로 여성친화산업인 지식기반서비스 산업 중에서 유통·물류 산업, 비즈니스서비스 산업, 디자인 산업, e-비즈니스 산업을 중심으로 육성방안을 알아보았다(강종열 등, 2008).

1) 유통·물류 산업

유통산업은 국민경제 및 서비스산업 발전에 파급효과가 크고 국민소득 2만불 실현을 위한 성장잠재력이 높은 고부가가치 산업으로써, '03년 기준으로 GDP의 9.0%, 고용의 17.5%로, 2010년까지는 GDP의 11.3%를 차지하여 선진국 수준인 15% 내외의 성장이 전망된다. 향후 10년간 누배 이상의 성장을 통해 경제성장과 고용창출의 성장엔진 역할과 물류중심지로서의 지리적 여건을 토대로 주변 시장 공략도 가능하다. 따라서 유통산업이 제조업의 기술혁신을 선도하고 새로운 시장창출을 주도할 수 있도록 하는 등 종합적인 유통산업 지원·육성이 필요하다. 유통산업은 중화학공업에 비하여 여성들에게 더 적합한 부분이라는 점에서 여성취업 활성화에 기여하는 바가 크다고 볼 수 있기 때문이다.

국가 경제 및 기업 활동의 글로벌화, 지식기반 산업중심으로의 산업구조 변화 등이 물류 환경의 변화를 주도하고 있다. 자유무역과 경제의 개방화로 기업의 다국적화가 확대됨에 따라 상품 및 생산 원자재의 국가간 이동이 증가하는 생산·유통·판매의 글로벌화가 확대되고 있다. 외국 상품의 도입으로 소비자 니즈의 고급·다양화 현상은 물류체계의 고도화 및 효율화를 촉진시킨다. 고부가가치 산업, 첨단산업, 지식기반 산업 등을 중심으로 하는 산업 구조개편에 따라 상품구성이 고가화, 경량화, 소량화로 변화하고 있는 추세에 효과적으로 대체할 수 있는 물류서비스인 실시간 운송, 개품 단위 배송, 적기 배송, 소량다빈도 배송, 무재고 관리 등에 대한 요구가 확대되고 있기 때문에 이를 지원할 수 있는 물류체계가 구축되어야 한다. 이에 따라 세계 각국은 물류산업을 고부가가치를 창출하는 국가 전략 산업으로 육성하기 위해 물류 인프라를 확충하고 물류산업의 기업화를 경쟁적으로 추진하고 있다.

울산지역은 제조업 중심의 공업도시로 성장해오면서 상대적으로 유통부문이 낙

후되어 있었다. 그 동안 대형할인점의 진입으로 일어나고 있는 유통업계의 지각변동은 그 동안의 간극을 메우기 위한 것이라 볼 수 있다. 울산광역시 시민의 삶의 질을 향상목 시키고 지속적으로 도시경쟁력 유지하기 위해서는 기존의 산업구조를 바꾸어야 한다.

장기적인 관점에서 도시경쟁력을 확보할 수 있는 방안을 다각도로 모색하여야 하는데 도시개발과 산업재배치의 맥락에서 보면 유통산업이 유력한 산업임은 분명하다. 현재 유통산업은 영세성, 과밀성, 비전문성의 수준에서 벗어나 대형화, 전문화, 고도화를 지향하고 있다. 울산지역 소비자의 유통서비스에 대한 욕구는 더욱 높아지고 있으며, 이에 따라 유통산업의 혁신적 변화가 지속될 것으로 예측할 수 있다.

2) 비즈니스서비스 산업

비즈니스서비스 산업은 기업경영 프로세스의 일부를 외부에서 생산·공급하는 산업으로 제조업을 포함한 다른 기업의 경영활동을 지원하기 때문에 생산자 서비스로서 아웃소싱의 성격을 가진다.

OECD(1999)의 전략적 비즈니스 서비스분야는 시장조사·마케팅, 컨설팅과 인재채용과 같은 기업조직서비스, 기술혁신 및 기술시험서비스, 인적자원개발, 컴퓨터 관련서비스로 나타나고 있다. 비즈니스서비스 산업의 범위는 <그림 3-1>과 같다.

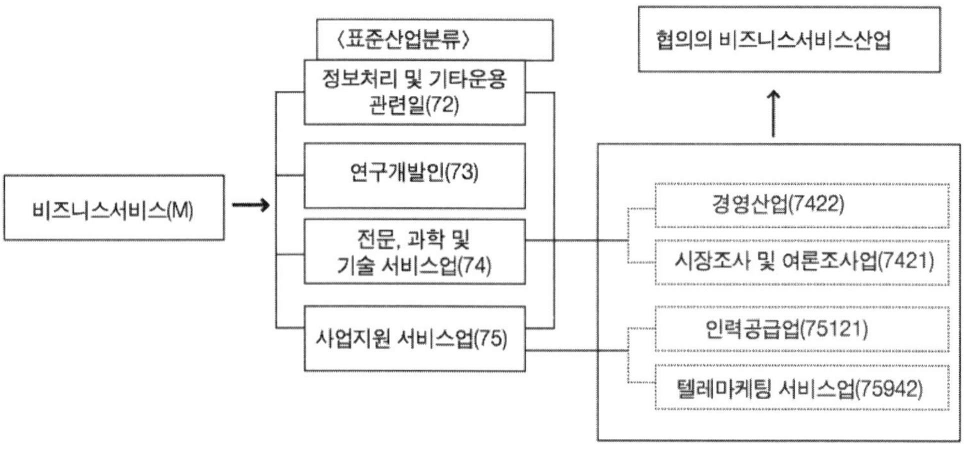

〈그림 3-1〉 비즈니스서비스산업의 범위

한편, 1996-2001년간 비즈니스 서비스산업은 서비스업에서 차지하는 비중이 사업체수는 2.4%에서 3.1%로 종사자수는 7.3%에서 8.6%로 상승 하였다. 서비스업 대비 사업체수, 종사자수 비중은 상승하고 있고, 서비스업 대비 매출액 비중은 하락하는 추세이다. 이는 비즈니스서비스업의 영세성을 반영하고 있다고 볼 수 있다.

경영컨설팅산업, 시장조사 및 여론조사업의 경우, 선진국일류기업들은 고급인력 유치 및 양성, 막대한 홍보비 지출과 함께 본부에 R&D센터와 연구 인력을 보유하여 핵심경쟁력을 확보하는 중이다. 반면에 국내기업들은 연구개발투자 부재, 인적자원에 대한 투자부재 등으로 세계 유수의 기업들에 비해 핵심경쟁력을 확보하지 못하고 있는 것으로 파악되었다.

산업의 경쟁요소 가운데 지식기반적인 성격이 강조되면서 비즈니스산업의 중요성도 커지고 있다. 각 기업은 경쟁우위가 있는 핵심역량을 강화하고 상품기획, 디자인, 물류, 설비기획, e-Biz, 부품조달, 판매기획, 마케팅, 사후관리 등을 제외한 나머지는 아웃소싱하는 추세에 따라 비즈니스 산업이 성장하고 있다. 제조업에서 서비스산업으로 이행해 가는 경제 구조 속에서 비즈니스서비스는 서비스산업과 제조업을 연결시키는 고리 역할을 할 수 있다는 점에서 성장잠재력과 경제성장 기여도가 매우 높은 분야이다. 인력 등 자원이동의 효율화로 비즈니스서비스의 아웃소싱 활성화를 촉진하여 제조업과 서비스업의 선순환 발전을 달성할 수 있고 고용도 창출 될 수 있을 것이다.

전국경제인연합회는 2011년에 2030년 한국경제비전 달성을 위한 '신성장산업 선도국' 세미나를 열고 우리 경제가 2030년 GDP 5조달러 달성을 위해 산업 전반에 높은 파급효과가 기대되는 7대 프로젝트를 제시했다. 공개된 7개의 프로젝트는 수퍼 윈드 그리드 조성, 해외 태양광 발전단지 조성, 바이오 강국 건설, 스마트그리드 광역 시범단지, 2030 그린 교통 인프라 구축, 스마트 에코 시티, 전주기적 수자원관리로 산업 전반에 거시적인 영향을 미칠 수 있는 대형 프로제트가 중심이다.

전국경제인연합회 관계자는 "국내 기술력을 중심으로 한 NGP-7을 자연스런 실증 기회로 활용해 기업의 경쟁력을 강화시키는 선순환 구조를 만드는 한편, 경제 선진국으로 발돋움하는 계기로 만들어야 한다"고 강조했다.

비즈니스 서비스산업의 성장동력화 부문에서는 IT서비스 산업의 고부가 가치화를 추진하고 종합지식정보서비스를 제공하는 글로벌 마케팅서비스 기업의 설립 촉진 및 디자인 산업의 선진화 방안이 논의됐다. 이에 대해 서강대학교 김용진 교수는 “비즈니스 서비스산업의 기초인프라 구축과 핵심 역량 개발은 전략적으로 옳은 방향이지만, 동시에 새로운 서비스시장의 창출을 위한 방안도 함께 마련돼야 한다”는 의견을 제시했다.

이외에도 전경련은 한국경제의 지속적인 성장을 위해서 관광산업, 의료산업, 콘텐츠산업, 스마트 산업, 바이오산업 및 녹색산업의 육성을 주문했다. 관광산업의 선진화 과제로는 스토리텔링을 통한 역사관광 자원개발, 레저관광 활성화 및 MICE와 같은 고부가가치 관광산업 육성이 제시됐다.

콘텐츠산업 분야는 관련 고급인력 육성과 인프라 구축이 필요하다는 지적이 있었으며 스마트산업을 선도하기 위해서는 신기술 표준화 선도와 핵심 소프트웨어 인력 양성에 대한 집중이 필요하다는 의견도 나왔다.

한편 전경련은 녹색산업의 경우 자원 재활용 산업을 선진화해 자원순환사회를 위한 물적, 기술적 기반을 구축할 것을 강조했다. 바이오산업에 대해서는 의약·치료·농업 및 에너지 부문을 중심으로 단계적 접근을 통하여 육성할 것을 제언했다(이투데이, 2011).

3) 디자인 산업

21세기에는 창의성과 개성에 바탕을 둔 지식, 정보, 기술이 국가경쟁력을 좌우하는 ‘지식기반경제’로 전환되고 있으며, 앞으로도 이러한 추세는 더욱 강화될 것으로 전망된다. 정보, 지식, 서비스가 중시되고 무형적 가치인 지적자산, 인재, 네트워크, 브랜드의 중요성이 강조될 것이다. IT, BT, NT, ET, CT, ST의 6T 신기술과 디자인력(Design Power)이 21세기 기술과 생산, 경제, 생활을 지배하는 핵심요인으로 부상하고 있다.

- 60년대 : 경공업 도입·발전기 (섬유, 합판, 가발 등)
- 70년대 : 중화학공업으로의 전환·발전기 (철강, 기계, 화학 등)
- 80년대 : 조립가공산업의 등장·발전기 (가전, 조선, 자동차 등)
- 90년대 : IT산업 등 첨단산업으로의 전환기 (반도체, 컴퓨터 등)
- 2000년대 : 첨단산업, 서비스, 지식기반산업으로의 발전

디자인, 경영컨설팅, 광고 등 제조업의 생산성 향상 및 고부가 가치를 달성하는데 필수적인 비즈니스서비스 산업이 새로운 성장산업으로 특히, 경영컨설팅, 광고, 엔지니어링, 산업디자인, 패션디자인 등 5가지 업종은 지식 집약적이고 잠재력이 크며 장래성장이 유망하다(산업연구원, 2000). 우리나라 디자인산업의 규모는 2002년 약 7조원 정도로 추산되며, 이는 2002년 GDP의 약 1.2% 로서 선진국에 비해 현저히 낮은 수준이다. 영국의 경우 디자인산업의 규모는 Design Consultancy 및 In-house Design 산업 전체를 포함하여 2000년 기준으로 전체 GDP의 3%인 424억 달러(약 53조원)에 이르렀고, 2000년에만 디자인 관련 수출은 1조 8천억원에 달하였다. 우리나라의 디자인 산업도 2000년 이후 2010년까지 매출액 연평균 증가율이 19.2%로 급격한 성장을 이룰 것으로 전망된다(산업연구원, 2001). 한국의 디자인 산업은 성장기를 지나 성숙기로 진입하고 있어, 2003년 세계 10위권에서 2012년 6위의 디자인 강국으로 성장할 것이다. 디자인 산업은 주력기간산업의 고부가가치화에 기여한다. 앞으로 전자상거래가 활성화될수록 one person one product 추세가 현저해져 디자인, 특히 감성 디자인이 더욱 더 중요해질 것이다.

디자인 산업의 경쟁력 강화를 위해 디자인 혁신을 통한 창의적 인력 양성시스템을 구축할 필요가 있다. 디자인 기초기술의 개발, 디자인 교육의 기초 확립, 세계적 스타 디자이너의 양성 등이 그 예이다. 그리고 산업전반에 디자인을 접목 함으로써 고부가가치화를 실현해야 한다. 오리지널디자인(ODM)과 오리지널브랜드(OBM) 개발로 기업 이미지를 제고 시키고, 대량생산에서 명품생산체제로 변화시켜 고부가가치화, 디자인 투자촉진 여건 및 분위기 조성이 시급하다.

디자인의 국제화와 지방화를 위해서는 동북아 디자인 협력체제 구축과 국제디자인의 교류확대, 지방의 디자인 혁신역량 강화와 지역산업의 효과적 지원이 있어야 한다. 또한 지역 특화산업과 연계한 디자인 교육이 필요하다. 예를 들어, 전국 디자인학과를 지역 특화산업 지원체제로 개편 유도하고, 부산 신발디자인, 대구 섬유디자인, 울산 자동차디자인 및 선박디자인, 청주 바이오, 환경디자인, 제주 관광 상품디자인, 춘천 레저디자인, 전주 안경테, 성남 가구 등의 지역산업과 연계한 디자인교육이 활성화되어야 한다.

주력기간산업에 디자인을 접목함으로써 저가 대량생산체제에서 고가 명품생산체제로 전환시켜야 한다. 예를 들어, 조선산업에서 유람선/요트산업으로, 백색가전에서 디지털가전으로 변신해야 한다. 주력 기간산업의 디자인 우선 개발전략(Design

Driven Strategy)을 통한 신규 고용 창출이 우선시 되어야 한다. 가전제품·자동차·조선 등 주력 기간산업의 디자인 연계를 통한 고부가가치 산업으로의 전환 촉진이 최우선 과제이다. 디자인·기술개발, 마케팅의 연계지원 강화로 지원효과의 극대화도 필요하다. 성장동력 및 부품소재 기술개발사업 등 기술 개발사업의 연구성과물을 상품화 할 때 디자인 혁신기술개발을 우선적으로 지원해야 한다.

싼값인데도 고급 디자인…매월 신상품 600개700호점 돌파, 다이소 성공 비결은

다이소 700호 점 돌파에는 지난 8년간 10만4,000여종의 제품을 만든 디자인팀의 공을 빼놓을 수 없다. 6일 서울 동대문구 장안동 장안사거리 주변의 한 3층(180평)건물. 지하1층~지상2층에 들어선 매장이 이날 오전 처음 문을 열자마자, 사람들로 북적거리기 시작했다. 이 곳에는 주방용품 외에도 문구·사무용품과 인테리어 제품, 생활잡화 등 그야말로 없는 것이 없을 정도로 생활 관련 품목들이 빼곡히 들어차 있었다. '1,000원 숍'으로 유명한 국내 최대 균일가 생활용품 기업인 다이소의 700호 매장이다. 당초 11월 중 700호점 돌파를 예상했는데 한 달 이상 앞당겨진 것. '싼 게 비지떡'이라는 통념을 깨고 품질 면에서도 소비자들의 뜨거운 반응을 이끌어 내며 쑥쑥 성장하고 있는 다이소의 비결은 무엇일까.

무엇보다 가격에 비해 품질이 월등한 상품개발에 전력 투구한다는 점을 꼽을 수 있다. 전세계에서 가장 저렴한 나라를 골라 100% 아웃소싱을 주는 생산 방식을 채택하고 있는 것. 이로 인해 현재 중국과 동남아시아는 물론 일본 독일 스페인 프랑스 벨기에 등 세계 28개국 2,000여개 현지업체로부터 제품을 생산, 공수해 오고 있다. 원자재와 인건비로 경쟁력 있는 상품을 만들 수 있는 곳이면 어디든지 찾아간다. 이는 박정부 다이소 회장의 몫이다. 그는 연간 평균 20회 이상 해외를 누비고 있다.

이렇다 보니, 매월 600가지 이상의 신상품이 끊임없이 출시된다. 현재 욕실용품, 주방용품, 사무용품, 문구, 인테리어, 원예, 애완, 화장품 등 상품 가짓수만 무려 2만여개. 특히 1997년 5월 1호점인 천호점 오픈 당시 1,000원짜리 제품에 대한 좋지 않은 인식이 품질개선 등을 통해 많이 바뀌게 됐고, 대부분 재구매로 이어지고 있다. 다이소 안웅걸 이사는 "지난해 자체 분석 결과, 다이소 제품을 써 본 100명 중 80명 정도가 다시 물건을 구매하고 있는 것으로 나타났다"고 설명했다.

품질과 함께 디자인도 빼 놓을 수 없다. 다이소에는 무려 42명의 디자이너가 있다. 2009년 지식경제부가 한국디자인진흥원(KIDP)과 함께 실시한 산업디자인 통계조사에 따르면, 일반 기업의 디자이너 수는 평균 업체 당 3.72명. 무려 10배 이상 많은 것이다. 철저한 기획과 분석, 시장조사낸 지난 8년 간 다이소 디자인팀에 의해 세상에 빛을 보게 된 패키지 및 상품들이 무려 10만4,000여 종이나 된다.

가격 대비 품질 면에서 인정을 받다 보니, 길거리 독립매장에서 벗어나 최근에는 대형 할인마트와 쇼핑몰 등에도 속속 입점하고 있다. 다양한 제품을 선보이기 위해 매장 규모도 초기 소규모(10평 짜리)에서 100~200평 이상 대형화하고 있는 한편, 지난해 온라인 '다이소몰'을 오픈, 매장이 없는 지방과 20, 30대 젊은 층도 적극 공략하고 있다. 박 회장은 "경기불황 탓에 고품질, 저가격, 다품종으로 대표되는 다이소를 더 많이 찾아주시는 것 같다"며 "점포망을 더욱 확대해 치솟는 물가를 단 1%라도 낮추는 데 기여하고 싶다"고 말했다.

〈출처 : 한국일보 2011년 10월 8일〉

4) e-비즈니스 산업

경제환경의 변화와 디지털경제의 부각, 중국의 위협과 글로벌 경쟁의 심화, 선진국 중심으로의 디지털경제가 가속화되는 추세이다. e-비즈니스화는 지식기반 혁신에 의한 국가경쟁력 강화의 구현기술로써 산업전반을 지식기반 네트워크화로 통합연계한 지식기반 경제로 이행하는데 필수적인 요소이다.

국내 산업에서 IT활용이 미흡하여 디지털화가 부진한 편이다. e-Biz 이외에 e-Learning, e-Health산업 등에 대한 체계적 대응 또한 미흡하다. 수익창출이 빠른 기술위주의 전자상거래, ERP 등 주요 솔루션사업 위주로 선진기술과 큰 격차를 보이고 있고, 기본인프라는 상승하였으나 디지털경제화를 위한 e-Biz의 국제경쟁력은 낮은 수준이다.

하지만 우리나라는 브로드밴드 기술력과 사람들의 e-Business에 대한 인식에서 1위로 조사되었으며, 대부분의 항목에서 중위 내지는 상위를 기록하고 있다. 반면 ICT의 효과적 활용도면에 있어서는 다른 조사대상국에 비하여 취약하였다.

현재 e-비즈니스는 기업내부의 정보 통합, BPR을 통한 기업내부프로세스의 개선이나 웹을 통한 상품과 서비스 판매, 기업간 거래에서 거래 프로세스 개선과 이종산업의 성과를 IT산업으로 잠식해 나가고 있다. 앞으로 u-비즈니스의 구체화된 형태로서 기존 유통과 금융 등 상거래환경의 해체가 가속화되고, 고객관계 중심의 DB, 마케팅 인프라, 채널 통합이 주요한 이슈가 될 것으로 예상된다.

e-비즈니스의 GDP대비 부가가치 비중은 2003년의 2%에서 2012년 15%로 증가될

전망이고, 인력수요는 67만명, 전자상거래율은 향후 10년간 약 4배가 성장하여 전체시장의 57%가 될 것이다. 따라서 전자상거래 및 e-비즈니스 서비스에 의한 전문인력과 여성인력 고용으로 고용창출 효과를 기대해 볼 수 있다.

향후에는 전자상거래 경제 신경망 인터넷이 세계 유통시장을 재편할 전망이다. e-Business의 핵심은 전자상거래라고 할 수 있다. 사이트를 브랜드화하고 다양한 채널을 복합적으로 활용하며 생활 속에 침투하는 것이 관건이다. 전 세계 전자상거래의 3%(2057억불)를 차지하고 있는 한국은 e-Business 준비도(readinss index, 60개국 중 24위)등 여러 여건들에서 상대적 우위를 보이고 있어 이미 세계적 수준으로 구축된 IT인프라를 잘 활용해야 한다. 단순한 특송사업에서 기업간(B2B) 구매·조달 서비스기업으로 진화한 Fedex사례를 모델로 삼아 전자상거래 발달로 인한 신산업 및 고부가가치창출 효과를 노려야 한다. e-business분야에서는 소액대출등 다양한 틈새시장이 분출할 것이며 Voice Portal의 발전이 주목할 만한 트렌드가 될 것이다. e-business산업의 주목할 분야로 M-commerce(mobile commerce), C-commerce(Collaborative commerce), U-commerce(Ubiquitous commerce) 등이 있다. 또한 IT활용 기반 구축 및 e-Business 지원사업 활성화로 e-Learning, e-Health, e-Payment, e-Logistics등의 신산업 모델이 창출될 것으로 보인다.

한국이 만든 지재권 e-러닝 콘텐츠 중남미 간다.
특허청, 스페인어판 IP 파노라마 출시

특허청(청장 이수원)은 12일 세계지식재산기구(WIPO, World Intellectual Property Organization)와 공동으로 아르헨티나 부에노스아이레스에서 스페인어판 IP 파노라마(panorama) 출시행사를 가졌다고 밝혔다. IP 파노라마는 한국 특허청과 WIPO, 한국발명진흥회가 공동으로 개발한 지재권(IP, Intellectual Property) e-러닝 콘텐츠다.

다양한 애니메이션 캐릭터와 스토리텔링(storytelling) 형식으로 이뤄져 실제 비즈니스 현장에서의 지재권 활용전략을 쉽고 재미있게 학습할 수 있다. 스토리텔링 음성(voice)과 행위(gesture)를 통해 시청자에게 이야기를 전달하는 것, IP 파노라마는 일정한 줄거리가 있는 스토리를 통해 학습자들에게 자연스러운 학습 참여 및 흥미를 유도한다.

총 13개 주제로 구성된 IP 파노라마는 ▲ 중소기업에서의 지식재산 중요성 ▲ 상표와 디자인 ▲ 발명과 특허와 같은 익숙한 주제부터 ▲ 영업비밀 ▲ 기술 라이센싱 ▲ 지식재산 가치평가 ▲ 지재권 프랜차이징 등 보다 전문적이고 심도 있는 주제까지 다루고 있다.

2007년 영문판 IP 파노라마를 개발하여 전세계의 호평을 받은 특허청은 2009년 UN 공용어인 아랍어판을 개발했고 지난해에는 세계 4억5000만여 인구의 스페인어권 사용자를 위해 스페인어판을 개발해 이번에 출시했다. 특허청은 스페인어판 IP 파노라마 출시에 이어 17일 아프리카 가봉에서 프랑스어판 IP 파노라마도 선보일 예정이다. 이에 따라 IP 파노라마는 영어, 아랍어, 스페인어, 프랑스어를 사용하는 국가에서 쓸 수 있는 대표적인 지재권 e-러닝 콘텐츠로 자리매김할 전망이다.

이번 출시 행사에 참석한 아르헨티나, 브라질, 칠레를 비롯한 중남미 국가 특허청 고위인사들은 IP 파노라마 콘텐츠가 유용한 지재권 정보로 이뤄져 있고, 이용자가 쉽고 재미있게 접근할 수 있도록 화면이 구성되어, 대학생부터 기업의 관계자들에게 유용한 교육자료로 활용될 것이라고 평가했다. 마리오 아람부르 아르헨티나 특허청장은 "스페인어판 IP 파노라마가 아르헨티나를 포함한 중남미 지역의 지재권 인식제고에 큰 기여를 할 것이다"며 특허청에 깊은 감사를 표시했다.

출시행사와 별도로 김영민 특허청 차장과 마리오 아람부르(M. R. Aramburu) 아르헨티나 특허청장은 회담을 갖고, 양국 간 지재권 분야 공동 협력방안을 논의했다. 이 자리에서 양국 특허청은 심사관 역량강화를 위한 교육 협력방안과 지재권 데이터 상호교환 방안, 범정부차원의 지식재산 정책 등 폭넓은 주제로 의견을 나눴다.

〈출처 : 아시아투데이 2011년 10월 12일〉

여성은 지도자의 자질이 남성보다 더 많다.

여성은 남성보다 성공과 관련된 지도자의 자질을 더 많이 갖고 있다.
여성은 부하직원들의 의견에 더 귀를 기울이며
부하직원들이 고정된 틀을 버리고 보다 자유롭게 생각하도록 잘 유도하고
효과적으로 부하직원들에게 영감을 불어 넣어주고
더 윤리적이기 때문이다.

- 미국 노스웨스턴 대학교 사회심리학 교수 Alice Eagly -

제2부

울산의 미취업 여성

이 부에서는 강종열 등(2008)이 울산지역의 여성인자원과 산업연계방안을 분석하기 위하여 울산의 미취업 여성을 대상으로 하여 조사한 자료를 이용하여 미취업 여성의 실태와 문제점을 알아보았다.

❀❀❀

제 4 장
조사방법과 관련연구

이 장에서는 울산 미취업 여성의 실태를 파악하기 위한 조사방법과 미취업여성과 여성취업과 관련된 선행연구를 살펴보았다.

1. 조사방법

1) 조사개요

조사대상은 울산광역시에 거주하고 있는 20~59세의 미취업 여성 500명으로, 이 중 구직을 희망하는 미취업 여성 250명을 조사하기 위해 2008년 1월 17일에서 2월 12일까지 울산종합고용지원센터의 방문자를 중심으로 단순무작위표집(random sampling)을, 일반 미취업 여성 250명은 거주지역과 연령별 인구비례에 의한 할당표집(quota sampling)을 하여 표본을 추출하였다. 표본추출의 할당표는 <표 4-1>에 제시되어 있다. 조사는 사전에 교육을 받은 면접원들이 진행하였으며, 응답자에게 질문지를 나누어 주어 스스로 기입하게 하는 자기기입식 방법을 사용하였다. 수집된 자료는 SPSS WIN 12.0k 프로그램을 이용하여 통계처리하였다.

〈표 4-1〉 거주지역, 연령별 할당표

거주지역별 분포		연령별 분포	
중구	55명	20대	57명
남구	82명	30대	77명
동구	44명	40대	75명
북구	32명	50대	41명
울주군	37명		

2) 조사대상자의 일반적 특성

〈표 4-2〉 조사대상자의 일반적 특성

특 성		빈도	%
거주지역	중구	108	21.6
	남구	172	34.4
	동구	83	16.6
	북구	56	11.2
	울주군	81	16.2
	계	500	100.0
연령	20대	129	25.8
	30대	149	29.8
	40대	147	29.4
	50대	75	15.0
	계	500	100.0
교육수준	중졸 이하	38	7.6
	고졸	265	53.0
	전문대졸	120	24.0
	대졸 이상	77	15.4
	계	500	100.0
전공계열 (전문대졸 이상인 경우)	인문·사회계열	96	48.7
	상경·법학계열	14	7.1
	이공계열	53	26.4
	기타 계열	35	17.8
	계	197	100.0
결혼여부	미혼	105	21.0
	기혼	395	79.0
	계	500	100.0

특 성		빈도	%
기혼자의 자녀 수	1명	90	25.1
	2명	231	64.5
	3명 이상	37	10.4
	계	358	100.0
막내자녀의 연령	5세 이하	75	20.9
	6세 ~ 11세	90	25.1
	12세 ~ 14세	45	12.6
	15세 ~ 17세	42	11.7
	18세 이상	106	29.6
	계	358	100.0
월평균 가계소득	200만원 미만	64	12.8
	200만원 이상 ~ 250만원 미만	68	13.6
	250만원 이상 ~ 300만원 미만	118	23.6
	300만원 이상 ~ 350만원 미만	129	25.8
	350만원 이상 ~ 400만원 미만	70	14.0
	400만원 이상	51	10.2
	계	500	100.0

조사대상자의 일반적 특성은 <표 4-2>에 제시되어 있다. 여성의 연령은 30대와 40대가 각각 29.8%, 29.4%로 표집되었고, 20대 25.8%, 50대 15.0%의 순이었다. 교육수준은 응답자의 1/2이 고졸이었고, 전문대졸은 24.0%, 대졸 이상 15.4%, 중졸 이하 7.6%였다. 전문대졸 이상의 교육수준을 지닌 여성들의 전공계열을 살펴본 결과 인문·사회계열이 48.7%로 가장 많았고, 이공계열 26.4%, 기타 계열 17.8%, 상경·법학계열 7.1%임을 알 수 있다. 결혼여부에서는 미혼보다 기혼이 79.0%로 압도적이었다. 월평균 가계소득은 300~350만원 미만이 25.8%, 250~300만원 미만 23.6%, 350~400만원 미만 14.0%, 200~250만원 미만 13.6%, 200만원 미만 12.8%, 400만원 이상의 고소득층은 10.2%로 나타났다. 우리나라 월평균 가계소득이 312만원(통계청, 2006)임을 감안하면, 고소득층과 저소득층이 고루 표집되었다고 볼 수 있다. 따라서 조사대상자는 비교적 중년층으로, 고졸 이상의 교육수준을 지니고 있으며, 결혼을 하였고, 월평균 250~350만원 정도의 가계소득을 보유하고 있었다.

2. 관련연구의 고찰

1) 여성 인적자원 활용 정책 관련 연구

김혜원·김경희·이주희·최은영(2007)은 영국, 캐나다, 스웨덴, 덴마크의 여성고용 현황, 사회정책과 여성고용률 제고, 사업장내 고용평등제고정책, 여성정책과 추진 체계를 조사하고, 이들 4개국의 여성고용과 주요 여성정책을 비교하고 한국의 여성고용률 제고를 위한 정책을 제시하였다.

고혜원·김형만·한상신·김태홍·김영옥·민무숙·전병유·장지연·우천식(2004)은 우리나라 여성의 노동시장 참가현황과 특성, 여성의 고용구조 현황과 특징, 여성 인적자원개발 관련 기존 정책과 개선 방향을 범부처 차원, 중앙부처 차원, 지방자치단체 차원으로 구분하여 제시. 사회서비스 부문 고용창출과 일자리 개발, 분야별 고급여성인력 양성, 대상별 맞춤형 직업훈련제도, 가정과 직장 양립 인프라 구축의 4개 분야로 나누어 전략과제를 개발하고 추진체계를 제시하였다.

김태홍·민무숙·김영옥·김선미·양순애·진미석·주재선(2001)은 여성인력 양성체계의 효율성 제고를 위한 여학생 직업의식과 진로교육강화, 중등교육단계의 여성 직업교육의 내실화, 고학력 여성의 취업능력 증대 및 활용 활성화, 과학기술분야와 정보통신분야의 여성인력 양성과 활용, 취약계층 여성집단의 능력개발 기회 확대, 여성인적자원의 효율적 개발을 위한 사회인프라 구축, 중장기 여성인적 자원 개발의 방향과 과제, 여성인적자원 개발을 위한 10대 정책과제와 세부정책을 제시하였다. 향후 추진체계의 방향으로 첫째, 국가 여성인적자원개발정책을 기획하고 총괄하고 조정하는 기제를 개편하고 역할을 재정립하고 둘째, 여성인적자원개발과 관련된 국가와 지방이 연계하고 협력할 수 있는 제도를 만들어야 한다고 하였다. 이를 위해서 대통령산하 추진기구를 설치하고 추진기구 산하에 여성인적자원개발 연구기획단을 설치해야 한다고 주장하였다.

윤명희·안영식·송숙경(2006)은 여성인력개발센터 운영 프로그램을 분야별 직종별로 분석하고 21세기 여성유망직종에 해당되는 프로그램의 운용실태와 직업능력 개발 프로그램의 현황을 파악하였다.

2) 여대생 취업 관련 연구

민무숙(2002)은 여자대학생의 취업이행과정을 검토하여 고학력 여성들이 학교에서 노동시장에 이행하는 과정과 이를 기초로 한 학교교육단계에서의 정책과제 제시하였다. 곽삼근(2003)은 여성의 고등교육기회와 인적자원개발, 여성인적자원 형성의 문제를 분석하여 고등교육기관 여성인적자원개발의 기본방향을 제시하였다.

이상민·장기영·김선희(2004)는 해외 여성 노동정책 동향제시, 미국과 일본의 취업지원기관과 프로그램 운용 사례 분석을 통하여 해외 고학력 여성 취업정책과 대학내 취업지원제도 분석, 국내 여성인력개발 훈련정책 현황과 국내 5개 대학 고학력 여성 커리어 개발 현황 분석, 여성부의 지원을 받아 여대생커리어개발센터가 설치된 전국 5개 대학의 재학생과 졸업생을 조사대상으로 하여 취업의식과 노동시장으로의 이행을 위한 실태 파악을 통하여 여성취업을 활성화하기 위한 정책을 제시하였다. 고학력 여성 취업을 활성화하기 위한 정책으로 여성 패널조사 시스템과 지속적인 기업조사 시스템을 구축하고, 여대생커리어개발센터를 적극적으로 활용하고, 기업이 기업가치를 제고시키기 위하여 여성인력을 활용하도록 유도하는 것 등을 제시하였다.

3) 여성 노동시장 구조 관련 연구

박천수·이상돈·김미란(2006)은 전문가조사를 하여 각 직업에서 요구되는 숙련수준, 향후의 소득수순, 직업이 가지는 사회적 영향력 전망함으로써 노동시장으로 진출하지 않은 학생들에게 노동시장의 상황에 대한 정확한 정보를 제공하였다.

김종숙·김혜영·김난주·남재량(2007)은 2000년 이후 여성 청년 취업문제들의 변화양상을 파악하기 위하여 대졸여성 청년층의 경제활동 변화와 결정요인, 대졸여성 취업실태 변화, 대졸여성 청년층 임금변화와 임금 결정요인, 대졸여성 청년층 비취업자 실태 등을 분석하여 단기와 중장기로 구분하여 정책 방안을 도출하였다. 단기과제로는 무업자의 실태를 파악하고, 공공직업 알선기관을 개선하고, 효과가 낮은 인턴 사원제도를 직장 체험 프로그램으로 전환하고, 여대생커리어개발센터를 확대 운영하고, 마지막으로 여성 단시간 근로모델을 개발하고 성공사례도 발굴하는 것 등이 포함되어 있다. 중장기 과제에는 여성근로자의 모성보호를 전면적으로 다시 검토하고, 여성 경제활동을 촉진하기 위한 제도를 정비하고, 청년고용정책의 성인지성, 기획, 조정, 평가 기능을 강화하고, 여성고용확대를 위한 기업의 지원을 강화하고, 청년층의 노동수요를 예측하고 확대하기 위한 정책을 개발하는 것 등이 포함되어 있다.

박성정·김남희·이소연·김미경(2006)은 여성직업교육이나 훈련을 하고 있는 평생교육 및 복지시설까지 포함하여 직업교육훈련기관과 교육훈련생을 조사하여 직업능력개발 실태와 요구를 분석하였다. 김경선(2006)은 노인케어에 대한 대학생의 직업가치관을 측정하기 위한 문항을 개발하여 유형화하였다.

4) 기업의 여성 인력 활용 관련 연구

황인경(2007)은 기업에서 성공적인 여성 인력을 활용하기 위한 지침으로 도전적인 업무부여, 관계 관리 스킬 개발, 직장과 일의 양립 지원, 여성에 대한 인식 변화 노력,주기적인 점검과 개선, 여성의 노력 등을 제시하였다. 이주희·전병유·강우란·송주연(2002)은 기존 통계자료, 사업체 인적자원관리 실태 조사, 여성관리직 종사자 심층면접을 통하여 여성관리직의 규모, 특성, 여성관리직 진출 저해요인, 해외기업 사례 분석과 정책과제를 제시하였다.

김기승(2003)은 여성인력의 활용 실태, 남녀 평등 및 권한, 여성인력 위상 변화, 여성인력 지원 시스템, 산업별 여성 인력 활용, 여성인력 활용의 저해요인, 기업이 여성인력을 활용해야 하는 이유, IBM과 Deloitte-Touche, 국내 진출 외국 기업에서 여성인력을 채용하여 성공한 사례, 향후 과제를 제시하였다.

손훈정(2007)은 2005년 금융과 보험사를 제외한 매출액 기준 상위 300대 기업 중 220개사를 대상으로 하여 개별 기업의 성별 근로자수, 근속연수, 급여수준 등을 조사하여 여성인력 활용 제고를 위한 과제 제시하였다. 진의천·임태성(2005)은 여성고용구조의 현상분석을 통하여 여성고용 창출을 위한 정책 과제를 제시하였다.

5) 여성일자리 창출 관련 연구

민현주·강민정·이상원·문순영·박세경·강경규·김형용·심창학·엄기옥·최은영(2007)은 여성고용확대 방안으로 사회서비스 분야 일자리를 확대하고 일자리의 질적 제고를 위하여 사회서비스와 여성일자리 관련 이론의 쟁점을 제시, 사회서비스 분야 일자리 여성 인력의 특성 분석, 사회서비스 분야 여성일자리 창출을 위한 수요분석, 미국, 영국, 프랑스, 일본의 사례연구 등을 토대로 정책과제를 제시하였다.

6) 지역 여성 인적 자원 관련 연구

곽선화·김상현(2005)은 부산지역의 사회구조와 산업구조의 특성 분석, 부산 지역 여성인력의 특성과 지역경쟁력, 부산지역 산업과 전략산업의 여성친화성 분석, 부산 지역 여성인력의 활용도를 높이기 위한 관련주체별 역할을 제시하였다. 곽선화(2006)는 2005년도 부산지역 고학력 청년여성 맞춤 취업 프로그램 개발하였고, 박성호(2006)는 2006년도 부산지역 고학력 청년여성 맞춤 취업 프로그램을 개발하였다.

곽선화(2006)는 부산과 울산, 경남지역의 산업 및 사회구조 추이와 지역노동시장에서의 여성친화성을 분석함으로써 여성친화적 일자리를 탐색하고 여성인력의 효과적 활용을 위한 방안을 제시. 즉 지역전략산업의 성장이 여성인력 활용과 연계될 수 있도록 여성인력의 효과적 활용뿐만 아니라 지역혁신이나 지역발전과도 이어질 수 있는 정책적 시사점을 마련하였다.

구명숙(2007)은 부산지역 각종 채용박람회에 참석한 212개 업체의 인사담당자를 대상으로 전체근로자 중 여성근로자의 비율, 여성근로자 중 기혼여성 비율, 여성인적자원 확대 여부, 확대 예정 분야와 인원, 여성인적자원관리 애로사항, 여성인적자원 증진을 위한 효과적인 방법, 여성근로자의 원활한 업무수행을 위한 직무능력의 정도, 여성경력개발에 영향을 미치는 요인을 조사하여 분석하였다.

강미화·안성민·이성희·주경미(2007)는 울산 지역의 인구, 교육, 산업의 특성, 울산여성 인력개발의 인프라, 정책, 추진체계의 형황과 문제점 분석하였다. 공공부문, 기업부문, 사회서비스 부문으로 나누어서 비전과 목표, 현황과 문제점, SWOT 분석, 영역별 정책과제, 연도별 추진과제 우선순위, 과제별 소관부처, 과제별 목표 추계 제시하였다.

제 5 장
울산 미취업여성의 취업능력

1. 미취업 여성의 직무능력

1) 직무능력 분석

여성의 직무능력을 성취지향성, 창의성, 배려하는 마음, 변화적응력, 의사소통능력, 협상 및 갈등관리 능력, 대인관계 능력(융화력, 협동심), 자기관리, 조직에 대한 충성심 등 9개 능력으로 구분하여 1점 "많이 떨어진다"에서부터 5점 "많이 낫다"까지 5점 리커트 척도로 측정하였다. <그림 5-1>에서 남성에 비해 여성의 직무능력이 어느 정도인지를 분석한 결과 남성보다 낫다고 평가한 직무능력은 배려하는 마음이고, 남성보다 떨어진다고 평가한 직무능력은 조직에 대한 충성심이었다.

구체적으로 배려하는 마음(3.6)이 남성에 비해 가장 낫고, 다음으로 자기관리(3.32), 창의성(3.3), 의사소통능력(3.2), 변화적응력(3.15), 대인관계능력(3.05)의 순으로 나타났다. 이들은 모두 남성과 "비슷하다"의 3점과 "다소 낫다"의 4점 중간에 위치하고 있었다. 상대적으로 남성에 비해 "다소 떨어진다"고 평가한 직무능력으로는 성취지향성(2.96), 협상 및 갈등관리능력(2.88), 조직에 대한 충성심(2.62)등이었다.

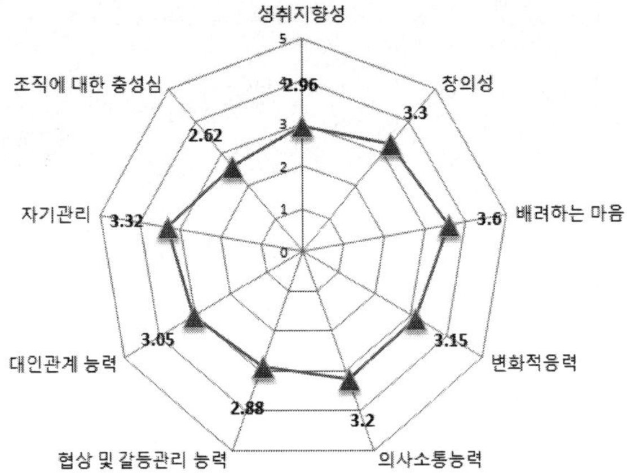

〈그림 5-1〉 남성과 비교한 여성인력의 직무능력

2) 실업유형별 직무능력

구직희망자, 실망실업자, 순수비경제활동인구별로 남성에 비해 여성의 직무능력이 어느 정도인지를 분석한 결과가 <표 5-1>에 제시되어 있다. 구직희망자, 실망실업자, 순수비경제활동인구 모두 남성보다 낫다고 평가한 직무능력은 배려하는 마음이었고, 남성보다 떨어진다고 평가한 직무능력은 조직에 대한 충성심으로 나타났다.

〈표 5-1〉 실업유형별 여성인력의 직무능력

(단위 : 평균)

직무능력	구직희망자	실망실업자	순수비경제활동인구
성취지향성	2.95	3.05	2.94
창의성	3.26	3.45	3.30
배려하는 마음	3.54	3.69	3.70
변화적응력	3.14	3.07	3.26
의사소통능력	3.16	3.17	3.35
협상 및 갈등관리 능력	2.83	2.84	3.06
대인관계 능력(융화력, 협동심)	3.01	3.04	3.19
자기관리	3.29	3.43	3.31
조직에 대한 충성심	2.61	2.57	2.71

구직희망자의 경우 구체적으로 살펴보면 배려하는 마음(3.54)이 남성에 비해 가장 낫고, 다음으로 자기관리(3.29), 창의성(3.26), 의사소통능력(3.16), 변화적응력(3.14), 대인관계능력(3.01)의 순이었다. 이들은 모두 3점 남성과 "비슷하다"와 4점

"다소 낫다"의 중간에 위치하고 있었다. 상대적으로 남성에 비해 "다소 떨어진다"고 평가한 직무능력으로는 성취지향성(2.95), 협상 및 갈등관리능력(2.83)과 조직에 대한 충성심(2.61)이었다.

실망희망자의 경우에도 배려하는 마음(3.54)이 남성에 비해 가장 낫고, 다음으로 창의성(3.45), 자기관리(3.43), 의사소통능력(3.17), 변화적응력(3.07), 성취지향성(3.05), 대인관계능력(3.04)의 순으로 나타났다. 이들은 모두 3점 남성과 "비슷하다"와 4점 "다소 낫다"의 중간에 위치하고 있었다. 상대적으로 남성에 비해 "다소 떨어진다"고 평가한 직무능력으로는 협상 및 갈등관리능력(2.84)과 조직에 대한 충성심(2.57)이었다.

순수비경제활동인구에서도 배려하는 마음(3.70)이 남성에 비해 가장 낫고, 다음으로 의사소통능력(3.35), 자기관리(3.31), 창의성(3.30), 변화적응력(3.26), 성취지향성(3.05), 대인관계능력(3.19), 협상 및 갈등관리능력(3.06)의 순으로 나타났다. 이들은 모두 3점 남성과 "비슷하다"와 4점 "다소 낫다"의 중간에 위치하고 있었다. 상대적으로 남성에 비해 "다소 떨어진다"고 평가한 직무능력으로는 성취지향성(2.94)과 조직에 대한 충성심(2.71)이었다.

3) 교육수준별 직무능력

중졸 이하, 고졸, 전문대졸, 대졸 이상별로 남성에 비해 여성의 직무능력이 어느 정도인지를 분석한 결과 중졸 이하, 고졸, 전문대졸, 대졸 이상자 모두 남성보다 낫다고 평가한 직무능력은 배려하는 마음이었고, 남성보다 떨어진다고 평가한 직무능력은 조직에 대한 충성심으로 나타났다(<표 5-2> 참조).

〈표 5-2〉 교육수준별 여성인력의 직무능력

(단위 : 평균)

직무능력	중졸이하	고졸	전문대졸	대졸이상
성취지향성	2.87	2.98	2.91	3.05
창의성	3.18	3.29	3.33	3.38
배려하는 마음	3.50	3.60	3.64	3.61
변화적응력	3.16	3.14	3.13	3.22
의사소통능력	3.13	3.17	3.21	3.34
협상 및 갈등관리 능력	3.05	2.91	2.76	2.91
대인관계 능력(융화력, 협동심)	2.95	3.08	2.99	3.09
자기관리	3.13	3.36	3.27	3.39
조직에 대한 충성심	2.82	2.58	2.56	2.78

중졸 이하의 경우 배려하는 마음(3.50)이 남성에 비해 가장 낮고, 다음으로 창의성(3.18), 변화적응력(3.16), 의사소통능력과 자기관리(각각 3.13), 협상 및 갈등관리능력(3.05)의 순으로 나타났다. 이들은 모두 3점 남성과 "비슷하다"와 4점 "다소 낫다"의 중간에 위치하고 있었다. 상대적으로 남성에 비해 "다소 떨어진다"고 평가한 직무능력으로는 대인관계능력(2.95), 성취지향성(2.87)과 조직에 대한 충성심(2.82)이었다.

고졸의 경우에도 배려하는 마음(3.60)이 남성에 비해 가장 낮고, 다음으로 자기관리(3.36), 창의성(3.29), 의사소통능력(3.17), 변화적응력(3.14), 대인관계능력(3.08)의 순으로 나타났다. 이들은 모두 3점 남성과 "비슷하다"와 4점 "다소 낫다"의 중간에 위치하고 있었다. 상대적으로 남성에 비해 "다소 떨어진다"고 평가한 직무능력으로는 성취지향성(2.98), 협상 및 갈등관리 능력(2.91)과 조직에 대한 충성심(2.58)이었다.

전문대졸의 경우에도 배려하는 마음(3.64)이 남성에 비해 가 장 낮고, 다음으로 창의성(3.33), 자기관리(3.27), 의사소통능력(3.21), 변화적응력(3.13)의 순이었다. 이들은 모두 3점 남성과 "비슷하다"와 4점 "다소 낫다"의 중간에 위치하고 있었다. 상대적으로 남성에 비해 "다소 떨어진다"고 평가한 직무능력으로는 대인관계능력(2.99), 성취지향성(2.91), 협상 및 갈등관리 능력(2.76)과 조직에 대한 충성심(2.56)이었다.

대졸의 경우에도 배려하는 마음(3.61)이 남성에 비해 가장 낮고, 다음으로 자기관리(3.39), 창의성(3.38), 의사소통능력(3.34), 변화적응력(3.22), 대인관계 능력(3.09), 성취지향성(3.05)의 순이었다. 이들은 모두 3점 남성과 "비슷하다"와 4점 "다소 낫다"의 중간에 위치하고 있었으며, 상대적으로 남성에 비해 "다소 떨어진다"고 평가한 직무능력으로는 협상 및 갈등관리 능력(2.91)과 조직에 대한 충성심(2.78)이었다.

4) 연령별 직무능력

20대, 30대, 40대, 50대별로 남성에 비해 여성의 직무능력이 어느 정도인지를 분석한 결과가 <표 5-3>에 제시되어 있다. 20대, 30대, 40대, 50대 모두 남성보다 낫다고 평가한 직무능력은 배려하는 마음이었고, 남성보다 떨어진다고 평가한 직무능력은 조직에 대한 충성심이었다.

20대의 여성은 배려하는 마음(3.65)이 남성에 비해 가장 낫고, 다음으로 자기관리(3.52), 창의성(3.48), 의사소통능력(3.26), 변화적응력(3.17), 성취지향성(3.05), 대인관계 능력(3.02)의 순이었다. 이들은 모두 3점 남성과 “비슷하다”와 4점 “다소 낫다”의 중간에 위치하고 있었다. 상대적으로 남성에 비해 “다소 떨어진다”고 평가한 직무능력으로는 협상 및 갈등관리 능력(2.84)과 조직에 대한 충성심(2.61)이었다.

30대의 여성도 배려하는 마음(3.64)이 남성에 비해 가장 낫고, 다음으로 자기관리(3.38), 창의성(3.34), 의사소통능력(3.28), 변화적응력(3.15), 대인관계 능력(3.13)의 순이었다. 이들은 모두 3점 남성과 “비슷하다”와 4점 “다소 낫다”의 중간에 위치하고 있었다. 상대적으로 남성에 비해 “다소 떨어진다”고 평가한 직무능력으로는 성취지향성과 협상 및 갈등관리 능력(각각 2.93), 조직에 대한 충성심(2.58)이었다.

40대의 여성도 배려하는 마음(3.56)이 남성에 비해 가장 낫고, 다음으로 창의성(3.26), 자기관리(3.22), 변화적응력(3.20), 의사소통능력(3.14), 대인관계 능력(3.08), 성취지향성(3.03)순 이었다. 이들은 모두 3점 남성과 “비슷하다”와 4점 “다소 낫다”의 중간에 위치하고 있었고, 상대적으로 남성에 비해 “다소 떨어진다”고 평가한 직무능력으로는 협상 및 갈등관리 능력(2.89)과 조직에 대한 충성심(2.65)이었다.

50대의 여성도 배려하는 마음(3.53)이 남성에 비해 가장 낫고, 다음으로 자기관리(3.08), 의사소통능력(3.07), 창의성(3.03), 변화적응력(3.00)의 순이었다. 이들은 모두 3점 남성과 “비슷하다”와 4점 “다소 낫다”의 중간에 위치하고 있었으며, 상대적으로 남성에 비해 “다소 떨어진다”고 평가한 직무능력으로는 대인관계 능력(2.88), 협상 및 갈등관리 능력(2.83), 성취지향성(2.76)과 조직에 대한 충성심(2.68)이었다.

〈표 5-3〉 연령별 여성인력의 직무능력

(단위 : 평균)

직무능력	20대	30대	40대	50대
성취지향성	3.05	2.93	3.03	2.76
창의성	3.48	3.34	3.26	3.03
배려하는 마음	3.65	3.64	3.56	3.53
변화적응력	3.17	3.15	3.20	3.00
의사소통능력	3.26	3.28	3.14	3.07
협상 및 갈등관리 능력	2.84	2.93	2.89	2.83
대인관계 능력(융화력, 협동심)	3.02	3.13	3.08	2.88
자기관리	3.52	3.38	3.22	3.08
조직에 대한 충성심	2.61	2.58	2.65	2.68

2. 여성의 직업가치관

1) 직업가치관 분석

여성의 직업가치관은 김경선(2006)의 대학생 직업가치관 측정문항을 참고로 하여, 10개 문항을 추출하였다. 1점 "전혀 그렇지 않다"에서부터 5점 "매우 그렇다"까지 5점 리커트 척도로 측정하였다. 여성의 직업가치관을 분석한 결과가 <그림 5-2>에 제시되어 있다. 울산지역 여성들은 정년이 보장되는 안정적인 직업을 가장 선호하고 있는 반면, 원하는 직업을 위해서라면 다른 지역으로 이사할 수 있다는 문항에서는 가장 부정적 반응을 보였다.

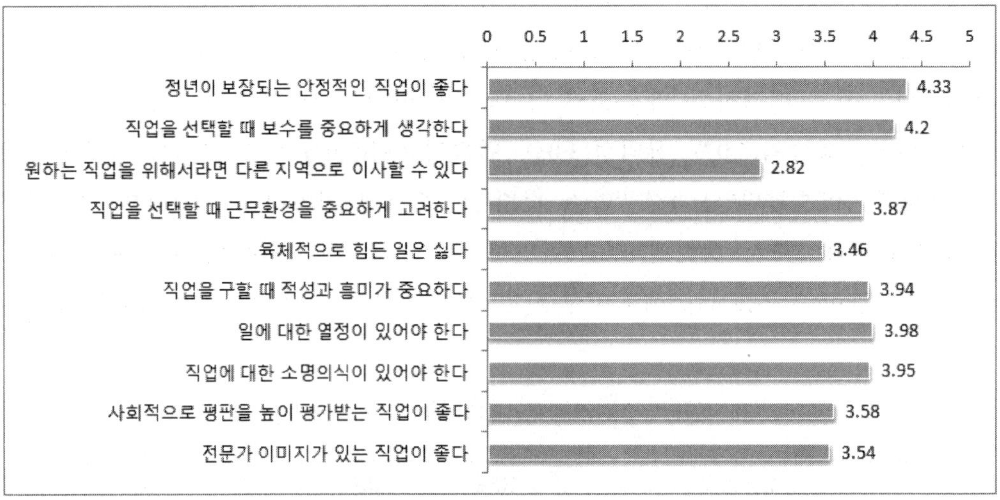

〈그림 5-2〉 여성의 직업가치관

문항분석 결과 정년이 보장되는 안정적인 직업이 좋다(4.33)와 직업을 선택할 때 보수를 중요하게 생각한다(4.2)는 동의정도가 높았다. 다음으로 일에 대한 열정이 있어야 한다(3.98), 직업에 대한 소명의식이 있어야 한다(3.95), 직업을 구할 때 적성과 흥미가 중요하다(3.94), 직업을 선택할 때 근무환경을 중요하게 고려한다(3.87), 사회적으로 평판을 높이 평가받는 직업이 좋다(3.58), 전문가 이미지가 있는 직업이 좋다(3.54), 육체적으로 힘든 일은 싫다(3.46)는 3점 "보통이다"와 4점 "그렇다"의 중간에 위치하고 있어 다소 동의를 하는 수준으로 나타났다. 통계청(2011)의 고용 분석에서도 2009년 기혼여성이 직업을 선택하는데 가장 중요하게 생각하는 요인은 '수입'인 반면, 미혼여성은 직업의 '안정성'을 가장 많이 고려하는 것으로 나타났다.

2) 실업유형별 직업가치관

구직희망자, 실망실업자, 순수비경제활동인구별로 여성의 직업가치관을 분석한 결과가 <표 5-4>에 제시되어 있다. 구직희망자, 실망실업자, 순수비경제활동인구 모두 정년이 보장되는 안정적인 직업을 가장 선호하고 있는 반면, 원하는 직업을 위해서라면 다른 지역으로 이사할 수 있다는 가장 부정적이었다.

〈표 5-4〉 실업유형별 여싱의 직입가치관

(단위 : 평균)

직업가치관	구직 희망자	실망 실업자	순수비경제 활동인구
정년이 보장되는 안정적인 직업이 좋다	4.41	4.25	4.18
직업을 선택할 때 보수를 중요하게 생각한다	4.25	4.21	4.04
원하는 직업을 위해서라면 다른 지역으로 이사할 수 있다	2.80	2.68	3.01
직업을 선택할 때 근무환경을 중요하게 고려한다	3.86	3.92	3.83
육체적으로 힘든 일은 싫다	3.46	3.31	3.58
직업을 구할 때 적성과 흥미가 중요하다	3.97	3.89	3.92
일에 대한 열정이 있어야 한다	4.03	3.94	3.85
직업에 대한 소명의식이 있어야 한다	4.00	4.03	3.76
사회적으로 평판을 높이 평가받는 직업이 좋다	3.67	3.23	3.67
전문가 이미지가 있는 직업이 좋다	3.60	3.26	3.61

구직희망자의 경우 정년이 보장되는 안정적인 직업이 좋다(4.41), 직업을 선택할 때 보수를 중요하게 생각한다(4.25), 일에 대한 열정이 있어야 한다(4.03), 직업에 대한 소명의식이 있어야 한다(4.00)에서 4점 "그렇다"에 해당되어 동의정도가 높았다. 다음으로 직업을 구할 때 적성과 흥미가 중요하다(3.97), 직업을 선택할 때 근무환경을 중요하게 고려한다(3.86), 사회적으로 평판을 높이 평가받는 직업이 좋다(3.67), 전문가 이미지가 있는 직업이 좋다(3.60), 육체적으로 힘든 일은 싫다(3.46)는 3점 "보통이다"보다 약간 상회하여 다소 동의를 하는 편이었다. 반면 원하는 직

업을 위해서라면 다른 지역으로 이사할 수 있다(2.80)는 부정적이었다.

실망실업자의 경우 정년이 보장되는 안정적인 직업이 좋다(4.25), 직업을 선택할 때 보수를 중요하게 생각한다(4.21), 직업에 대한 소명의식이 있어야 한다(4.03)는 4점 “그렇다”에 해당된다. 다음으로 일에 대한 열정이 있어야 한다(3.94), 직업을 선택할 때 근무환경을 중요하게 고려한다(3.92), 직업을 구할 때 적성과 흥미가 중요하다(3.89), 육체적으로 힘든 일은 싫다(3.31), 전문가 이미지가 있는 직업이 좋다(3.26), 사회적으로 평판을 높이 평가받는 직업이 좋다(3.23)는 3점 “보통이다” 이상으로 다소 동의를 하는 편인 반면 원하는 직업을 위해서라면 다른 지역으로 이사할 수 있다(2.68)는 부정적이었다.

순수비경제활동인구의 경우 정년이 보장되는 안정적인 직업이 좋다(4.18), 직업을 선택할 때 보수를 중요하게 생각한다(4.04)는 4점 “그렇다”에 해당되었다. 다음으로 직업을 구할 때 적성과 흥미가 중요하다(3.92), 일에 대한 열정이 있어야 한다(3.85), 직업을 선택할 때 근무환경을 중요하게 고려한다(3.83), 직업에 대한 소명의식이 있어야 한다(3.76), 사회적으로 평판을 높이 평가받는 직업이 좋다(3.67), 전문가 이미지가 있는 직업이 좋다(3.61), 육체적으로 힘든 일은 싫다(3.58)는 3점 “보통이다” 이상으로 다소 동의를 하는 편임을 알 수 있다. 원하는 직업을 위해서라면 다른 지역으로 이사할 수 있다(3.01)는 보통 정도였다.

3) 교육수준별 직업가치관

중졸 이하, 고졸, 전문대졸, 대졸 이상별로 여성의 직업가치관을 분석한 결과가 <표 5-5>에 제시되어 있다. 중졸 이하, 고졸, 전문대졸, 대졸 이상 모두 정년이 보장되는 안정적인 직업을 가장 선호하고 있는 반면, 원하는 직업 위해서라면 다른 지역으로 이사할 수 있다는 문항에서는 가장 부정적이었다.

중졸 이하의 경우 정년이 보장되는 안정적인 직업이 좋다(4.34), 직업을 선택할 때 보수를 중요하게 생각한다(4.08)는 4점 “그렇다”에 해당되었다. 다음으로 일에 대한 열정이 있어야 한다(3.82), 직업을 구할 때 적성과 흥미가 중요하다와 직업을 선택할 때 근무환경을 중요하게 고려한다(각각 3.71), 직업에 대한 소명의식이 있어야 한다(3.68), 사회적으로 평판을 높이 평가받는 직업이 좋다(3.55), 전문가 이미지가 있는 직업이 좋다(3.53), 육체적으로 힘든 일은 싫다(3.11)는 3점 “보통이다”

이상으로 다소 동의를 하는 편인 반면 원하는 직업을 위해서라면 다른 지역으로 이사할 수 있다(2.39)는 부정적이었다.

고졸의 경우 정년이 보장되는 안정적인 직업이 좋다(4.30), 직업을 선택할 때 보수를 중요하게 생각한다(4.22)는 4점 "그렇다"에 해당된다. 다음으로 일에 대한 열정이 있어야 한다(3.94), 직업에 대한 소명의식이 있어야 한다와 직업을 구할 때 적성과 흥미가 중요하다(각각 3.92), 직업을 선택할 때 근무환경을 중요하게 고려한다(3.86), 사회적으로 평판을 높이 평가받는 직업이 좋다(3.48), 육체적으로 힘든 일은 싫다(3.42), 전문가 이미지가 있는 직업이 좋다(3.41)는 3점 "보통이다" 이상으로 다소 동의를 하는 편이었다. 반면 원하는 직업을 위해서라면 다른 지역으로 이사할 수 있다(2.71)는 부정적이었다.

〈표 5-5〉 교육수준별 여성의 직업가치관

(단위 : 평균)

직업가치관	중졸 이하	고졸	전문대졸	대졸 이상
정년이 보장되는 안정적인 직업이 좋다	4.34	4.30	4.47	4.18
직업을 선택할 때 보수를 중요하게 생각한다	4.08	4.22	4.28	4.05
원하는 직업을 위해서라면 다른 지역으로 이사할 수 있다	2.39	2.71	2.95	3.23
직업을 선택할 때 근무환경을 중요하게 고려한다	3.71	3.86	3.97	3.81
육체적으로 힘든 일은 싫다	3.11	3.42	3.52	3.68
직업을 구할 때 적성과 흥미가 중요하다	3.71	3.92	4.13	3.86
일에 대한 열정이 있어야 한다	3.82	3.94	4.15	3.90
직업에 대한 소명의식이 있어야 한다	3.68	3.92	4.07	4.01
사회적으로 평판을 높이 평가받는 직업이 좋다	3.55	3.48	3.75	3.70
전문가 이미지가 있는 직업이 좋다	3.53	3.41	3.65	3.82

전문대졸의 경우 정년이 보장되는 안정적인 직업이 좋다(4.47), 직업을 선택할 때 보수를 중요하게 생각한다(4.28), 일에 대한 열정이 있어야 한다(4.15), 직업을 구할 때 적성과 흥미가 중요하다(4.13), 직업에 대한 소명의식이 있어야 한다(4.07)는 4점 "그렇다"에 해당된다. 다음으로 직업을 선택할 때 근무환경을 중요하게 고려한다(3.97), 육체적으로 힘든 일은 싫다(3.52), 전문가 이미지가 있는 직업이 좋다(3.65),

사회적으로 평판을 높이 평가받는 직업이 좋다(3.75)는 3점 “보통이다” 이상으로 다소 동의를 하는 편인 반면 원하는 직업을 위해서라면 다른 지역으로 이사할 수 있다(2.95)는 부정적이었다.

대졸 이상의 경우 정년이 보장되는 안정적인 직업이 좋다(4.18), 직업을 선택할 때 보수를 중요하게 생각한다(4.05), 직업에 대한 소명의식이 있어야 한다(4.01)는 4점 “그렇다”에 해당된다. 다음으로 일에 대한 열정이 있어야 한다(3.90), 직업을 구할 때 적성과 흥미가 중요하다(3.86), 전문가 이미지가 있는 직업이 좋다(3.82), 직업을 선택할 때 근무환경을 중요하게 고려한다(3.81), 사회적으로 평판을 높이 평가받는 직업이 좋다(3.70), 육체적으로 힘든 일은 싫다(3.68), 원하는 직업을 위해서라면 다른 지역으로 이사할 수 있다(3.23)는 3점 “보통이다” 이상으로 다소 동의를 하는 편이었다.

4) 연령별 직업가치관

20대, 30대, 40대, 50대별로 여성의 직업가치관을 분석한 결과를 <표 5-6>에 제시하였다. 20대, 30대, 40대, 50대 모두 정년이 보장되는 안정적인 직업을 가장 선호하고 있는 반면, 원하는 직업 위해서라면 다른 지역으로 이사할 수 있다는 문항에서 가장 부정적이었다.

20대 여성의 경우 정년이 보장되는 안정적인 직업이 좋다(4.47), 직업을 선택할 때 보수를 중요하게 생각한다(4.29), 직업을 구할 때 적성과 흥미가 중요하다(4.09), 직업에 대한 소명의식이 있어야 한다(4.08), 일에 대한 열정이 있어야 한다(4.01)는 4점 “그렇다”에 해당된다. 다음으로 직업을 선택할 때 근무환경을 중요하게 고려한다(3.95), 사회적으로 평판을 높이 평가받는 직업이 좋다(3.81), 전문가 이미지가 있는 직업이 좋다(3.74), 육체적으로 힘든 일은 싫다(3.49), 원하는 직업 위해서라면 다른 지역으로 이사할 수 있다(3.28)는 3점 “보통이다” 보다 상회하므로 다소 동의하는 편이었다.

30대 여성의 경우 정년이 보장되는 안정적인 직업이 좋다(4.28), 직업을 선택할 때 보수를 중요하게 생각한다(4.19), 일에 대한 열정이 있어야 한다(4.01)는 4점 “그렇다”에 해당된다. 다음으로 직업을 구할 때 적성과 흥미가 중요하다(3.99), 직업에 대한 소명의식이 있어야 한다(3.97), 직업을 선택할 때 근무환경을 중요하게 고려한다(3.95), 사회적으로 평판을 높이 평가받는 직업이 좋다(3.56), 육체적으로 힘든 일은 싫다(3.53), 전문가 이미지가 있는 직업이 좋다(3.52)는 3점 "보통이다" 보다 상회하므로 다소 동의하는 편인 반면 원하는 직업 위해서라면 다른 지역으로 이사할 수 있다(2.72)는 부정적이었다.

〈표 5-6〉 연령별 여성의 직업가치관

(단위 : 평균)

직업가치관	20대	30대	40대	50대
정년이 보장되는 안정적인 직업이 좋다	4.47	4.28	4.29	4.24
직업을 선택할 때 보수를 중요하게 생각한다	4.29	4.19	4.16	4.11
원하는 직업을 위해서라면 다른 지역으로 이사할 수 있다	3.28	2.72	2.70	2.47
직업을 선택할 때 근무환경을 중요하게 고려한다	3.95	3.95	3.76	3.77
육체적으로 힘든 일은 싫다	3.49	3.53	3.43	3.31
직업을 구할 때 적성과 흥미가 중요하다	4.09	3.99	3.84	3.83
일에 대한 열정이 있어야 한다	4.01	4.01	3.97	3.88
직업에 대한 소명의식이 있어야 한다	4.08	3.97	3.90	3.83
사회적으로 평판을 높이 평가받는 직업이 좋다	3.81	3.56	3.46	3.48
전문가 이미지가 있는 직업이 좋다	3.74	3.52	3.41	3.47

40대 여성의 경우 정년이 보장되는 안정적인 직업이 좋다(4.29), 직업을 선택할 때 보수를 중요하게 생각한다(4.16)는 4점 "그렇다"에 해당된다. 다음으로 일에 대한 열정이 있어야 한다(3.97), 직업에 대한 소명의식이 있어야 한다(3.90), 직업을 구할 때 적성과 흥미가 중요하다(3.84), 직업을 선택할 때 근무환경을 중요하게 고려한다(3.76), 사회적으로 평판을 높이 평가받는 직업이 좋다(3.46), 육체적으로 힘든 일은 싫다(3.43), 전문가 이미지가 있는 직업이 좋다(3.41)는 3점 "보통이다"보다 상회하므로 다소 동의하는 편이었다. 반면 원하는 직업 위해서라면 다른 지역으로 이사할 수 있다(2.70)는 부정적이었다.

50대 여성의 경우 정년이 보장되는 안정적인 직업이 좋다(4.24), 직업을 선택할 때 보수를 중요하게 생각한다(4.11)는 4점 "그렇다"에 해당된다. 다음으로 일에 대한 열정이 있어야 한다(3.88), 직업을 구할 때 적성과 흥미가 중요하다와 직업에 대한 소명의식이 있어야 한다(각각 3.83), 직업을 선택할 때 근무환경을 중요하게 고려한다(3.77), 사회적으로 평판을 높이 평가받는 직업이 좋다(3.48), 전문가 이미지가 있는 직업이 좋다(3.47), 육체적으로 힘든 일은 싫다(3.31)는 3점 "보통이다"보다 상회하므로 다소 동의하는 편이었다. 반면 원하는 직업 위해서라면 다른 지역으로 이사할 수 있다(2.47)는 부정적이었다.

3. 여성의 취업자질

1) 취업자질 분석

외국어, 컴퓨터 활용, 문제해결, 팀워크, 리더십, 자기계발, 보유한 전문지식의 업무 적용, 기초통계 등 8개 능력으로 구분하여 여성이 취업을 하기 위해 필요한 자질을 1점 "많이 부족하다"에서 부터 5점 "아주 뛰어나다"까지 5점 리커트 척도로 측정하였다. 취업을 하기 위해 필요한 자질을 분석한 결과가 <그림 5-3>에 제시되어 있다. 8개 능력 모두 3점 "보통이다" 미만으로 나타나 전반적으로 취업을 하기 위한 자질이 보통이거나 부족하다고 여기고 있었다. 그 중에서도 외국어 능력(1.97)이 가장 부족하다고 하였다.

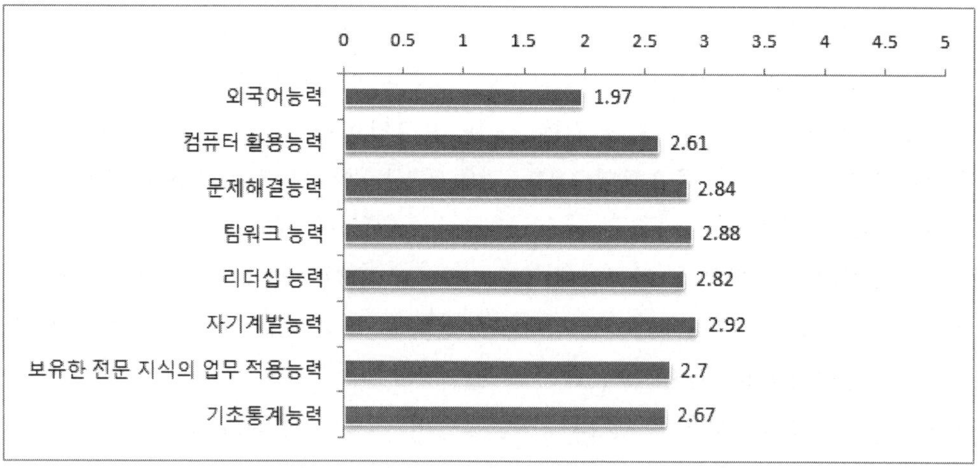

〈그림 5-3〉 여성의 취업자질

2) 실업유형별 취업자질

구직희망자, 실망실업자, 순수비경제활동인구별로 취업을 하기 위한 자질을 분석한 결과를 <표 5-7>에 제시하였다. 구직희망자의 경우 자기계발 능력(3.04), 팀워크 능력(3.01)만 3점 "보통이다"로 평가하였고, 그 외 모든 능력은 2점 "부족하다"에 해당된다. 실망실업자와 순수비경제활동인구는 외국어 능력(1.97, 1.81)을 제외한 컴퓨터 활용능력, 문제해결능력, 팀워크 능력, 리더십 능력, 자기계발 능력, 보유한 전문 지식의 업무 적용능력이 모두 2점대에 해당되어 "부족하다"고 느끼고 있었다. 구직희망자, 실망실업자, 순수비경제활동인구 모두 외국어 능력에 있어서는 취약하였다.

〈표 5-7〉 실업유형별 여성의 취업자질

(단위 : 평균)

취업자질	구직 희망자	실망 실업자	순수비경제활동인구
외국어능력	2.03	1.97	1.81
컴퓨터 활용능력	2.76	2.60	2.19
문제해결능력	2.96	2.74	2.58
팀워크 능력	3.01	2.77	2.62
리더십 능력	2.85	2.93	2.63
자기계발능력	3.04	2.96	2.56
보유한 전문 지식의 업무 적용능력	2.84	2.72	2.31
기초통계능력	2.81	2.57	2.39

3) 교육수준별 취업자질

<표 5-8>을 보면 중졸 이하, 고졸, 전문대졸, 대졸 이상별로 취업을 하기 위한 자질을 분석한 결과 중졸 이하와 고졸은 8개 능력 모두 2점대 이하로 나타나 자질이 부족한 편이었다. 반면 전문대졸은 컴퓨터 활용능력(3.10), 팀워크능력(3.07), 자기계발능력(3.03), 문제해결능력(3.02)에서는 3점 "보통이다"에 해당되며, 그 외 외국어 능력, 리더십 능력, 보유한 전문지식의 업무적용능력, 기초통계능력은 2점대 이하로 나타났다. 대졸 이상은 자기계발능력(3.31), 팀워크 능력(3.18), 컴퓨터 활용능력, 문제해결능력과 리더십 능력(각각 3.12), 보유한 전문 지식의 업무 적용능력

(3.05)에서 3점 "보통이다" 수준이며, 그 외 외국어 능력, 기초통계능력은 부족한 편이었다. 중졸 이하, 고졸, 전문대졸, 대졸 이상자 모두 외국어 능력에 있어서는 취약하였다.

〈표 5-8〉 교육수준별 여성의 취업자질

(단위 : 평균)

취업자질	중졸이하	고졸	전문대졸	대졸이상
외국어능력	1.21	1.78	2.25	2.55
컴퓨터 활용능력	1.37	2.41	3.10	3.12
문제해결능력	2.34	2.74	3.02	3.12
팀워크 능력	2.47	2.76	3.07	3.18
리더십 능력	2.16	2.78	2.93	3.12
자기계발능력	2.39	2.84	3.03	3.31
보유한 전문 지식의 업무 적용능력	2.18	2.61	2.84	3.05
기초통계능력	2.08	2.58	2.89	2.95

4) 연령별 취업자질

20대, 30대, 40대, 50대별로 취업을 하기 위한 자질을 분석한 결과를 <표 5-9>에 제시하였다. 20대의 여성은 컴퓨터 활용능력(3.42), 자기계발능력(3.28), 팀워크능력(3.18), 문제해결능력(3.14), 리더십 능력, 보유한 전문 지식의 업무 적용능력과 기초통계능력(각각 3.02)에서 3점 "보통이다"에 해당되는 수준이었다. 30대, 40대, 50대 여성들은 8개 능력 모두에서 2점대 이하에 해당되어 취업을 하기 위한 자질이 부족한 편이었다. 외국어 능력은 모든 연령대에서 취약한 자질로 평가되었다.

〈표 5-9〉 연령별 여성의 취업자질

(단위 : 평균)

취업자질	20대	30대	40대	50대
외국어능력	2.53	2.11	1.65	1.37
컴퓨터 활용능력	3.42	2.89	2.17	1.51
문제해결능력	3.14	2.91	2.66	2.51
팀워크 능력	3.18	2.95	2.73	2.52
리더십 능력	3.02	2.98	2.74	2.31
자기계발능력	3.28	2.97	2.85	2.37
보유한 전문 지식의 업무 적용능력	3.02	2.84	2.55	2.19
기초통계능력	3.02	2.81	2.50	2.13

4. 여성인력 채용시 고려사항

1) 채용시 고려사항

기업이 여성인력을 채용할 때 고려하는 사항을 학력 및 출신학교, 전공, 경력, 신체적 특성, 혼인여부, 자격증 소지여부로 구분하여 1점 "전혀 보지 않는다"에서부터 5점 "많이 보는 편이다"까지 5점 리커트 척도로 측정하였다. <그림 5-4>에 의하면 기업이 여성인력을 채용할 때 여성의 나이(4.67)를 가장 많이 보는 것으로 나타났다. 다음이 경력(3.88), 신체적 특성(3.74), 학력 및 출신학교(3.58), 혼인여부(3.54), 전공(3.45), 자격증 소지 여부(3.43) 등 이었다.

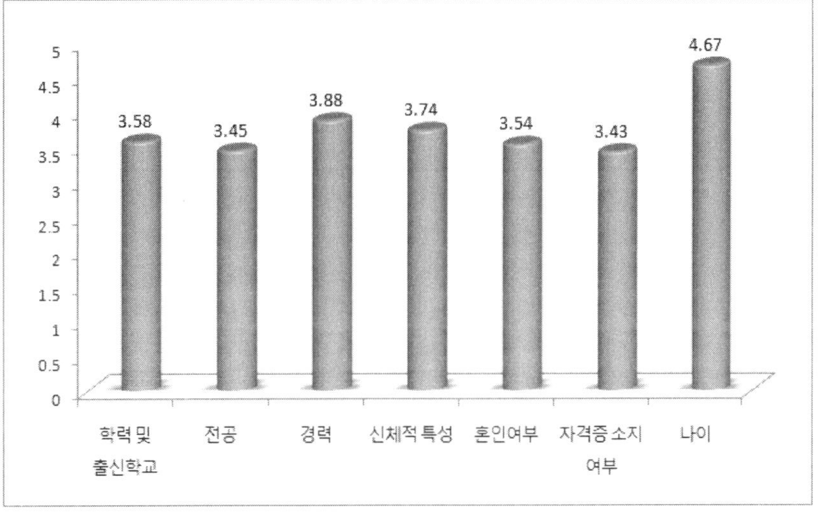

〈그림 5-4〉 여성인력 채용시 고려사항

2) 실업유형별 채용시 고려사항

구직희망자, 실망실업자, 순수비경제활동인구별로 기업이 여성인력을 채용할 때 여성의 어떤 측면을 많이 보는지 분석한 결과를 <표 5-10>에 제시 하였다. 구직희망자, 실망실업자, 순수비경제활동인구 모두 1순위로 경력, 2순위로 신체적 특성을 꼽았다.

구직희망자는 채용시 고려사항으로 경력(3.86), 신체적 특성(3.67), 학력 및 출신학교(3.48), 혼인여부(3.47), 전공(3.39), 자격증 소지 여부(3.37) 순이었다. 실망실업자는 채용시 고려사항으로 경력(3.89), 신체적 특성(3.81), 혼인여부(3.64), 학력 및 출신학교(3.56), 자격증 소지 여부(3.40), 전공(3.38)의 순서로 나타났다. 순수비경제활동인구는 채용시 고려사항으로 경력(3.93), 신체적 특성(3.88), 학력 및 출신학교(3.86), 전공(3.69), 혼인여부(3.66), 자격증 소지 여부(3.61) 순이었다.

〈표 5-10〉 실업유형별 여성인력 채용시 고려사항

(단위 : 평균)

고려사항	구직 희망자	실망 실업자	순수비경제 활동인구
학력 및 출신학교	3.48	3.56	3.86
전공	3.39	3.38	3.69
경력	3.86	3.89	3.93
신체적 특성(키, 용모 등)	3.67	3.81	3.88
혼인여부	3.47	3.64	3.66
자격증 소지 여부	3.37	3.40	3.61

3) 교육수준별 채용시 고려사항

중졸 이하, 고졸, 전문대졸, 대졸 이상별로 기업이 여성인력을 채용할 때 여성의 어떤 측면을 많이 보는지 분석한 결과가 <표 5-11>에 제시되어 있다. 중졸 이하는 1순위로 경력, 2순위로 학력 및 출신학교를, 고졸과 전문대졸은 1순위로 경력, 2순위로 신체적 특성을, 대졸이상은 1순위로 신체적 특성, 2순위로 경력을 꼽았다.

중졸 이하는 채용시 고려사항으로 경력(3.66), 학력 및 출신학교(3.50), 신체적 특성(3.42), 혼인여부(3.32), 자격증 소지 여부(3.26), 전공(3.16)의 순으로 나타났다. 고졸은 채용시 고려사항으로 경력(3.76), 신체적 특성(3.61), 학력 및 출신학교(3.42), 혼인여부(3.40), 전공(3.29), 자격증 소지 여부(3.23)의 순이었다. 전문대졸은 채용시 고려사항으로 경력(4.06), 신체적 특성(3.88), 학력 및 출신학교(3.73), 혼인여부(3.68), 자격증 소지 여부(3.67), 전공(3.63) 순이었다. 대졸 이상은 채용시 고려사항으로 신체적 특성(4.13), 경력(4.12), 혼인여부(3.92), 학력 및 출신학교(3.91), 전공(3.86), 자격증 소지 여부(3.82)라고 하였다.

〈표 5-11〉 교육수준별 여성인력 채용시 고려사항

(단위 : 평균)

고려사항	중졸 이하	고졸	전문대 졸	대졸 이상
학력 및 출신학교	3.50	3.42	3.73	3.91
전공	3.16	3.29	3.63	3.86
경력	3.66	3.76	4.06	4.12
신체적 특성(키, 용모 등)	3.42	3.61	3.88	4.13
혼인여부	3.32	3.40	3.68	3.92
자격증 소지 여부	3.26	3.23	3.67	3.82

4) 연령별 채용시 고려사항

〈표 5-12〉 연령별 여성인력 채용시 고려사항

(단위 : 평균)

고려사항	20대	30대	40대	50대
학력 및 출신학교	3.81	3.68	3.43	3.25
전공	3.66	3.60	3.34	3.01
경력	4.07	3.89	3.82	3.64
신체적 특성(키, 용모 등)	3.98	3.89	3.59	3.33
혼인여부	3.78	3.64	3.34	3.31
자격증 소지 여부	3.70	3.51	3.29	3.07

20대, 30대, 40대, 50대별로 기업이 여성인력을 채용할 때 여성의 어떤 측면을 많이 보는지 분석한 결과가 <표 5-12>에 제시되어 있다. 모든 연령대에서 1순위로 경력, 2순위로 신체적 특성이라고 응답하였다. 20대 여성은 채용시 고려사항으로 경력(4.07), 신체적 특성(3.98), 학력 및 출신학교(3.81), 혼인여부(3.78), 자격증 소지 여부(3.70), 전공(3.66)의 순서로 나타났다. 30대 여성은 채용시 고려사항으로 경력과 신체적 특성(각각 3.89), 학력 및 출신학교(3.68), 혼인여부(3.64), 전공(3.60), 자격증 소지 여부(3.51)의 순으로, 40대 여성은 채용시 고려사항으로 경력(3.82), 신체적 특성(3.59), 학력 및 출신학교(3.43), 전공과 혼인여부(각각 3.34), 자격증 소지 여부(3.29)의 순으로, 50대 여성은 채용시 고려사항으로 경력(3.64), 신체적 특성(3.33), 혼인여부(3.31), 학력 및 출신학교(3.25), 자격증 소지 여부(3.07), 전공(3.01)이라고 하였다.

5. 여성인력활용 촉진 정책의 효과

1) 여성인력활용 촉진 정책의 효과 분석

출산휴가비용을 사회보험에서 부담하는 정책, 보육시설 및 방과 후 시설을 대폭 확충하는 정책, 여성인력의 중요성에 대한 캠페인을 확대하는 정책, 여성인력 활용 우수사례 발굴 및 역할모델을 제시하는 정책, 남녀고용차별에 대한 행정감독 및 지도를 강화하는 정책, 여성친화적 교육훈련 등 여성인력의 직업능력개발을 확충하는 정책, 노동관과 직업관에 대한 교육을 강화하는 정책, 사회진출 전 진로교육을 강화하는 정책, 여성인력의 육아휴직, 신규고용, 훈련 관련 장려금을 확대하는 정책 등 여성인력 활용을 촉진하기 위한 정책의 효과성을 1점 "전혀 없다"에서부터 5점 "매우 높다"까지 5점 리커트 척도로 측정하였다.

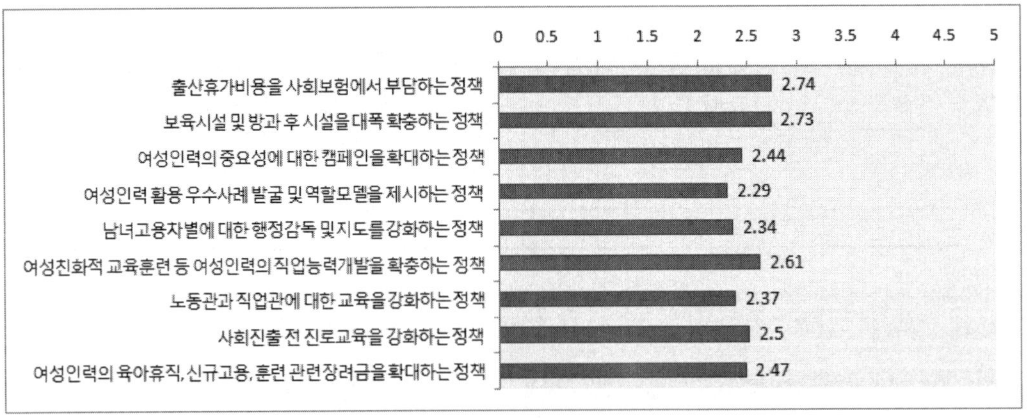

〈그림 5-5〉 여성인력활용 촉진 정책의 효과

여성인력활용 촉진 정책의 효과를 분석한 결과가 <그림 5-5>에 제시되어 있다. 모두 3점 "보통이다" 미만으로 나타나 정책의 효과가 다소 낮다고 인식하고 있었다. 그 중에서도 여성인력 활용 우수사례 발굴 및 역할모델을 제시하는 정책(2.29)이 가장 낮았다. 울산발전연구원(2007)의 조사에 의하면 울산 여성들은 여성의 경제활동촉진을 위한 정책으로 여성이 일할 수 있는 일자리 창출(3.48)을 가장 우선 정책으로 여겼고, 경력, 연령 등에 따른 다양한 수요에 맞춘 직업 교육 및 전문화된 인력양성(3.39)을 두 번째, 취업상담 → 교육 → 취업을 통합한 취업정보센터 운영(3.34), 보육시설과 방과 후 아동지도(3.34), 기업의 채용 및 임금, 승진 등의 차별 해소(3.33), 창업교육 및 지원(3.30)의 순으로 여성의 경제활동 촉진 정책의 필요성을 제기하였다(울산광역시, 2007). 이와 비교하여 울산 여성들은 보다 실질적이고 구체화된 정책을 원하며, 조사된 9개의 여성인력활용 촉진 정책 모두 실제 생활에선 효과가 미비하였다.

컨소시엄 직장보육시설 : 푸르니 어린이집

▷ 대교, 하나은행, 한국IBM이 국내 최초로 이종기업 간 컨소시엄으로 설치한 공동보육시설
- 생후 6개월 영아부터 초등학교 취학 전 연령의 회원사 직원 자녀들을 대상으로 오전 7시 30분부터 밤 10시까지 운영

▷ 기업이 시설, 보육료, 교육프로그램 신뢰성 등을 책임지는 사내 어린이집의 장점과 회사가 아닌 집 근처에서 운영되는 민간보육시설의 장점을 결합
- 2003년 9월 서초동(2010년 현재 원아 183명)에 이어 2004년 6월 일산(원아 50명), 분당(원아 217명) 개원

〈출처 : 삼성경제연구소(2010), CEO Information, 9월 8일(제771호)〉

2) 실업유형별 여성인력활용 촉진 정책의 효과

〈표 5-13〉 실업유형별 여성인력 활용을 위한 정책 효과

(단위 : 평균)

활용 촉진 정책	구직 희망자	실망 실업자	순수비경제 활동인구
출산휴가비용을 사회보험에서 부담하는 정책	2.73	2.72	2.78
보육시설 및 방과 후 시설을 대폭 확충하는 정책	2.69	2.76	2.79
여성인력의 중요성에 대한 캠페인을 확대하는 정책	2.40	2.38	2.62
여성인력 활용 우수사례 발굴 및 역할모델을 제시하는 정책	2.24	2.23	2.49
남녀고용차별에 대한 행정감독 및 지도를 강화하는 정책	2.21	2.47	2.57
여성친화적 교육훈련 등 여성인력의 직업능력개발을 확충하는 정책	2.57	2.68	2.68
노동관과 직업관에 대한 교육을 강화하는 정책	2.28	2.43	2.55
사회진출 전 진로교육을 강화하는 정책	2.41	2.59	2.65
여성인력의 육아휴직, 신규고용, 훈련 관련 장려금을 확대하는 정책	2.41	2.56	2.57

구직희망자, 실망실업자, 순수비경제활동인구별로 여성인력활용 촉진 정책의 효과를 분석한 결과 실업유형별로 모든 정책의 효과가 3점 “보통이다” 미만으로 다소 낮은 편이었다. 구직희망자는 남녀고용차별에 대한 행정감독 및 지도를 강화하는 정책(2.21)을, 실망실업자와 순수비경제활동인구는 여성인력 활용 우수사례 발굴 및 역할모델을 제시하는 정책(2.23, 2.49)을 가장 낮게 보았다(<표 5-13> 참조).

3) 교육수준별 여성인력활용 촉진 정책의 효과

중졸 이하, 고졸, 전문대졸, 대졸 이상별로 여성인력활용 촉진 정책의 효과를 분석한 결과 교육수준별로 모든 정책의 효과가 3점 “보통이다” 미만으로 나타났다. 중졸 이하는 남녀고용차별에 대한 행정감독 및 지도를 강화하는 정책(2.21)을, 고졸과 대졸 이상은 여성인력 활용 우수사례 발굴 및 역할모델을 제시하는 정책(2.24, 2.53)을, 전문대졸은 여성인력 활용 우수사례 발굴 및 역할모델을 제시하는 정책과 노동관 직업관에 대한 교육을 강화하는 정책(각각 2.23)을 낮게 보고 있었다(<표 5-14> 참조).

〈표 5-14〉 교육수준별 여성인력 활용을 위한 정책 효과

(단위 : 평균)

활용 촉진 정책	중졸 이하	고졸	전문대졸	대졸 이상
출산휴가비용을 사회보험에서 부담하는 정책	2.82	2.71	2.63	2.95
보육시설 및 방과 후 시설을 대폭 확충하는 정책	2.55	2.78	2.64	2.74
여성인력의 중요성에 대한 캠페인을 확대하는 정책	2.58	2.43	2.34	2.56
여성인력 활용 우수사례 발굴 및 역할모델을 제시하는 정책	2.37	2.24	2.23	2.53
남녀고용차별에 대한 행정감독 및 지도를 강화하는 정책	2.26	2.34	2.24	2.55
여성친화적 교육훈련 등 여성인력의 직업능력개발을 확충하는 정책	2.45	2.58	2.58	2.86
노동관과 직업관에 대한 교육을 강화하는 정책	2.29	2.36	2.23	2.62
사회진출 전 진로교육을 강화하는 정책	2.47	2.45	2.42	2.79
여성인력의 육아휴직, 신규고용, 훈련 관련 장려금을 확대하는 정책	2.50	2.45	2.33	2.75

4) 연령별 여성인력활용 촉진 정책의 효과

20대, 30대, 40대, 50대별로 여성인력활용 촉진 정책의 효과를 분석한 결과 실업 유형별, 교육수준별과 마찬가지로 모든 정책의 효과가 3점 "보통이다" 미만이었다. 20대는 남녀고용차별에 대한 행정감독 및 지도를 강화하는 정책(2.29)을, 30대, 40대와 50대는 여성인력 활용 우수사례 발굴 및 역할모델을 제시하는 정책(각각 2.29, 2.23. 2.27)을 가장 낮게 보고 있었다(<표 5-15> 참조).

〈표 5-15〉 연령별 여성인력 활용을 위한 정책 효과

(단위 : 평균)

활용 촉진 정책	20대	30대	40대	50대
출산휴가비용을 사회보험에서 부담하는 정책	2.77	2.81	2.68	2.64
보육시설 및 방과 후 시설을 대폭 확충하는 정책	2.65	2.85	2.72	2.61
여성인력의 중요성에 대한 캠페인을 확대하는 정책	2.42	2.46	2.45	2.44
여성인력 활용 우수사례 발굴 및 역할모델을 제시하는 정책	2.38	2.29	2.23	2.27
남녀고용차별에 대한 행정감독 및 지도를 강화하는 정책	2.29	2.38	2.39	2.25
여성친화적 교육훈련 등 여성인력의 직업능력개발을 확충하는 정책	2.64	2.69	2.55	2.55
노동관과 직업관에 대한 교육을 강화하는 정책	2.35	2.46	2.34	2.25
사회진출 전 진로교육을 강화하는 정책	2.53	2.58	2.44	2.39
여성인력의 육아휴직, 신규고용, 훈련 관련 장려금을 확대하는 정책	2.47	2.57	2.46	2.33

현행 법적 모성보호제도와 주요 내용

모성보호제도	주요 내용
산전후 휴가	- 산전 또는 산후에 90일의 보호 휴가 부여
배우자 출산휴가	- 근로자 청구 시 3일 휴가 부여
육아휴직	- 초등학교 취학 전 자녀가 있는 경우, 1년 동안 사용 가능 - 월 50만원의 휴직급여 지급
육아기 근로시간 단축	- 초등학교 취학 전 자녀가 있는 경우, 1년 동안 사용 가능
산전후 근로시간 제한	- 임신 중 : 시간 외 근로 금지 - 산후 1년 미만 : 1일 2시간, 1주일 6시간, 1년 150시간을 초과하는 시간 외 근로 금지

〈출처 : 삼성경제연구소(2010), CEO Information, 9월 8일(제771호)〉

제 6 장
울산 미취업여성의 구직문화

1. 직업교육훈련기관의 이용 경험 및 만족도

1) 직업교육훈련기관의 이용 경험 및 만족도

(1) 직업교육훈련기관 이용 경험

과거 직업교육훈련기관의 이용 경험을 조사한 결과를 <그림 6-1>에서 보면 여성인력개발센터(1.8%), 여성회관(2%), 대학부설기관(1.8%), 복지관(3.4%), 민간직업훈련기관(2.8%), 기타 공공직업훈련기관(2.4%) 모두 이용 경험이 낮은 것으로 나타났다.

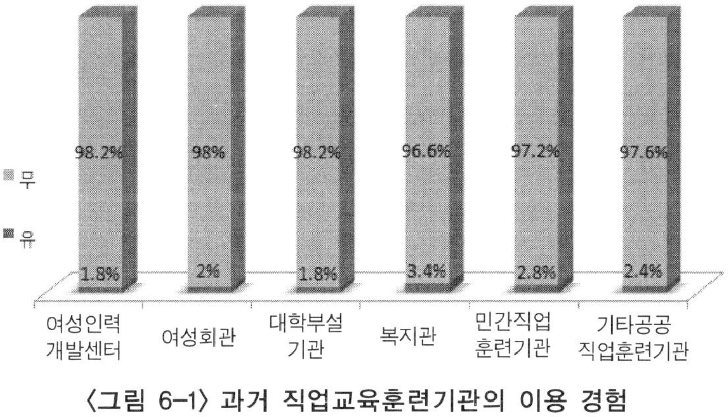

〈그림 6-1〉 과거 직업교육훈련기관의 이용 경험

(2) 직업교육훈련기관 이용 만족도

<그림 6-2>에 의하면 직업교육훈련기관의 이용 만족도는 1점 "전혀 만족 안함"에서 부터 5점 "매우 만족"까지 5점 리커트 척도로 측정하였다. 과거 직업교육훈련기관을 이용해 본 응답자에게 만족도를 조사한 결과 민간직업훈련기관(3.57)의 만족도가 가장 높고, 다음으로 여성인력개발센터(3.56), 복지관(3.53), 대학부설기관(3.44), 여성회관(3.3)의 순이었다. 기타 공공직업훈련기관(2.92)은 3점 "보통이다"보다 약간 낮았다.

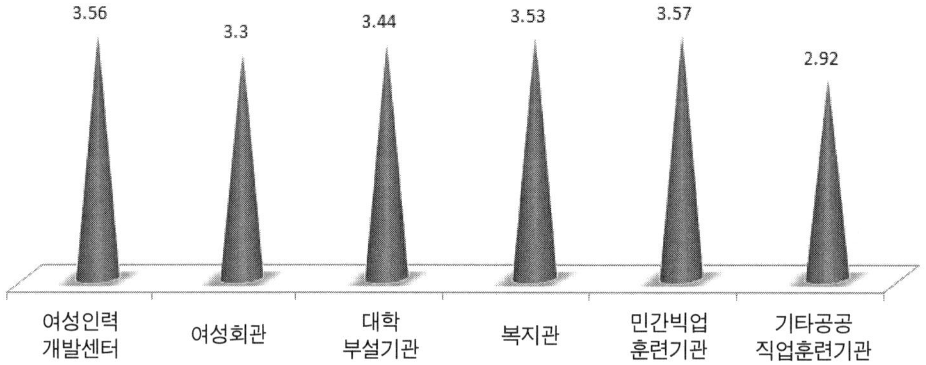

〈그림 6-2〉 과거 직업교육훈련기관의 이용 만족도

2) 직업교육훈련에 대한 요구도

(1) 직업교육훈련 수용 의향

<표 6-1>에 의하면 차후 직업교육훈련을 받아볼 의향이 있다는 228명, 없다는 272명이었다. 직업교육훈련을 받아볼 의향이 있는 응답자는 구직희망자가 143명(62.7%)으로 가장 많았고, 실망실업자 54명(23.7%), 순수비경제활동인구 31명(13.6%)으로 나타났다.

〈표 6-1〉 직업교육훈련에 대한 요구정도

(단위 : 빈도, %)

직업교육훈련 요구도	전체	구직희망자	실망실업자	순수비경제활동인구
있다	228(100.0)	143(62.7)	54(23.7)	31(13.6)
없다	272(100.0)	153(56.3)	42(15.4)	77(28.3)

(2) 희망하는 직업교육훈련 분야

<표 6-2>에서 직업교육훈련을 받아볼 의향이 있는 응답자만을 대상으로 희망하는 직업교육훈련 분야를 분석한 결과 1순위로 지목한 분야는 사업/창업이 65명(28.5%)으로 가장 많았고, 보건의료/사회서비스/종교 관련분야 50명(21.9%), 금융/사무관련 분야 49명(21.5%)으로 나타났다. 2순위로 지목한 분야는 보건의료/사회서비스/종교 관련분야가 51명(24.4%)으로 가장 많았고, 금융/사무관련 분야 40명(19.1%), 판매/서비스 관련직 37명(17.7%)이었다.

〈표 6-2〉 직업교육훈련의 분야

(단위 : 빈도, %)

교육 분야	전체		구직희망자		실망실업자		순수비경제활동인구	
	1순위	2순위	1순위	2순위	1순위	2순위	1순위	2순위
사업/창업	65 (28.5)	31 (14.8)	35 (24.5)	17 (13.2)	17 (31.5)	8 (15.4)	13 (41.9)	6 (21.4)
금융/사무	49 (21.5)	40 (19.1)	36 (25.2)	25 (19.4)	8 (14.8)	12 (23.1)	5 (16.1)	3 (10.7)
과학/공학/정보시스템	19 (8.3)	34 (16.3)	10 (7.0)	25 (19.4)	7 (13.0)	4 (7.7)	2 (6.5)	5 (17.9)
판매/서비스	31 (13.6)	37 (17.7)	18 (12.6)	21 (16.3)	9 (16.7)	11 (21.2)	4 (12.9)	5 (17.9)
보건의료/사회서비스/종교	50 (21.9)	51 (24.4)	33 (23.1)	34 (26.4)	12 (22.2)	11 (21.2)	5 (16.1)	6 (21.4)
문화/예술/스포츠	14 (6.1)	16 (7.7)	11 (7.7)	7 (5.4)	1 (1.9)	6 (11.5)	2 (6.5)	3 (10.7)
계	228 (100.0)	209 (100.0)	143 (100.0)	129 (100.0)	54 (100.0)	52 (100.0)	31 (100.0)	28 (100.0)

구직희망자가 희망하는 직업교육훈련 분야 1순위는 금융/사무관련 분야로 36명(25.2%)이 지목하였고, 사업/장업 35명(24.5%), 보건의료/사회서비스/종교 관련분야 33명(23.1%)으로 나타났다. 2순위로는 보건의료/사회서비스/종교 관련분야가 34명(26.4%)으로 가장 많았고, 금융/사무관련 분야와 과학/공학/정보시스템 관련 분야가 각각 25명(19.4%)이었다.

실망실업자가 희망하는 직업교육훈련 분야 1순위는 사업/창업으로 17명(31.5%)이었고, 보건의료/사회서비스/종교 관련분야가 12명(22.2%)이었다. 2순위로는 금융/사무관련 분야가 12명(23.1%), 판매/서비스 관련직과 보건의료/사회서비스/종교 관련

분야가 각각 11명(21.2%)으로 나타났다.

순수비경제활동인구가 희망하는 직업교육훈련 분야 1순위는 사업/창업으로 13명(41.9%)이었고, 2순위는 사업/창업과 보건의료/사회서비스/종교 관련분야로 각각 6명(21.4%)이었다.

3) 직업교육훈련의 유용성

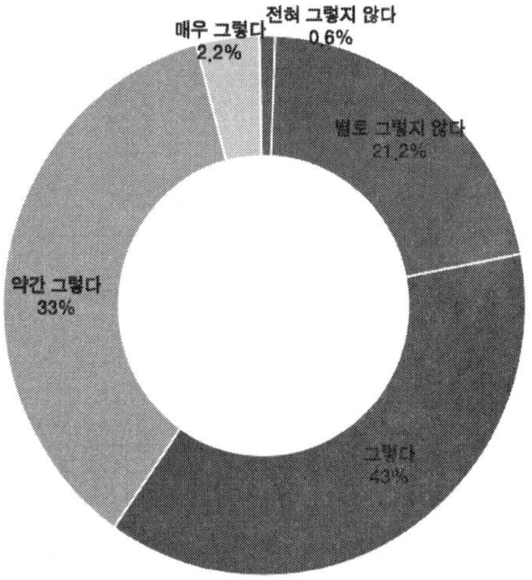

〈그림 6-3〉 구직시 직업교육훈련의 유용성

직업교육훈련이 취업을 하는데 도움이 된다고 생각하는지의 여부를 1점 "전혀 그렇지 않다"에서 부터 5점 "매우 그렇다"까지 5점 리커트 척도로 측정하였다. <그림 6-3>에 의하면 취업을 하는데 도움이 된다고 응답한 사람은 43%이고, 다음 약간 그렇다가 33%, 매우 그렇다는 2.2%로 나타나 전체 여성의 2/3 정도가 구직시 직업교육훈련이 도움이 된다고 생각하고 있었다.

4) 자격증 소유여부 및 유용성

(1) 구직관련 자격증 소유여부

<그림 6-4>에 의하면 현재 구직과 관련된 자격증을 소유하고 있는 여성이 30%, 없는 여성이 70%로 대부분 여성들이 구직과 관련된 자격증을 가지고 있지 않았다.

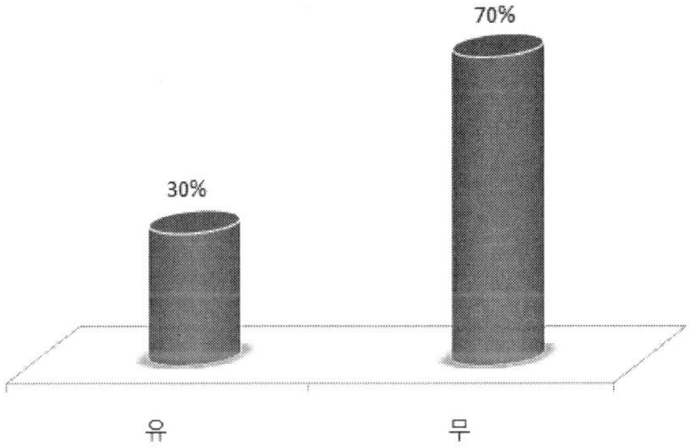

〈그림 6-4〉 자격증 소유여부

(2) 구직시 자격증의 유용성

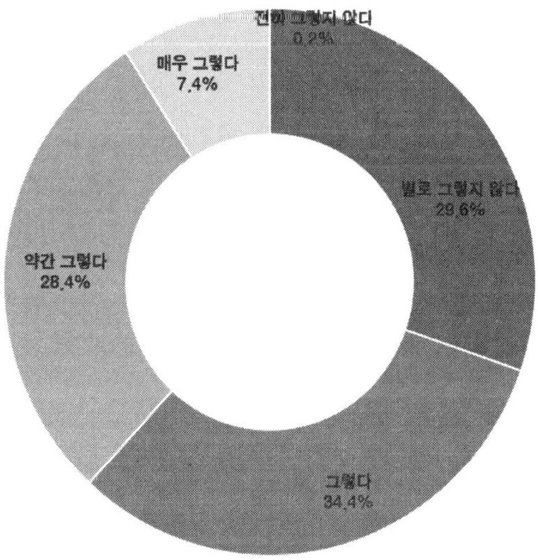

〈그림 6-5〉 구직시 자격증의 유용성

자격증이 취업을 하는데 도움이 된다고 생각하는지의 여부를 1점 “전혀 그렇지 않다”에서부터 5점 “매우 그렇다”까지 5점 리커트 척도로 측정하였다. <그림 6-5>에 의하면 자격증이 취업을 하는데 도움이 된다고 응답한 사람은 34.4%이고, 약간 그렇다는 28.4%, 매우 그렇다는 7.4%로 나타나 응답 여성의 2/3 정도가 자격증이 취업을 하는데 도움이 된다고 생각하였다.

2. 울산지역 여성인력의 취업경험 및 장애요인 분석

1) 과거 취업 경험여부, 직종, 고용형태 및 퇴직 사유

(1) 과거 취업 경험여부

<그림 6-6>에 의하면 과거 취업을 한 경험이 있는지를 조사한 결과 있다가 88%로 압도적이었다. 취업경험이 없는 경우는 12%로 나타났다.

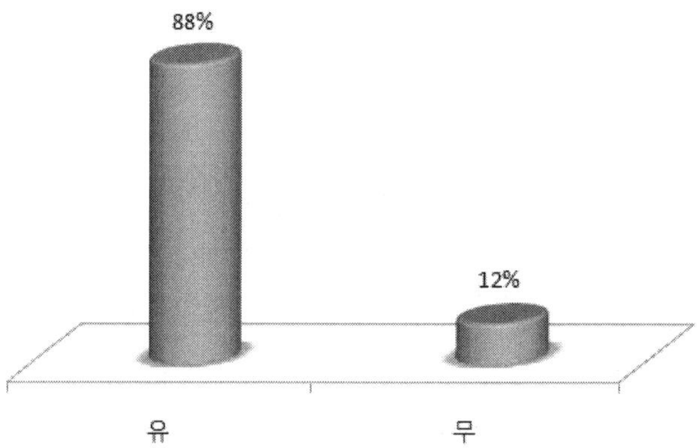

〈그림 6-6〉 과거 취업 경험 여부

(2) 과거 직업의 직종

취업을 한 경험이 있는 응답자에 한해 마지막 직업의 직종을 분석한 <표 6-3>에 의하면 사업서비스직(경영·회계·사무, 금융·보험)이 147명(33.4%)으로 가장 많았고, 판매 및 개인서비스직(운전, 영업 및 판매, 경비 및 청소, 미용·숙박·여행·오락·스포츠, 음식 서비스) 135명(30.7%), 사회서비스직(법률·경찰·교도, 보건·의료, 사회복지 및 종교, 문화·예술·디자인·방송) 80명(18.2%), 건설·생산직(건설, 기계, 재료, 화학, 섬유의복, 전기전자, 정보통신, 식품가공, 환경·인쇄·목재·가구·공예 및 단순생산) 70명(15.9%)이었다.

취업 경험이 있는 구직희망자의 마지막 직업 직종으로는 사업서비스직이 95명(35.7%)으로 가장 많았고, 판매 및 개인서비스직 69명(25.9%), 사회서비스직 53명(19.9%), 건설·생산직 45명(16.9%)이었다. 취업 경험이 있는 실망실업자의 마지막 직업 직종으로는 판매 및 개인서비스직이 33명(37.5%)으로 가장 많았고, 사업서비스직 23명(26.1%), 사회서비스직 17명(19.3%), 건설·생산직 13명(14.8%)순이었다. 취업 경험이 있는 순수비경제활동인구의 마지막 직업 직종으로는 판매 및 개인서비스직이 33명(38.4%)으로 가장 많았고, 사업서비스직 29명(33.7%), 건설·생산직 12명(14.0%), 사회서비스직 10명(11.6%)이었다.

〈표 6-3〉 과거 직업의 직종

(단위 : 빈도, %)

직종	전체	구직 희망자	실망 실업자	순수비경제 활동인구
관리직(과장급 이상)	3 (0.7)	2 (0.8)	1 (1.1)	-
연구/개발/기술직	4 (0.9)	2 (0.8)	1 (1.1)	1 (1.2)
사업서비스직(경영·회계·사무, 금융·보험)	147 (33.4)	95 (35.7)	23 (26.1)	29 (33.7)
사회서비스직(법률·경찰·교도, 보건·의료, 사회복지 및 종교, 문화·예술·디자인·방송)	80 (18.2)	53 (19.9)	17 (19.3)	10 (11.6)
판매 및 개인서비스직(운전, 영업 및 판매, 경비 및 청소, 미용·숙박·여행·오락·스포츠, 음식서비스)	135 (30.7)	69 (25.9)	33 (37.5)	33 (38.4)
건설·생산직(건설, 기계, 재료, 화학, 섬유의복, 전기전자, 정보통신, 식품가공, 환경·인쇄·목재·가구·공예 및 단순생산)	70 (15.9)	45 (16.9)	13 (14.8)	12 (14.0)
농림, 어업 관련직	1 (0.2)	-	-	1 (1.2)
계	440 (100.0)	266 (100.0)	88 (100.0)	86 (100.0)

(3) 과거 직장에서의 고용형태

마지막 직장에서의 고용형태를 분석한 <표 6-4>에 의하면 전체 응답자 중 상용직이 310명(70.5%)으로 가장 많았고, 계약직 74명(16.8%), 자영업자 26명(5.9%)이었다. 구직희망자의 고용형태를 분석한 결과 전체 응답자 중 상용직이 191명(71.8%)으로 가장 많았고, 계약직이 55명(20.7%)이었다. 실망실업자도 상용직이 55명(62.5%)으로 가장 많았고, 계약직이 17명(19.3%)이었고, 순수비경제활동인구도 상용직이 64명(74.4%)으로 가장 많았다.

〈표 6-4〉 과거 직장에서의 고용형태

(단위 : 빈도, %)

직종	전체	구직 희망자	실망 실업자	순수비경제 활동인구
고용주	6 (1.4)	3 (1.1)	-	3 (3.5)
자영업자	26 (5.9)	9 (3.4)	4 (4.5)	13 (15.1)
무급가족종사자	1 (0.2)	-	-	1 (1.2)
상용직	310 (70.5)	191 (71.8)	55 (62.5)	64 (74.4)
임시직	9 (2.0)	4 (1.5)	5 (5.7)	-
일용직	7 (1.6)	2 (0.8)	5 (5.7)	-
계약직	74 (16.8)	55 (20.7)	17 (19.3)	2 (2.3)
시간제	7 (1.6)	2 (0.8)	2 (2.3)	3 (3.5)
계	440 (100.0)	266 (100.0)	88 (100.0)	86 (100.0)

(4) 과거 직장에서의 퇴직사유

마지막 직장에서의 퇴직사유를 분석한 <표 6-5>를 보면 계약완료 및 해고가 124명(28.2%)으로 가장 많고, 직장 일과 가사의 병행이 어려워서 96명(21.8%), 육아 및 자녀교육 문제로 71명(16.1%), 일이 적성에 맞지 않아서 44명(10.0%)의 순으로 나타났다. 계약완료 및 해고를 제외하면 직장과 가정의 양립, 육아 및 자녀교육이 여성의 경제활동에 걸림돌이 되는 것으로 보인다. 울산발전연구원(2007)의 설문조사 결과에 의하면 일과 가정의 양립에 가장 도움이 될 것 같은 제도로 직장보육시설을 가장 필요한 제도로 선택했고, 주5일 근무제, 시차 출퇴근제, 보육수당지금, 육아휴직제 등의 순으로 제시되었다(울산광역시, 2007). 현재 공단지역의 특성을 지닌 울산의 산업 구조 속에 직장어린이집은 현대중공업어린이집, 현대자동차어린이집, SK행복어린이집, 한일이화어린이집, 울산시청어린이집, 울산대학교병원어린이집 등 소수에 불과한 실정이다. 기업과 국가적 차원에서 충분한 보육시설과 방과후 시설을 확충하여 자녀교육 문제라도 해결해 준다면, 여성의 경제활동은 지속될 수 있을 것으로 기대해 볼 수 있다.

<표 6-5> 과거 직장에서의 퇴직사유

(단위 : 빈도, %)

직종	전체	구직 희망자	실망 실업자	순수비경제 활동인구
직장 일과 가사의 병행이 어려워서	96 (21.8)	39 (14.7)	19 (21.6)	38 (44.2)
육아 및 자녀교육 문제로	71 (16.1)	33 (12.4)	15 (17.0)	23 (26.7)
일이 적성에 맞지 않아서	44 (10.0)	29 (10.9)	8 (9.1)	7 (8.1)
직장 내 갈등	15 (3.4)	14 (5.3)	1 (1.1)	-
계약완료 및 해고	124 (28.2)	90 (33.8)	25 (28.4)	9 (10.5)
더 나은 직장으로 옮기기 위해서	28 (6.4)	17 (6.4)	7 (8.0)	4 (4.7)
직장폐업	33 (7.5)	22 (8.3)	9 (10.2)	2 (2.3)
건강 때문에	20 (4.5)	14 (5.3)	3 (3.4)	3 (3.5)
기타(거주지, 회사 이전, 보수가 적어서)	9 (2.1)	8 (3.0)	1 (1.1)	-
계	440 (100.0)	266 (100.0)	88 (100.0)	86 (100.0)

구직희망자의 퇴직사유를 분석한 결과 계약완료 및 해고가 90명(33.8%)으로 가장 많고, 직장 일과 가사의 병행이 어려워서 39명(14.7%), 육아 및 자녀교육 문제로 33명(12.4%), 일이 적성에 맞지 않아서 29명(10.9%)의 순이었다. 실망실업자의 퇴직사유를 분석한 결과 계약완료 및 해고가 25명(28.4%)으로 가장 많고, 직장 일과 가사의 병행이 어려워서 19명(21.6%), 육아 및 자녀교육 문제로 15명(17.0%), 직장폐업 9명(10.2%)의 순이었다. 순수비경제활동인구의 퇴직사유를 분석한 결과 직장 일과 가사의 병행이 어려워서가 38명(44.2%), 육아 및 자녀교육 문제로 23명(26.7%), 계약완료 및 해고 9명(10.5%)의 순으로 나타났다. 최근 통계청(2011)의 고용 분석에 의하면 여성의 취업을 가장 어렵게 하는 요인으로 기혼여성의 절반이 넘는 58.5%가 '육아부담'이라고, 미혼여성은 '육아부담(38.2%)'과 '사회적 편견 및 관행(28.2%)' 때문이라고 생각하고 있었다.

2) 취업시 장애요인

(1) 취업 장애요인

<그림 6-7>에 의하면 울산지역 여성이 취업을 하는데 장애가 되는 요인을 취업에 유리한 전공(지식, 기술)을 갖추지 않고 있기 때문, 출산 및 육아문제로 퇴직하는 경우가 많아 안정적 인력 운용이 어렵기 때문, 남성위주의 조직문화로 여성이 직장생활에 적응하기 어렵기 때문, 업무능력이 남성보다 떨어지기 때문, 지역 산업구조상 여성인력에 대한 수요가 적기 때문, 지역 여성들의 보상 기대수준이 높기 때문으로 구분한 다음 1점 "전혀 그렇지 않다"에서부터 5점 "매우 그렇다"까지 5점 리커트 척도로 측정하였다. 취업시 장애요인을 분석한 결과 지역 산업구조상 여성인력에 대한 수요가 적기 때문에 취업을 할 수 없다(3.66)가 응답이 가장 높았고, 업무능력이 남성보다 떨어지기 때문에 취업을 할 수 없다(2.76)는 응답에 대한 동의 정도가 가장 낮았다.

울산은 지역 주력산업이 조선, 자동차, 석유화학 분야로 공학계열과 밀접한 관련이 있어 이것이 오히려 여성인력의 노동시장으로의 진입에 큰 장벽이라고 여긴 것으로 판단된다. 응답 여성들 전공계열이 대부분 인문·사회, 상경·법학으로 지역 산업의 수요와 전공이 불일치한다고 여겨 생긴 결과로 보여진다.

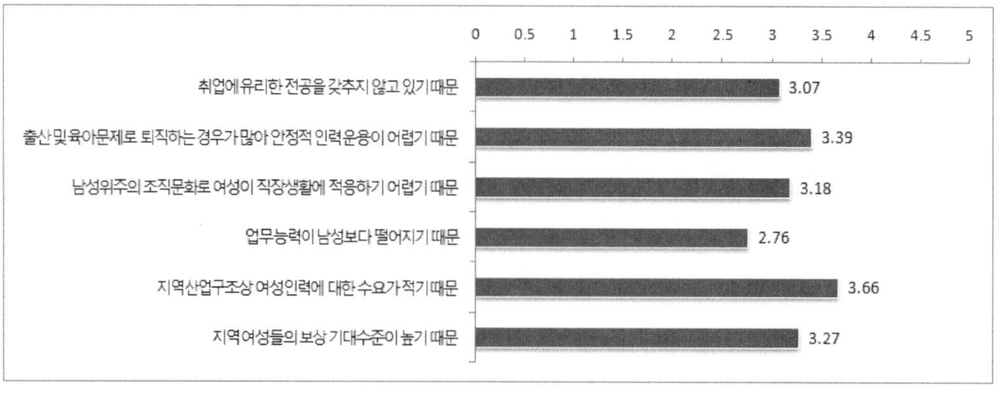

〈그림 6-7〉 취업 장애요인

(2) 실업유형별 취업 장애요인

구직희망자, 실망실업자, 순수비경제활동인구별로 취업을 하는데 장애요인을 분석한 <표 6-6>에 의하면, 구직희망자, 실망실업자, 순수비경제활동인구 모두 취업의 장애요인 1위로 지역 산업구조상 여성인력에 대한 수요가 적기 때문(각각 3.54, 3.81, 3.86)이라고 응답하였다. 업무능력이 남성보다 떨어지기 때문(각각 2.66, 2.73, 3.08)은 동의 정도가 가장 낮았다.

〈표 6-6〉 실업유형별 취업시 장애요인

(단위 : 평균)

취업 장애 요인	구직 희망자	실망 실업자	순수비경제 활동인구
취업에 유리한 전공(지식, 기술)을 갖추지 않고 있기 때문	3.05	2.93	3.24
출산 및 육아문제로 퇴직하는 경우가 많아 안정적 인력 운용이 어렵기 때문	3.30	3.45	3.59
남성위주의 조직문화로 여성이 직장생활에 적응하기 어렵기 때문	3.06	3.23	3.48
업무능력이 남성보다 떨어지기 때문	2.66	2.73	3.08
지역 산업구조상 여성인력에 대한 수요가 적기 때문	3.54	3.81	3.86
지역 여성들의 보상 기대수준이 높기 때문	3.18	3.46	3.33

(3) 교육수준별 취업 장애요인

〈표 6-7〉 교육수준별 취업시 장애요인

(단위 : 평균)

취업 장애 요인	중졸 이하	고졸	전문대졸	대졸 이상
취업에 유리한 전공(지식, 기술)을 갖추지 않고 있기 때문	3.26	3.13	2.90	3.00
출산 및 육아문제로 퇴직하는 경우가 많아 안정적 인력 운용이 어렵기 때문	3.29	3.35	3.36	3.61
남성위주의 조직문화로 여성이 직장생활에 적응하기 어렵기 때문	2.89	3.22	3.18	3.19
업무능력이 남성보다 떨어지기 때문	2.71	2.83	2.68	2.66
지역 산업구조상 여성인력에 대한 수요가 적기 때문	3.74	3.68	3.71	3.49
지역 여성들의 보상 기대수준이 높기 때문	3.26	3.27	3.29	3.23

중졸 이하, 고졸, 전문대졸, 대졸 이상별로 취업을 하는데 장애요인을 분석한 <표 6-7>을 보면 장애요인 1위로 중졸 이하, 고졸, 전문대졸은 지역 산업구조상 여성인력에 대한 수요가 적어서(각각 3.74, 3.68, 3.71), 대졸 이상은 출산 및 육아 문제로 퇴직하는 경우가 많아 안정적 인력 운용이 어렵기 때문(3.61)에 취업을 하기

어렵다고 응답하였다. 업무능력이 남성보다 떨어지기 때문에 취업을 하기 어렵다는 모든 교육수준별로 가장 낮게 나타났다.

(4) 연령별 취업 장애요인

20대, 30대, 40대, 50대별로 취업을 하는데 장애요인을 분석한 <표 6-8>을 보면 장애요인 1위로 지역 산업구조상 여성인력에 대한 수요가 적기 때문으로 나타났다. 업무능력이 남성보다 떨어지기 때문에 취업을 하기 어렵다는 모든 연령대에서 동의 정도가 가장 낮았다.

〈표 6-8〉 연령별 취업시 장애요인

(단위 : 평균)

취업 장애 요인	20대	30대	40대	50대
취업에 유리한 전공(지식, 기술)을 갖추지 않고 있기 때문	2.91	2.97	3.10	3.48
출산 및 육아문제로 퇴직하는 경우가 많아 안정적 인력 운용이 어렵기 때문	3.25	3.54	3.46	3.20
남성위주의 조직문화로 여성이 직장생활에 적응하기 어렵기 때문	3.22	3.28	3.12	3.07
업무능력이 남성보다 떨어지기 때문	2.75	2.72	2.69	2.99
지역 산업구조상 여성인력에 대한 수요가 적기 때문	3.54	3.74	3.69	3.67
지역 여성들의 보상 기대수준이 높기 때문	3.26	3.36	3.25	3.12

3. 울산지역 여성인력의 구직 수요 분석

1) 현재 구직활동의 실태

미취업여성의 현재 상태를 최근 3개월 동안 취업을 위해 구직활동을 한 적이 있으며, 지금도 그렇다고 한 구직희망자, 최근 3개월 동안 취업의사는 있었으나 취업이 어려워 사실상 구직활동을 포기한 실망실업자, 최근 3개월 동안에 취업을 위해 구직활동을 한 번도 한 적이 없으며 취업의사도 없는 순수비경제활동인구로 구분하여 조사하였다. <그림 6-8>을 보면 구직희망자는 응답자의 19.2%, 실망실업자 59.2%, 순수비경제활동인구 21.6%로 나타났다. 울산지역 여성의 경제활동참가율이

7대 광역시 중 가장 낮은 수준(통계청, 2006b)임을 감안하여 볼 때 취업의사는 있으나 취업이 어려워 구직활동을 포기한 실망실업자가 상대적으로 높은 것은 당연한 결과이다.

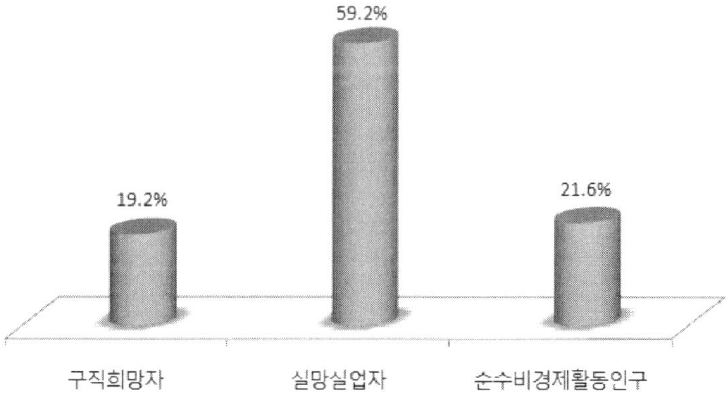

〈그림 6-8〉 구직활동 상태

2) 구직희망자와 실망실업자의 취업의사

<그림 6-9>를 보면 구직희망자와 실망실업자에게 현재 최소한의 일자리가 생긴다면 취업할 의사가 있는지의 여부를 물은 결과 취업 의사가 있는 여성이 84.4%, 없다는 여성이 15.6%로 나타났다.

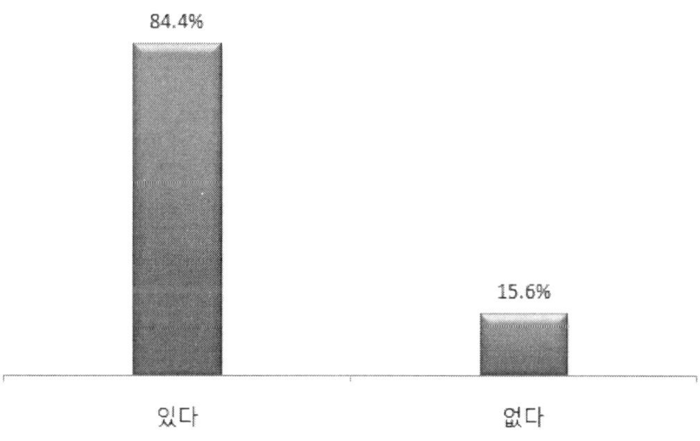

〈그림 6-9〉 현재 취업의사

3) 취업희망자의 취업관련 사항

(1) 취업희망 사유

구직희망자와 실망실업자 중 현재 최소한의 일자리라도 희망하는 여성들에게 취업을 원하는 가장 큰 이유를 조사한 <그림 6-10>을 보면 응답자의 1/2이 가계보탬용돈 때문(50.1%)이라고 응답하였다. 자기 발전을 위해서는(17.5%), 자녀의 교육비와 양육비 때문이 13.8%였다.

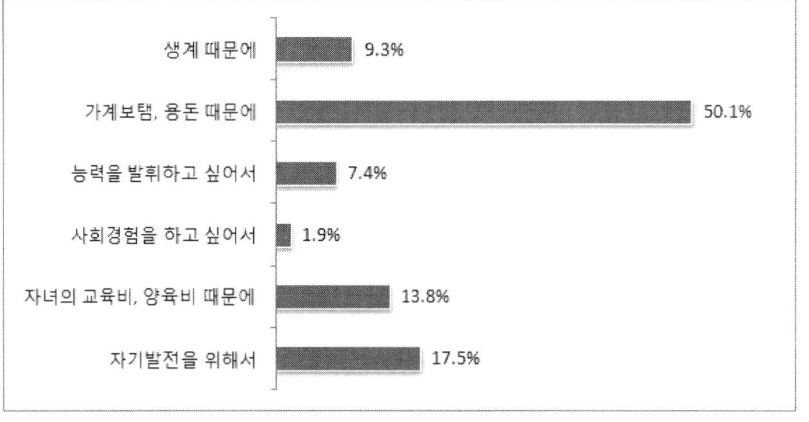

〈그림 6-10〉 취업희망 사유

(2) 구직시 고려사항

<표 6-9>를 보면 새로운 일자리를 찾을 때 중요하게 생각하는 것은 1, 2순위 모두 임금이었다. 1순위의 경우 임금(48.5%) 직종 및 일의 내용(17.0%), 일일 근무시간(12.2%), 근무시간대와 고용안정성(6.1%)을 많이 고려하는 것으로 보였다. 2순위는 임금(27.7%) 고용안정성(14.9%), 일일 근무시간(13.0%), 직종 및 일의 내용(12.0%), 비전/전망(7.2%)순이었다. 울산 여성의 경우 직업 선택 요인으로 수입(35.6%), 안정성(32.4%), 적성과 흥미(12.4%)를, 남성의 경우 안정성(37.0%), 수입(33.8%)을 꼽았다(울산광역시, 2007).

〈표 6-9〉 구직시 고려 사항

(단위 : 빈도, %)

고려사항	1순위	2순위
임금	183(48.5)	104(27.7)
일일 근무시간	46(12.2)	49(13.0)
근무시간대	23(6.1)	15(4.0)
통근시간	8(2.1)	1(4.3)
직종 및 일의 내용	64(17.0)	45 (12.0)
근무장소	4(1.1)	1(5.1)
작업환경	9(2.4)	25(6.6)
복리후생	6(1.6)	15(4.0)
경력개발	3(0.8)	5(1.3)
고용안정성	23(6.1)	56(14.9)
비전/전망	8(2.1)	27(7.2)
계	377(100.0)	376(100.0)

(3) 희망하는 산업분야

<표 6-10>에 의하면 근무를 희망하는 산업분야로 1순위는 제조업, 2순위는 도·소매업이 가장 많았다. 1순위로 희망하는 산업분야는 제조업(24.4%) 보건 및 사회복지서비스(15.6%), 도·소매업(14.3%), 사업서비스업(10.6%), 교육서비스업(9.3%)의 순으로 나타났다. 2순위는 도·소매업(15.3%) 사업서비스업(14.2%), 보건 및 사회복지서비스(13.7%), 제조업(11.8%), 교육서비스업(9.1%)의 순이었다.

〈표 6-10〉 근무를 희망하는 산업분야

(단위: 빈도, %)

산업분야	1순위	2순위
농림/어업	5(1.3)	1(0.3)
광업	6(1.6)	-
제조업	92(24.4)	44(11.8)
전기/가스/수도업	5(1.3)	9(2.4)
건설업	13(3.4)	17(4.6)
도·소매업	54(14.3)	57(15.3)
음식/숙박업	24(6.4)	32(8.6)
운수/창고업	-	13(3.5)
통신업	6(1.6)	15(4.0)
금융/보험업	14(3.7)	11(2.9)
부동산/임대업	4(1.1)	9(2.4)
사업서비스업	40(10.6)	53(14.2)
교육서비스업	35(9.3)	34(9.1)
보건 및 사회복지서비스	59(15.6)	51(13.7)
기타 개인서비스업	20(5.3)	27(7.2)
계	377(100.0)	373(100.0)

(4) 희망하는 신산업분야

<표 6-11>을 보면근무를 희망하는 신산업분야로 1순위는 환경산업, 2순위는 유통물류산업이 가장 많았다. 1순위로 희망하는 신산업분야는 환경산업(23.9%)이 가장 많았고, 유통물류산업(17.6%), 관광산업(12.8%), 전자부품산업(11.2%), 정밀화학산업(8.5%)의 순이었다. 2순위로 희망하는 신산업분야는 유통물류산업(17.3%)이 가장 많았고, 관광산업(14.4%), 전자부품산업(13.6%), 환경산업(13.3%), 비즈니스서비스산업(9.9%)의 순으로 나타났다.

〈표 6-11〉 근무를 희망하는 신산업분야

(단위 : 빈도, %)

신산업분야	1순위	2순위
정밀화학산업	32(8.5)	17(4.5)
환경산업	90(23.9)	50(13.3)
바이오산업	21(5.6)	20(5.3)
전자부품산업	42(11.2)	51(13.6)
항만물류산업	13(3.5)	24(6.4)
관광산업	48(12.8)	54(4.4)
유통물류산업	66(17.6)	65(17.3)
비즈니스서비스산업	29(7.7)	37(9.9)
디자인산업	20(5.3)	27(7.2)
e-비즈니스산업	15(4.0)	30(8.0)
계	376(100.0)	375(100.0)

(5) 희망하는 직종

<표 6-12>에 의하면 근무를 희망하는 직종으로 1순위는 사업서비스직, 2순위는 사회서비스직이 가장 많았다. 1순위로 희망하는 직종은 신산업분야는 사업서비스직이 35.8%로 가장 많고, 사회서비스직이 25.2%, 판매 및 개인서비스직이 21.8%로 나타났다. 2순위로 희망하는 직종은 사회서비스직이 31.3%로 가장 많았고, 판매 및 개인서비스직이 27.0%, 사업서비스직이 24.7%의 순이었다.

〈표 6-12〉 근무를 희망하는 직종

(단위 : 빈도, %)

산업분야	1순위	2순위
관리직(과장급 이상)	6(1.6)	6(1.7)
연구개발/기술직	16(4.2)	8(2.3)
사업서비스직(경영·회계·사무, 금융·보험)	135(35.8)	87(24.7)
사회서비스직(법률·경찰·교도, 보건·의료, 사회복지 및 종교, 문화·예술·디자인·방송)	95(25.2)	110(31.3)
판매 및 개인서비스직 (운전, 영업 및 판매, 경비 및 청소, 미용·숙박·여행·오락·스포츠, 음식 서비스)	82(21.8)	95(27.0)
건설·생산직(건설, 기계, 재료, 화학, 섬유의복, 전기전자, 정보통신, 식품가공, 환경·인쇄·목재·가구·공예 및 단순생산)	43(11.4)	42(11.9)
농림, 어업 관련직	-	4(1.1)
계	377(100.0)	352(100.0)

(6) 희망하는 근무형태

<그림 6-11>을 보면 희망하는 근무형태는 시간제 근무(16.4%) 보다 전일근무(83.6%)를 5배 이상 선호하였다.

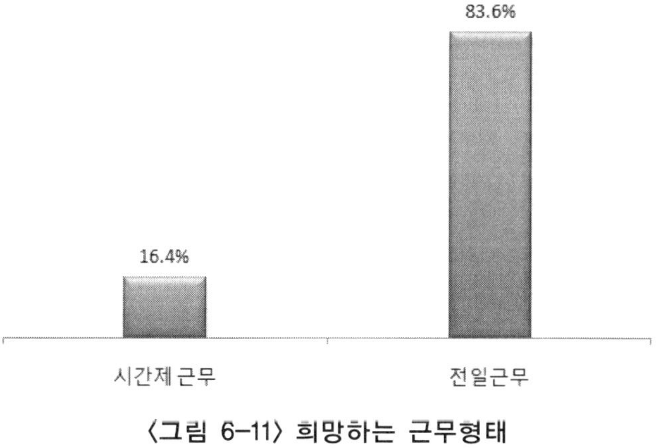

〈그림 6-11〉 희망하는 근무형태

(7) 시간제 근무를 희망하는 이유

<그림 6-12>에 의하면 시간제 근무를 희망하는 이유는 가사, 육아, 자녀교육 때문(75.8%)인 것으로 나타났다. 그 외 충분한 여가시간 확보를 위해(17.7%), 남편이나 가족의 태도와 풀타임 직업은 아무리 찾아도 얻을 수 없을 것 같아서(각각 3.2%)등이다.

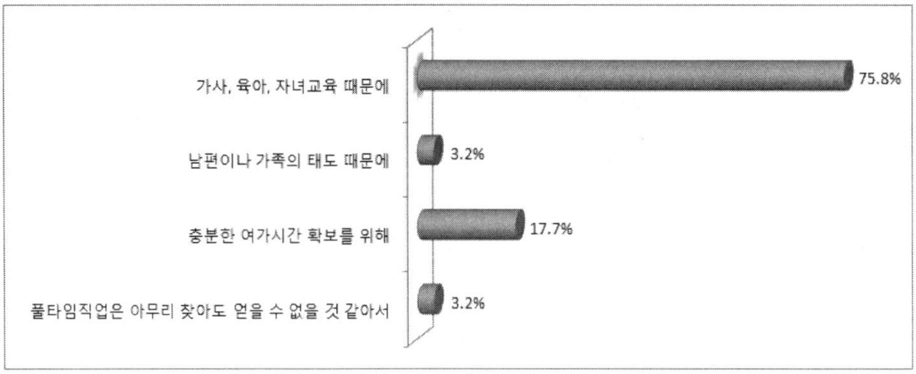

〈그림 6-12〉 시간제 근무를 희망하는 이유

(8) 희망하는 시간제 근무형태

<그림 6-13>을 보면 희망하는 시간제 근무형태로는 사회서비스직이(41.9%)로 가장 많았다. 판매서비스직은 16.1%, 고임금 전문기술직과 단순생산직은 각각 14.5%로 나타났다.

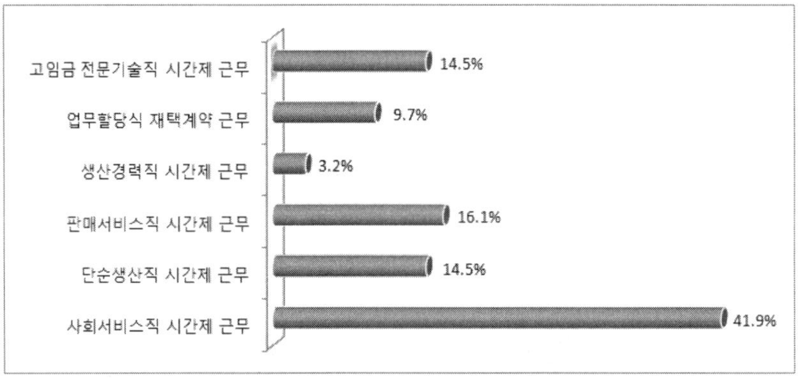

〈그림 6-13〉 시간제 근무형태

(9) 희망하는 월평균 임금

<그림 6-14>에 의하면 희망하는 월평균 임금수준은 100~150만원 미만(51.7%)이 가장 많았다. 다음으로 150~200만원 미만(26%), 100만원 미만(8.8%)이었다. 울산발전연구원(2007)의 설문조사 결과에 의하면 울산 여성들이 희망하는 임금수준은 월평균 180만원이었고, 전체 여성 중 63.7%가 100~200만원 이하의 임금을 희망하여 본 조사와 비슷한 결과를 보였다. 실제 2005년 5월 기준으로 울산여성의 월평균

임금은 약 161만원이며, 16개 시·도 중 서울 다음으로 전국 2위를 차지하고 있어 여성의 임금 수준은 상대적으로 높은 편(울산광역시, 2007)이라고 볼 수 있다.

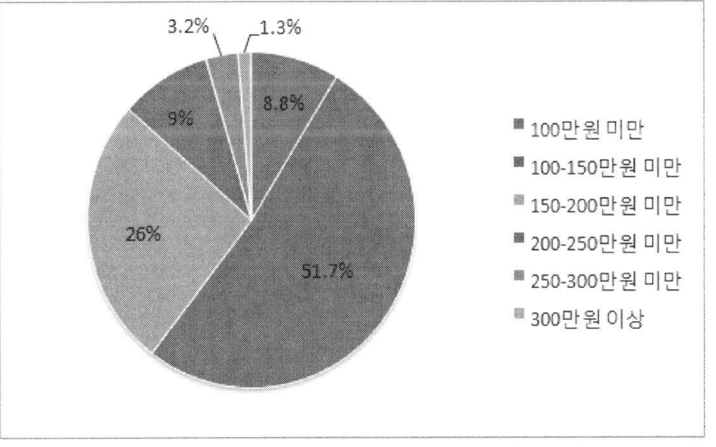

〈그림 6-14〉 희망하는 월평균 임금

(10) 희망하는 근무지역

<그림 6-15>를 보면 희망하는 근무지역으로는 울산 및 인근지역(96.8%)이 압도적이었다. 울산지역 여성들은 타 도시에서의 근무를 원하지 않는 것으로 보인다. 즉 지역이탈이 낮고, 자신의 연고지를 선호하는 것을 알 수 있다.

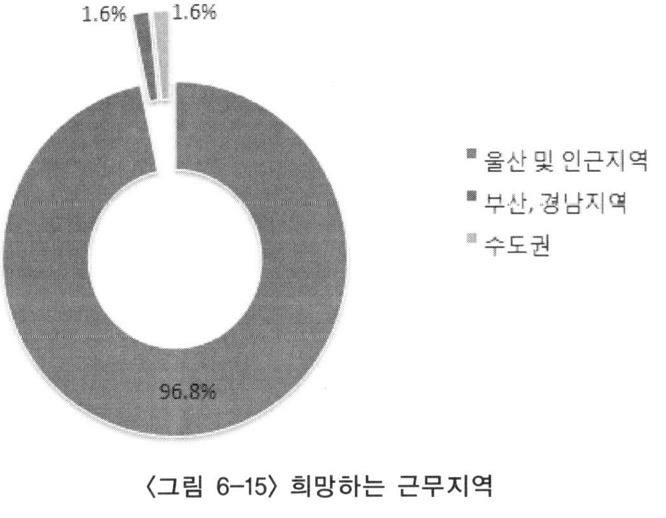

〈그림 6-15〉 희망하는 근무지역

4) 실망실업자와 순수비경제활동인구가 취업을 원하지 않는 이유

현재 최소한의 일자리에도 취업할 의사가 없는 실망실업자와 순수비경제활동인구에게 취업을 원하지 않는 가장 큰 이유를 조사한 <표 6-13>을 보면 실망실업자는 나이, 건강상의 이유로, 순수비경제활동인구는 마땅한 일자리가 없기 때문이라고 하였다.

보다 구체적으로 살펴보면 실망실업자는 나이, 건강상의 이유(40.0%)와 경제적으로 할 필요가 없어서(20.0%) 취업을 원하지 않는다고 하였고, 순수비경제활동인구는 마땅한 일자리가 없기 때문(31.5%)이 가장 많았고, 남편이나 가족의 반대(25.9%), 나이와 건강상의 이유(20.4%)를 들었다.

〈표 6-13〉 취업을 원하지 않는 이유

(단위 : 빈도, %)

이유	실망실업자	순수비경제활동인구
나이, 건강상의 이유로	6(40.0)	22(20.4)
경제적으로 할 필요가 없어서	3(20.0)	10(9.3)
남편이나 가족의 반대 때문에	1(6.7)	28(25.9)
마땅한 일자리가 없어서	2(13.3)	34(31.5)
임신, 육아, 자녀 교육 때문에	2(13.3)	13(12.0)
원하는 직업을 위한 자격증 공부 때문에	1(6.7)	1(0.9)
계	15(100.0)	108(100.0)

5) 경제적 문제 해결 방법

<표 6-14>에서 현재 경제적 문제를 어떻게 해결하고 있는지를 조사한 결과를 보면 1순위는 배우자를 포함한 다른 가구원의 소득으로(93.4%), 2순위는 연금 및 이자, 실업수당 및 정부보조금(47.8%)과 저축이나 자산(46.8%)으로 해결한다고 응답하였다. 실업유형별로도 대부분 이와 같이 경제적 문제를 해결하고 있는 것으로 보인다.

〈표 6-14〉 경제적 문제 해결 방법

(단위 : 빈도, %)

해결방법	전체		구직 희망자		실망 실업자		순수비경제 활동인구	
	1순위	2순위	1순위	2순위	1순위	2순위	1순위	2순위
배우자를 포함한 다른 가구원의 소득으로 해결	467 (93.4)	16 (4.3)	269 (90.9)	13 (5.6)	92 (95.8)	1 (1.5)	106 (98.1)	2 (2.7)
연금 및 이자, 실업수당 및 정부보조금	17 (3.4)	178 (47.8)	11 (3.7)	122 (52.8)	4 (4.2)	32 (47.1)	2 (1.9)	24 (32.9)
저축이나 자산	14 (2.8)	174 (46.8)	14 (4.7)	94 (40.7)	-	34 (50.0)	-	46 (63.0)
부채에 의존	-	4 (1.1)	-	2 (0.9)	-	1 (1.5)	-	1 (1.4)
별다른 대책이 없다	2 (0.4)	-	2 (0.7)	-	-	-	-	-
계	500 (100.0)	372 (100.0)	296 (100.0)	231 (100.0)	96 (100.0)	68 (100.0)	108 (100.0)	73 (100.0)

4. 정책적 시사점

울산 미취업여성이 남성과 비교하여 취약한 직무능력은 성취지향성, 협상 및 갈등관리능력, 조직에 대한 충성심이었다. 그러므로 울산의 미취업여성에게 다양한 직무능력을 가질 수 있도록 하는 프로그램이 제공되어야 한다. 울산여성인력개발센터와 울산광역시여성회관, 울산WISE센터 등 울산여성인력개발을 담당하는 주요 기관에서는 여성의 직무능력 분석에 근거하여 특화된 교육 프로그램을 마련해야 할 것이고, 여성들이 쉽게 접근 가능하도록 다양한 프로그램이 개발되어야 한다.

울산지역 여성들은 안정성 있는 직업과 보수를 중시하였고, 지역이탈을 꺼려하는 분위기였다. 취업을 희망하는 젊은 여성들은 취업에 대하여 보다 적극적인 자세를 가질 필요가 있으며, 스스로가 만족하는 '괜찮은 직장'을 얻기 위해 실무형 인재로서의 능력과 자질을 갖추기 위한 노력이 필요하다.

여성인력의 부족한 능력을 보완해 주는 취업교육훈련 프로그램 개발하여 시행되어야 한다. 현재 울산종합고용지원센터의 예를 들면 집단상담 프로그램으로 성취프로그램(성공적인 취업을 위해 전문적인 취업기술 습득 및 자신감 향상을 위한 프로그램, 5일/30시간, 1회 10~15명), 성실프로그램(고령자 취업의 현재와 미래에 대한 탐색을 바탕으로 희망 직업을 선택하고 구직 기술을 향상하는 프로그램, 5일/30시간, 1회 10~15명), 취업희망프로그램(취업에 도움이 필요한 사람에 한해 인간관계 향상과 원만한 사회생활 적응을 돕는 프로그램, 4일/21시간, 1회 8~12명), 경력단절여성 프로그램(자신에 대한 이해와 경력단절여성 특화 직업정보를 바탕으로 재취업 분야를 선정하여 재진입을 위한 취업계획 수립 및 실천 방안 모색, 1회 10~15명) 등을 운영하고 있다. 그러나 외국어, 컴퓨터, 기초통계 등 노동시장에서 실제로 필요로 하는 취업자질과 능력을 보완하여 줄 프로그램은 없는 실정이다. 그러므로 여성이 진입 가능한 지역 산업과 연계되고, 전문성을 확보할 수 있는 교육훈련 프로그램이 만들어져야 한다.

여성인력 채용시 나이 뿐 아니라 경력이 중요하다는 사실이 밝혀졌다. 그러므로 여성의 경력단절을 최대한 방지하는 정부의 정책이 필요하다. 연령대별 경제활동참가율을 비교할 때 울산지역 남성인력의 경제활동 분포는 역U자형의 분포를 보이고 있어 생애주기와 관련되는 경제활동참가가 이루어지고 있는 반면, 여성인력의 경우 OECD 국가군에서는 거의 사라진 M자형의 분포를 보인다. 이것은 여성의 결혼 및 출산·육아로 인한 노동공급의 단절성을 보여주는데, 특히 40대 후반에 일시적으로 감소하였다가 다시 증가하는 것이 특징이다(울산광역시, 2007). 따라서 결혼 후 가사노동과 출산·육아로 경제활동이 어려운 20~30대 여성들에게 시간제 근무로 경력이 단절되지 않게 하고, 단기적인 직업교육훈련도 받을 수 있게 동기부여를 시킬 필요가 있다. 본 조사의 결과에서도 사회서비스직 시간제 근무를 가장 선호하는 것으로 조사되어 지역 내 사회서비스 직종에 대한 공급 분석도 이루어져야 한다.

현재 시행되고 있는 여성인력활용 촉진 정책들의 실효성이 낮으므로 수요자인 여성의 눈높이에 부합되는 새로운 정책 개발이 필요할 것으로 보인다. 기존 정책이 지역의 여성인력활용에 적합한 정책인지를 재진단하고, 그 성과도 측정되어야 한다고 판단하였다. 단기간의 정책이 아니라면 장기적인 계획으로 구체화시켜야 한다.

구직희망자와 실망실업자가 경제활동을 하지 못하는 이유 중 하나는 울산지역 노동시장의 구인·구직 정보 전달 체계가 미비하여 일반 여성뿐 아니라 경력단절 여성에게까지 충분한 정보 전달이 이루어지지 않기 때문이다. 그러므로 여성인력들이 지역내 노동시장에서 노동수요와 공급에 대한 정확한 정보를 갖도록 지원하는(김종숙·김혜영·김난주·남재량, 2007 : 194) 시스템 구축이 필요하다.

직업을 원하는 여성들을 집단으로 세분화하여 유형에 적합한 맞춤식 교육훈련,

상담 등과 같은 고용서비스가 제공되어야 한다. 현재 울산에는 울산종합고용지원센터를 비롯하여 울산여성인력개발센터, 울산광역시여성회관, 대학부설 취업정보센터, 소상공인지원센터 등 지역 내 노동시장의 정보제공 역할을 수행하는 기관이 존재하지만 특화된 사업이 부족하고 중앙부처수준의 사업을 거의 동일하게 운영함으로써 지역 실정에 맞지 않는 사업을 운영함으로써 실효성을 떨어뜨리고 있다. 다양한 욕구와 기대수준을 지닌 여성들에게 개인별 특성에 맞는 취업지원 서비스와 일자리 소개, 직업훈련에 관한 전문적 상담을 제공하는 것도 매우 중요하지만, 취업관련기관을 방문하는 여성들의 연령, 학력, 자질과 능력, 요구사항을 중심으로 집단을 분류한 다음 집단별로 특화된 고용지원 서비스가 이루어지는 것도 필요하다고 본다.

직업교육훈련기관에 대한 기대수준이 높고, 참여할 의향도 있으나 실제 대부분의 여성들이 이용해 본 경험이 없는 것으로 나타났다. 이는 직업교육훈련기관의 홍보 부족이 원인이라고 볼 수 있다. 차후에는 지역여성신문, 일간지, 방송매체 등을 이용한 적극적인 홍보가 있어야 될 것으로 보이고, 여성들은 주로 사업/창업, 보건의료/사회서비스/종교 관련분야의 교육을 원하므로 교육훈련 분야에 대한 미취업 여성들의 구체적인 요구를 사전에 파악하여야 하겠다.

과거에 취업을 한 경험이 있지만 직장과 가사의 병행, 육아 및 자녀교육 때문에 퇴사한 여성들이 1/3가량이었다. 삼성경제연구소(2010)의 대한민국 워킹맘 실태 보고서에 의하면 워킹맘이 직장과 가정에서 겪고 있는 갈등은 7가지라고 하였다. 첫째, 울산 지역의 결과와 마찬가지로 '일과 가정의 양립'이 어려운 조직분위기이다. 워킹맘은 직장생활에서 가장 큰 고충으로 42.4%가 '임신과 출산으로 인한 인사상 불이익'을 지적했다. 둘째, 조직에서의 성장비전 부족이다. 조직에서 고직급으로 승진할 수 있다고 생각하는 워킹맘은 17.8%에 불과했으며 44.4%가 승진에 부정적이라고 응답했다. 셋째, 모성보호제도를 실질적으로 활용할 수 없는 현실도 문제로 지적되었다. 워킹맘은 모성보호제도를 제대로 활용하지 못하는 가장 큰 이유로 44.1%가 '상사의 눈치'를 들었다. 넷째, 워킹맘과 상사 및 동료 간의 큰 인식 차이가 갈등을 심화시키는 것으로 나타났다. 특히 '언제 회사를 그만둘지 모른다', '회사에 와서도 가정 일에만 신경쓴다' 등의 선입견 때문에 워킹맘은 직장생활이 힘들다고 호소하고 있다. 다섯째, 자녀의 학교생활에 대한 지원 부족이다. 워킹맘은 '일과 가정 양립'을 위해 가장 필요한 정책으로 46.3%가 '학교에서의 엄마 노동력 사용금지'를 꼽을 만큼 근무시간에 학부모의 노동력을 요구하는 학교에 대해 부담을 느끼고 있다. 또한 자녀의 학교생활과 관련해 가장 힘든 점으로 44.4%가 '학부모 네트워크에서의 소외'를 지목하고 있다. 여섯째, 보육기관의 질과 비용문제이다. 워킹맘 응답자의 41.7%가 기업의 지원 제도로 '사내 육아지원시설의 확대' 요구하고 있다. 일곱째, 남편의 가사 분담 미흡도 워킹맘의 갈등요소로 지목되었다. 그러므로 실질적으로 일과 가정의 양립이 가능하도록 하는 지원체계가 구축되어야 한다. 기업 차원에서는 휴직제도, 육아지원제도, 탄력근무제도 등을 시행할 수 있을 것이고, 국가적 차원에서 일과 가정의 양립을 지원할 수 있는 제도적 기반을 강화해야 한다고 본다.

울산지역은 조선, 자동차, 석유화학 중심의 중화학산업 구조를 띄고 있어 지역내 노동시장에서 여성인력수요가 적을 것으로 보고 있다. 순수비경제활동인구도 마땅한 일자리가 없어 취업을 원하지 않는다고 한다. 그리고 과거 취업한 여성들이 사업서비스직, 판매 및 개인서비스직, 사회서비스직에 종사한 것을 보면 기존 산업내 여성인력의 유입은 쉽지 않을 것으로 전망된다. 하지만 구직희망자와 실망실업자 대부분은 현재 취업 의사가 있으며, 근무를 원하는 산업분야는 제조업과 도·소매업, 신산업분야는 환경산업, 유통물류산업, 희망하는 직종은 사업서비스직과 사회서비스직이다. 그러므로 기존 울산의 산업구조 속에서 여성고용을 확대할 수 있는 여성친화적 산업을 발굴, 육성하는 것과 상대적으로 여성인력을 필요로 하는 신산업의 유치도 시급하다고 볼 수 있다.

울산 여성노동자, 일하다 다쳐도 20.7% 개인 치료…산재보상 4.8%

울산지역 여성노동자들의 노동환경이 열악한 것으로 조사됐다. 비정규직 여성의 경우 심각성이 더 했다. 울산여성노동연대가 지난해 11월부터 12월까지 울산지역 청소용역노동자, 식당주방보조, 대학가 아르바이트생, 대형마트 상점점원, 계산원, 학습지교사 등 무차별 대상 227명을 일대일 조사한 결과, 많은 여성들이 여전히 저임금과 장시간 노동을 하고 있는 것으로 나타났다.

조사에 대한 자체 교차분석 결과 여성노동자 63%가 비정규직으로 취업해 있었으며, '왜 비정규직에 취업했느냐'는 질문에 '정규직을 구할 수가 없어서'라는 답변이 30.8%에 달했다. 반면 '노동시간이 짧다', '일정기간 근무 후 정규직전환 약속 때문'이 각각 6.2%로 조사됐다. 울산 지역은 대규모 사업장이 많지만 남성 중심의 사업장이 주를 이루고 있어 여성의 정규직 일자리가 절대적으로 부족한 것으로 울산여성노동연대는 분석했다. 또 이들의 하루평균 근무시간은 8시간이

이 31.7%인 반면 9시간 이상 근무(57.0%) 중 12시간 이상 근무도 5%에 달했다. 월임금은 100만 원 이하가 39.6%, 100~200만 원 49.8%, 200만 원 이상은 9.0%였다. 나이가 어릴수록 100만 원 이하가 압도적으로 많았다. 30~40대가 최저임금 수준을 벗어나 있었지만, 50~60대 여성의 임금은 최저임금 수준이거나 이를 밑도는 수입이 많았다.

특히 울산 지역 소규모 여성노동자의 49.3%가 일터에서 건강과 안전에 위협받고 있다고 답변했다. 정규직과 무기계약직의 경우 '아니오'란 대답이 더 많았으나 용역직, 아르바이트는 위험에 노출돼 있다고 답변했다. 또 20.7%의 여성노동자들은 일하다 다쳐도 개인적으로 치료하고 있으며, 공상으로 처리한 경우는 11%였다. 산재보상을 받은 경우도 4.8%에 머물렀다.

울산여성노동연대는 "민주노총 소속 노동조합의 여성노동자들은 그나마 조합이 있어 최저임금이나 장시간 노동에서 벗어나 4대 보험적용을 받고 있었지만 소규모사업장이나 아르바이트, 특수고용직, 청소노동자들은 법의 사각지대에 놓여 있다"며 "비정규직 여성노동자들의 노동기본권에 대한 교육이 반드시 실행돼야 한다"고 강조했다. 이어 "취업을 앞둔 고등학생들에 대한 노동기본권 교육을 시킬 수 있도록 추동해 나갈 것"이라고 밝혔다.

〈출처 : 뉴시스, 2010년 6월 22일자〉

제 7 장
울산 미취업여성의 직업가치관 유형과 취업 장애요인

이 장에서는 울산 미취업여성의 직업가치관 유형을 밝히고 직업가치관 유형별로 취업 장애요인을 알아보기 위하여 저자들이 Journal Of The Korean Data Analysis Society 10권 5호에 발표했던 논문에 분석자료를 첨가하여 제시 하였다(서정희 · 복미정, 2008).

1. 서론

저출산, 고령화 사회로 진입해 감에 따라 노동시장의 인력 불균형이 초래되어 인력수급의 문제가 사회문제로 대두되고 있는 시점에 미취업 여성의 경제활동참여는 성 평등성 제고 차원에서나 국가 경쟁력 강화, 노동시장에서의 인력 확보 차원에서 필요하다. 하지만 선진국에 비해 낮은 여성의 경제활동참여율, 특히 30대 여성의 노동시장 이탈과 낮은 복귀율, 대졸 기혼여성인력의 출산과 육아로 인한 경력단절, 여성인력에 인색한 시장수요, 보수적인 가족문화와 직장문화(박싱정 · 김남희 · 이소연 · 김미경, 2006)는 여성의 사회참여를 더욱 저조하게 만드는 요인이다.

우리나라 여성의 경제활동참가율은 M자형으로, 대개 25~34세에 출산과 육아로 인해 사회참여가 현격히 낮아져 경력단절 현상을 보이며, 소수의 업종을 제외하고 노동시장으로의 재유입이 어려운 실정이다. 특히 울산을 중심으로 부산과 경남지역 여성의 경제활동참가율을 비교해 보아도 울산지역이 제일 낮음을 알 수 있다(<그림 7-1> 참고). 따라서 유휴인력인 미취업 여성의 직업에 대한 생각과 태도를 중심으로 실제적인 취업의 장애요인을 밝혀 저조한 경제활동참가율의 원인을 분석할 수 있을 것이라 보며, 우선 직업가치관을 살펴볼 필요가 있다.

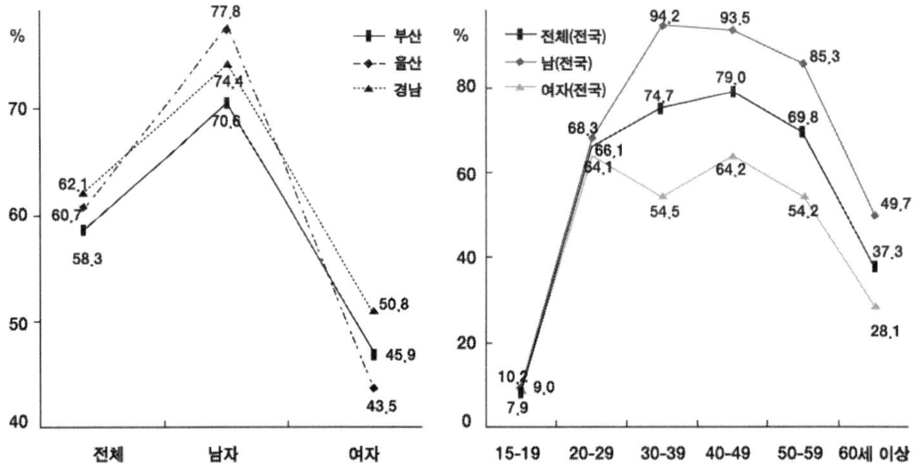

자료 : 통계청(2006) : 곽선화(2006), 지역전략산업의 여성친화성에 관한 연구에서 재인용

〈그림 7-1〉 지역별-성별 경제활동참가율 및 연령별 경제활동참가율(2005년 기준)

개인의 가치는 어떠한 방식으로 행동하는 것이 개인적 또는 사회적으로 좀 더 바람직한지에 대해 장기적으로 지속되는 믿음(Nevil & Kruse, 1996: 탁진국·유태용·한태영, 2006에서 재인용)이다. 직업가치는 개인의 가치를 직업선택 시에 적용한 것으로서 개인이 직업선택 시 중요시 여기는 가치를 의미한다(탁진국 등, 2006). 이러한 직업가치관은 사회, 경제의 발전 속에서 끊임없이 변화되어 왔고, 특정 직업군에 비중을 두는 사람들로 인해 인기 직종까지 탄생시키는 등 특정한 직업을 선호하게 만든다. 그리고 개인의 직업가치관과 부합되는 직업을 가지게 된다면 만족스러운 직장생활을 가능하게 만들지만, 그렇지 않다면 불만족을 야기시키기도 한다. 이와 같이 직업가치관은 개인의 직업 선택이나 직장 생활에 영향을 미치는 주요 요인이 될 뿐만 아니라, 오늘날에는 직업 교육 정책 수립에도 기본적으로 고려되어야 할 요인이다(안강현·이용환, 1998; 장경혜, 2008).

그 동안 직업가치관에 대한 연구들을 살펴본 바에 의하면 중학생(양한주·정철영,

1998), 고등학생(박보경·이종승, 2002; 문호영·심혜숙, 2007), 대학생(장덕선·이인화, 1998; 안강현·이용환, 1998; 장재윤·신현균·김은정·신희천·하재룡·장해미, 2004; 김윤숙·김분한, 2004; 이인화, 2006; 김경선, 2006; 이향님·심형순, 2007; 장경혜, 2008), 일반인(정현주·조광민·변원태, 1999) 등의 연구대상에 따라 여러 연구가 수행되었고, 연구주제에 따라서도 심리경향과 직업가치관(문호영·심혜숙, 2007), 직업가치관과 직업선호도(양한주·정철영, 1998), 성격유형과 적성 및 직업가치관의 관계(박보경·이종승, 2002), 직업가치관에 관한 연구(장덕선·이인화, 1998; 정현주 등, 1999; 장재윤 등, 2004; 이인화, 2006; 장경혜, 2008)와 직업가치관의 유형에 관한 연구(안강현·이용환, 1998; 김윤숙·김분한, 2004; 김경선, 2006; 이향님·심형순, 2007)가 있었다.

취업 장애요인과 관련된 연구로는 대학생(손은령·김계현, 2002; 장재윤 등, 2004)과 기혼취업여성(이재경·이은아·조주은, 2006) 대상의 선행연구만 있을 뿐이다. 선행연구 검토결과 직업가치관과 직업가치관의 유형을 밝히는 연구는 있지만 직업가치관의 하위차원을 가지고 유형별로 연구대상을 세분화시켜 취업 장애요인을 분석한 연구는 드물다.

따라서 본 연구에서는 연구대상을 현재 미취업 여성으로 한정하여, 첫째, 여성이 가지고 있는 직업에 대한 태도와 생각을 측정함으로써 직업가치관을 살펴본 후 직업가치관의 하위차원을 중심으로 유형을 분류해보고, 둘째, 직업가치관 유형별로 구분된 인구통계적 특성, 취업관련 특성, 구직활동 의지 정도, 마지막으로 취업 장애요인을 분석하고자 한다. 기존의 연구가 단순히 직업가치관을 유형화하는데 그쳤다면 본 연구는 이를 확장하여 유형별 특성과 장애요인까지 살펴보고, 여성의 개인적 특성에 따른 유형별 취업 관련 정책의 방향을 제시한데 의의가 있다. 차후 여성의 취업교육과 지역 여성의 취업전략 구축시 중요한 자료로 활용할 수 있을 것으로 본다.

2. 이론적 배경

1) 직업가치관

(1) 직업가치관의 개념

일반적으로 직업가치관이란 '한 개인 또는 사회가 일(work) 또는 지위(status)에 대하여 지니고 있는 가치관'을 뜻하며, 이것은 직업이나 직무에 대해서 일반인들이 갖게 되는 일종의 사고방식 또는 가치 기준을 의미한다. 그러므로 개인 또는 사회가 지배적으로 독특하게 가지는 문화인 가치관은 직업의 세계와 관련되어 하나의 직업가치관을 나타내며, 역사적으로 인간이 '일'에 대하여 부여하는 의미가 당시의 문화와 전통에 따라 다양한 직업가치관을 형성하게 되는데, 이러한 직업가치관은 개인의 성장 발달 및 심리적 요인, 사회의 전통적 사고방식, 사회구조 변화, 그리고 사회 환경적 요인에 의해 변천되어 왔다. 직업가치관은 시대에 따른 가변성을 지닌, 직업에 대하여 느끼는 가치관 내지 사고로서 현실적 여건과 밀접한 상관관계를 지니고 있는 것으로, 개인이 '어떠한 일 또는 직업에 대해 어떤 생각을 갖고 있고, 어떤 관념으로 대하는가, 어떤 가치를 부여하며, 선택의 기회를 주었을때 어떤 기준을 가지고 무엇을 선호하는가' 하는 것을 포괄하는 개념으로 볼 수 있다(양한주·정철영, 1998). 그리고 장경혜(2008)는 직업가치관을 직업에 대한 지각, 태도, 의식, 가치 등 직업에 대한 개인의 태도라고 보았다.

김남줄(1994)은 직업가치관을 사람들이 현재 혹은 미래의 직업에 있어서 일과 관련된 여러 가지 특성이나 보상을 얼마나 중요하게 생각하는가를 나타낸다고 하였고, 일의 특성이나 보상의 종류에 따라 내적·외적 직업가치관으로 나누어진다고 주장하였다. 내적 직업가치관은 직업에 있어서 일 자체의 내용과 관련된 것들을, 외적 직업가치관은 임금, 후생복지, 직업 안정성과 같은 일에 따르는 물질적 보상이나 조건을 얼마나 중요시 여기는가를 나타낸다. 따라서 직업가치관을 직업에 대해 가지는 개인의 생각, 태도라 규정하고, 안정성, 조건, 성취감, 소명의식에 초점을 두어 측정하기로 한다.

(2) 직업가치관 관련 연구

우선 직업가치관과 직업선호도, 성격유형과 적성, 심리경향과 연계하여 수행한 연구로는 양한주·정철영(1998), 박보경·이종승(2002), 문호영·심혜숙(2007)의 연구가 있다. 먼저 양한주·정철영(1998)은 중학교 2학년을 대상으로 직업가치관과 직업선호도를 살펴보았다. 직업가치관을 내발적, 외발적, 부수적 영역으로 구분한 후 봉사성, 독창성, 독립성, 욕구 충족성 및 자아 실현성, 지도성, 수익성, 존경성, 안정성 및 장래성, 대인관계, 다양성 등 10개 하위영역으로 구분하여 측정한 결과, 중학생들은 직업에 대하여 안정성 및 장래성, 대인관계, 욕구 충족성 및 자아 실현성 등의 순으로 가치를 두고 있었다. 지도성과 수익성은 남학생이, 대인관계는 여학생이 더 큰 비중을 두고 있었고, 수익성은 농촌지역에 거주하는 학생이, 독립성은 도시지역 학교에 재학중인 학생이 더 높게 나타났다. 존경성은 아버지의 학력이 높을수록 평균 점수가 높았다. 한편 독창성과 독립성은 아버지가 전문 기술직 및 관련직에 종사한 경우, 욕구 충족성 및 자아 실현성, 안정성 및 장래성은 어머니가 전문 기술직 및 관련직인 경우 비교적 점수가 높은 것으로 밝혀졌다.

박보경·이종승(2002)은 고등학교 2학년을 대상을 직업성격유형과 적성 및 직업가치관의 관계를 살펴보았는데, 직업성격유형과 직업가치관간에 유의한 관계가 있다고 주장하였다. 사회형 점수가 높은 사람일수록 지도력 발휘, 더불어 일함, 사회봉사에 높은 가치를, 반면 창의성에는 낮은 직업가치를 두었다. 탐구형 점수가 높은 사람일수록 능력 발휘, 발전성, 창의성, 자율성에 높은 가치를, 보수, 안정성, 더불어 일함에는 낮은 직업가치를 두는 것으로 나타났다.

고등학생의 심리경향과 직업가치관의 관계를 연구한 문호영·심혜숙(2007)은 한국직업능력개발원(2001)의 직업가치관검사를 사용하여 직업가치관을 측정하였다. 그 결과 직업가치관의 하위요인 중 외향성은 지도력과 창의성, 내향형은 안정성과 사회봉사, 감각형은 급여, 안정성, 사회봉사, 협동, 사회적 인정, 직관형은 능력발위, 다양성, 독립성 창의성, 사고형은 지도력, 감정형은 협동과 사회봉사, 판단형은 안정성, 인식형은 다양성, 독립성과 관계가 높았다.

직업가치관만을 연구(장덕선·이인화, 1998; 이인화, 2006, 정현주 등, 1999; 장재윤 등, 2004)한 경우도 있다. 장덕선·이인화(1998)와 이인화(2006)는 사회체육학과 대학생의 직업가치관을 연구한 결과 남녀 모두 일에 대한 자부심이 가장 높게 나타났고, 경제적 수입과 행동선호성은 성별에 따라 순위에 차이를 보였다. 성별과 사회체육 지도의 경험여부를 비교하였을때 외재적인 가치관보다 내재적인 가치관을 더 중요하게 인식하고 있는 것으로 나타났고, 지도경험을 가진 대학생들이 행동선호성에서 유의한 차이를 보여, 보다 적극적이며, 활동적인 가치관을 지니고 있었다. 한편 외재적 가치관 중 직업으로 인한 신분상승은 성별과 지도경험 여부에 관계없이 중요한 가치관으로 인식하고 있었다. 정현주 등(1999)은 사회체육지도자의 스포츠 관련 직업가치관을 외재적 가치관(사회적 지지, 조직 관심, 경제적 수입)과 내재적 가치관(일 자부심, 행동 선호성, 신분 상승)으로 구분하여 알아본 결과 학력이 높을수록 사회적 지지와 신분 상승에, 이직횟수는 사회적 지지에, 연령이 높을수록 행동 선호성에 관심이 높았다.

장재윤 등(2004)은 Johnson(2001)의 직업가치 관련 24개 문항으로 남녀 대학 4학년생의 직업가치를 분석한 결과 남녀 모두 가장 중시하는 직업가치는 재미와 흥미, 능력과 기술 발휘, 성취감, 자기개발의 기회 등을 포함하는 내재성 직업가치였고, 내재성을 제외한 대인활동성, 외재성, 위생성, 이타성의 영역에서는 성차가 유의미하였다. 대인관계, 외재성, 이타성은 여학생보다 남학생이 더 추구할 가치가 있다고 보았으며, 위생성에 대해서는 여학생이 더 높게 나타났다. 구체적으로 지위와 명성, 권력 같은 외재적인 가치는 남학생이, 재미와 흥미 같은 내재적 가치는 여학생이 더 중시하였다. 팀웍 발휘나 리더십 발휘와 같은 대인관계 가치와 다른 사람을 돕는 것이나 공익에 기여하는 것 같은 이타성 가치는 남학생이, 쾌적한 근무환경 같은 위생성은 여학생이 더 중시하였다. 반면 높은 수입, 존경받는 것, 고용보장, 자율성, 성취감 등에서는 성취가 나타나지 않았다.

한편 Mietus(1977)에 의해 개발된 Maryland Work Value Inventory(MWVI)를 이용하여 직업가치관의 유형을 분석한 국내 연구(안강현·이용환, 1998; 이향님·심형순, 2007; 장경혜, 2008)가 있는데, 안강현·이용환(1998)은 전문대학의 학생을 대상으로 MWVI의 48개 문항을 가지고 직업가치관의 유형을 분석한 결과 능력, 기여, 성취가 포함된 내재적 직업가치관과 보수, 지위, 안정이 포함된 외재적 직업가치관으로 구분되었다. 전문대학 학생들이 가치가 있다고 생각하는 직업가치관의 유형은 보수, 성취, 능력, 지위, 기여, 안정의 순이었다. 내재적 직업가치관은 1학년보다 2학년이, 외재적 직업가치관은 2학년보다 1학년이, 농촌지역보다는 도시지역에 거주할수록, 부모의 학력이 대졸 이상일수록, 아버지의 직업이 사무·관리직일수록 더 많이 갖는 것을 알 수 있다.

이향님·심형순(2007)은 치위생과 학생들의 직업가치관을 연구한 결과 6개 유형으로 구분되었다. 지위와 능력요인은 대인관계가 좋고, 건강상태가 나쁘며, 직장경험이 있는 학생에게서 높게 나왔고, 보수요인은 저학년이고, 대인관계 및 건강상태가 좋을수록, 직장경험이 있는, 안정요인은 저학년이고, 연령이 낮으며, 직장경험이 있는, 기여요인은 학년이 낮고, 건강상태가 나쁘며, 직장경험이 있는, 성취요인은 대인관계가 좋고, 건강상태가 좋은 학생에게서 높은 것으로 나타났다.

장경혜(2008)도 패션관련 전공 대학생을 대상으로 MWVI의 48개 중 33개 문항을 추출하여 사용하였다. 출신교에 따른 직업가치의 차이를 본 결과 실업계 학생이 인문계 학생보다 보수, 성취, 능력, 회사공헌, 지위 같이 일을 함으로서 수반되어지는 실제적 이점을 더 중시하였고, 일에 대해 긍정적인 태도를 보였다. 직장경험이 있는 학생은 성취감 같은 직업의 내재적 가치욕구가 높았고, 2년제 대학생이 4년제 대학생보다 보수, 성취, 지위, 안정, 능력, 회사공헌 등 직업의 현실적 가치 전반에 대해 비중을 두었다. 학년이 낮은 재학생은 보수, 성취, 지위, 능력 등 직업이 외재적 가치를 더 중요하게 생각하였고, 부모의 학력이 낮을수록 직업가치 요인 전반에 대해 강한 긍정적 욕구와 동기를 보였으며, 아버지의 직업이 전문직일 경우 책임감과 사회 기여 의식이 강하게 나타났다.

그리고 Q-방법론을 적용하여 직업가치관을 유형화한 연구(김윤숙·김분한, 2004; 김경선, 2006)도 있다. 김윤숙·김분한(2004)은 간호대학 4학년 학생의 직업가치관을 유형화한 결과 3개로 구분되었는데, 자신에게 주어진 일에 최선을 다해야하며, 일을 할때는 사사로운 감정이나 개인적인 사생활이 직장생활을 하는 데 방해가 되어서는 안된다고 생각하는 일 중시형, 보수, 근무환경, 사회적 인지도 등 다양한 측면에서 좋은 조건의 직장과 자기 자신을 최대로 대우해주는 직장을 원하는 조건 최고형과 아무리 좋은 조건의 직장일지라도 자신의 흥미와 적성에 맞지 않고 자신에게 만족을 주지 못한다면 이직할 의사가 있음을 보이는 자아 위주형으로 유형화 되었다.

노인케어에 대한 대학생의 직업가치관의 유형을 분석한 김경선(2006)은 사회복지학과 신입생이 가진 태도, 신념, 확신, 가치 등과 같은 주관적인 반응을 객관적으로 측정하였다. 그 결과 보수나 적성, 흥미보다는 안전하게 평생직으로 유지할 수 있는 측면을 강조한 안전 추구형, 전문성을 살릴 수 있고 적성과 흥미를 중요시하는 자아 성취형, 봉사정신과 투철한 직업관에 강한 긍정을 보인 소명 의식형, 부담이 큰 업무나 육체적으로 힘든 일을 기피하며 전문성을 갖추어야 하는 직업임에도 이를 부정하는 대우 중시형 등 4개의 직업가치관으로 유형하되었다.

기존의 연구들은 직업가치관과 다른 변수와의 관계를 연구하거나 직업가치관의 분류에만 초점을 두었다. 본 연구에서는 김경선(2006)이 사용한 척도를 참고하여, 직업가치관을 유형화 한 다음 인구통계적 특성, 취업경험, 구직활동 상태 및 직업교육훈련 참여의향까지 포함시켜 분석함으로써 풍부한 실증적 연구가 될 것이다.

2) 취업 장애요인

대한상공회의소(2005)가 서울 소재의 592개 업체를 대상으로 여성인력의 활용에 있어서 애로요인을 조사한 결과 46.6%의 업체가 결혼·출산·육아 등으로 관련 업무가 단절되어 생산성이 저하되는 것을 들었고, 야근 및 국내외 출장 등 업무상의 제약(15.4%), 남성보다 약한 직업의식과 근무기강 해이(13.5%), 고객, 거래처 등 사회일반의 여성 인식 부족(12.0%), 여성인적자원의 개발관리 노하우 부족(11.2%)이었다. 기업에서는 여성인력의 투입으로 발생될 업무단절을 가장 우려하는 것으로 보인다.

일반적으로 여성이 취업을 하지 않는 원인은 2가지로 나타난다. 하나는 여성의 가사노동시간의 가치가 시장노동시간의 가치보다 큰 데에 기인한다는 것이고, 다른 하나는 노동시장에서 여성차별과 여성의 낮은 지위와 연관된 문제로서 여성의 노동시장이 저학력, 단순직 중심으로 발달한 데서 찾아볼 수 있다. 여성 취업자의 대다수가 저기능·저숙련 직무에 종사하고 여성 임금근로자의 대부분은 임시·일용직으로 사무직, 서비스판매, 기능, 조립직, 단순 근로 등의 저생산·저임금 분야에 집중되어 있어서 고학력자일수록 전문직이나 고임금·고숙련직을 선호한다고 할때 직종 분포상 이들의 취업기회가 제한된 데에 기인한다(이성림, 2004).

여성의 취업장애와 관련 선행연구로는 손은령·김계현(2002), 장재윤 등(2004), 이재경 등(2006)의 연구가 있다. 여자대학생이 지각한 진로장벽 요인에 관해 연구(손은령·김계현, 2002)를 수행한 결과 차별, 직장생활에 필요한 개인특성의 부족, 다중 역할로 인한 갈등, 미결정 및 직업 준비 부족, 노동시장과 관습의 제약, 기대보다 낮은 직업 전망, 여성 취업에 대한 고정관념 등 7개의 요인이 장애요인으로 추출되었다. 장재윤 등(2004)은 대학교 4학년 학생에게 외적 장애(경제 불황, 근무지역, 인맥부족), 사회적 편견 관련 장애(남녀차별, 연령, 학벌, 지방대학 출신, 외모나 키와 같은 신체적 조건), 개인 내적 장애(능력부족, 취업관련 정보부족, 본인의 적성에 대한 이해부족)등 3개 영역의 11개 항목을 제공하고 취업에 가장 큰 장애요인이라고 생각하는 3개 항목을 선택하게 하였다. 그 결과 경제 불황을 가장 큰 장애요인으로 지각하였고, 다음으로 능력부족, 취업관련 정보부족, 지방대학 출신의 순이었다. 남학생들은 외적 장애 중 경제 불황과 근무지역을, 사회적 편견 관련 장애 중 학벌, 지방대학 출신을, 반면 여학생은 남녀차별, 신체적 조건을 취업 장애요인으로 지각하고 있었으며, 개인 내적 요인에서는 성별에 따라 유의한 차이가 나타나지 않았다.

직업에 따른 기혼취업여성의 일과 가족생활의 경험차이를 심층면접으로 분석한 연구(이재경 등, 2006)에서 여성들은 직업과 상관없이 일과 가족이라는 이중부담을 지니고 있으며, 서비스·생산직 여성들이 빨리 노동시장에 진입한 반면 출산과 함께 퇴사하면서 잦은 이직률을 보이는데, 이는 고용지위가 불안정하고 돌봄 노동을 대체할 만큼의 자원을 소유하지 못했기 때문이라 보았다.

선행연구를 고찰한 결과 대학생과 기혼여성이 인지하는 취업 장애요인은 다르다. 여대생은 남녀차별과 신체적 조건, 개인능력의 부재를 장애요인으로 여기는 반면, 기혼여성들은 가정과 직장의 양립에서 오는 이중고를 들고 있다. 따라서 본 연구에서는 직업가치관 유형별로 미취업 여성이 인지하는 취업 장애요인을 구체적으로 살펴볼 것이다.

3. 직업가치관 유형

1) 직업가치관 측정과 하위차원

〈표 7-1〉 직업가치관 척도의 문항

하위 차원	문항
안정 추구형	정년이 보장되는 안정적인 직업이 좋다.
	육체적으로 힘든 일은 싫다.
대우 중시형	직업을 선택할 때 보수를 중요하게 생각한다.
	직업을 선택할 때 근무환경을 중요하게 고려한다.
자아 성취형	원하는 직업을 위해서라면 다른 지역으로 이사할 수 있다.
	직업을 구할 때 적성과 흥미가 중요하다.
	사회적으로 평판을 높이 평가받는 직업이 좋다.
	전문가 이미지가 있는 직업이 좋다.
소명 의식형	일에 대한 열정이 있어야 한다.
	직업에 대한 소명의식이 있어야 한다.

직업가치관은 김경선(2006)의 연구에서 사용된 58개의 측정문항 중 10개 문항을 추출하되, 문항의 일부를 수정하였다. 1점 '전혀 그렇지 않다'에서부터 5점 '매우 그렇다'까지 5점 리커트 척도를 사용하여, 점수가 높을수록 직업가치관의 4개 하위 차원의 정도가 높음을 의미한다. 직업가치관 척도의 문항은 <표 7-1>과 같다.

2) 직업가치관의 유형화

본 연구에서는 안정 추구형, 대우 중시형, 자아 성취형, 소명 의식형 등 4개의 직업가치관 하위차원을 가지고 미취업 여성의 직업가치관의 유형을 알아보기 위해 k-평균 군집분석을 실시하였다. 2개, 3개, 5개, 6개, 7개, 8개로 군집의 수를 지정하여 분석한 결과 4개 집단을 제외하고 군집별 빈도수가 편향적이어서 비교적 빈도가 고루 분포된 4개 집단을 유형화하였다. 울산지역 미취업 여성 500명은 4개의 집단으로 구분되어지며, 동일집단 내의 여성들은 유사한 특성을 갖는 반면, 서로 다른 집단의 여성들은 이질적인 패턴을 보인다. 직업가치관 유형에 관한 군집분석의 결과는 <표 7-2>에, 유형화된 집단에 따른 직업가치관 하위 차원을 검증한 결과는 <표 7-3>에 제시되어 있다.

〈표 7-2〉 직업가치관 유형의 집단수별 빈도 및 표준화된 점수의 부호

차원	군집 1 고관여 집단 (n=123)	군집 2 직업환경 중시형 (n=122)	군집 3 저관여 집단 (n=113)	군집 4 개인성취 중시형 (n=142)
안정 추구형	+	-	-	-
대우 중시형	+	+	-	-
자아 성취형	+	-	-	+
소명 의식형	+	+	-	+

첫째, 군집 1은 모든 차원에서 긍정적인(+) 적재값을 가지고 있다. 취업을 간절하게 원하며, 취업을 위해서라면 다른 지역으로의 이주도 가능하다. 정년도 보장되고, 안정된 직업을 선호하지만, 그에 못지않게 개인적 적성과 보수, 근무환경도 중요시 한다. 사회적 성공을 반영하는 반듯한 직업을 원하며, 취업에 열정적인 이 유

형은 123명으로 전체 24.6%를 차지한다. 따라서 다차원적인 직업가치관을 공유하고 있는 군집 1을 고관여 집단이라 명명한다.

〈표 7-3〉 유형화된 집단에 따른 직업가치관 하위 차원에 관한 일원분산분석

(단위 : m)

차원	군집 1 고관여 집단	군집 2 직업환경중시형	군집 3 저관여 집단	군집 4 개인성취 중시형	F비
안정 추구형	8.92 c	7.72 b	7.03 a	7.45 b	97.56***
대우 중시형	8.98 d	8.47 c	6.67 a	8.02 b	198.13***
자아 성취형	16.58 d	10.71 a	12.63 b	15.29 c	325.63***
소명 의식형	8.82 c	8.01 b	6.64 a	8.12 b	152.92***

*** p〈.001

사후검증으로 scheffe test를 실시하였음.

둘째, 군집 2는 긍정적인(+) 적재값과 부정적인(-) 적재값이 혼재되어 있다. 직업의 안정성보다는 특정 직업으로 획득 가능한 금전적 측면과 근무환경을 중시하며, 직업에 대한 소명의식과 열정은 있지만 개인의 성취에는 그다지 적극적이지 않은 직업가치관을 가지고 있다. 이 유형에 속한 여성은 122명으로 전체 24.4%를 차지하며, 군집 2를 작업환경 중시형이라고 명명한다.

셋째, 군집 3은 모든 차원에 대해 부정적인(-) 적재값을 가짐으로써 취업에 대한 관심도 낮고, 소극적이며, 직업에 대한 특별한 생각을 가지고 있지 않은 미취업 여성임을 알 수 있다. 이 유형은 113명으로 전체 22.6%를 차지하며, 이들 집단에 속한 사람을 저관여 집단이라 명명한다.

넷째, 군집 4도 군집 2와 마찬가지로 긍정적인(+) 적재값과 부정적인(-) 적재값이 혼재되어 있다. 이 집단은 직업의 안정성과 근무 조건보다는 직업에 대한 개인적 흥미와 적성, 직업에 대한 사회적 평판과 이미지, 자신의 일에 대한 열정이 중요하다고 생각하는 집단이다. 이 유형에 속한 여성은 142명으로 전체 28.4%를 차지하며, 개인성취 중시형이라고 명명한다.

〈표 7-4〉 직업가치관 유형별 특징

유형	비율	특성
고관여 집단	24.6%	취업에 매우 적극적인 집단으로 근로조건, 개인 적성, 일에 대한 열정을 중시하며, 사회적 성공을 원하는 집단이다.
작업환경 중시형	24.4%	직업의 안정성보다 보수와 근무환경을 중시하며, 개인 성취에는 소극적인 집단이다.
저관여 집단	22.6%	취업에 소극적인 집단으로 직업에 대한 특별한 생각을 가지고 있지 않은 집단이다.
개인성취 중시형	28.4%	직업의 안정성과 근로 조건보다는 직업에 대한 흥미와 적성, 사회적 평판과 이미지, 일에 대한 열정을 중요시 하는 집단이다.

이상과 같이 직업가치관 유형별 특징을 정리한 결과는 <표 7-4>와 같다. 본 연구에서는 직업가치관 유형이 고관여 집단, 작업환경 중시형, 저관여 집단, 개인성취 중시형의 4개로 유형화되었다. 내재적 직업가치관과 외재적 직업가치관으로 구분된 안강현·이용환(1998), 일 중시형, 조건 최고형, 자아 위주형으로 나누어진 김윤숙·김분한(2004), 안전 추구형, 자아 성취형, 소명 의식형, 대우 중시형 등으로 유형화된 김경선(2006)의 선행연구와 비교해 볼때, 고관여 집단은 내재적 직업가치관, 자아 위주형, 안전 추구형, 자아 성취형과, 작업환경 중시현은 외재적 직업가치관, 조건 최고형과, 개인성취 중시형은 내재적 직업가치관, 일 중시형, 소명 의식형과 유사한 유형이지만 저관여 집단은 선행연구에서 아직 밝혀지지 않는 울산지역만의 특유집단이라 판단된다.

3) 직업가치관 유형별 특성

(1) 유형별 인구통계적 특성

직업가치관 유형별 연령, 교육수준, 결혼여부와 월평균 가계소득 등과 같은 인구통계적 특성을 분석하기 위해 χ^2검증을 실시하였다. 직업가치관 유형별 연령을 분석한 결과 고관여 집단은 20대(32.5%), 작업환경 중시형은 40대(36.1%), 저관여 집단은 30대(31%), 개인성취 중시형은 20대(33.1%)가 가장 많이 분포되어 있다(χ^2 =19.424, df=9, p<.05). 20대의 미취업 여성은 취업에 대한 관여도가 높고, 다른 연령에 비해 개인 성취를 중시하는 반면 50대의 여성은 취업에 대한 관여도가 낮은 편임을 알 수 있다(<그림 7-2> 참고).

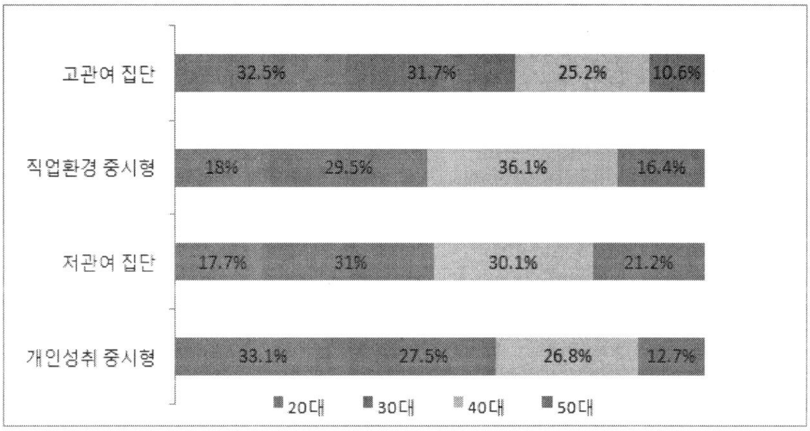

〈그림 7-2〉 직업가치관 유형과 연령

직업가치관 유형별 교육수준을 분석한 결과 고관여 집단, 작업환경 중시형, 저관여 집단과 개인성취 중시형 모두 고졸 이하의 교육수준을 가진 여성이 1/2을 조과하고 있었다(χ^2=31.222, df=6, p<.001). 고관여 집단과 개인성취 중시형은 다른 유형에 비해 전문대졸과 대졸 이상의 교육수준을 가진 여성이 조금 더 분포되어 있고, 작업환경 중시형과 저관여 집단에는 고졸 이하의 교육수준을 가진 여성이 2/3정도였다. 교육수준이 높을수록 직업가치관에 대한 몰입도 높고, 성취지향적인 특성을 지니고 있었다(<그림 7-3> 참고).

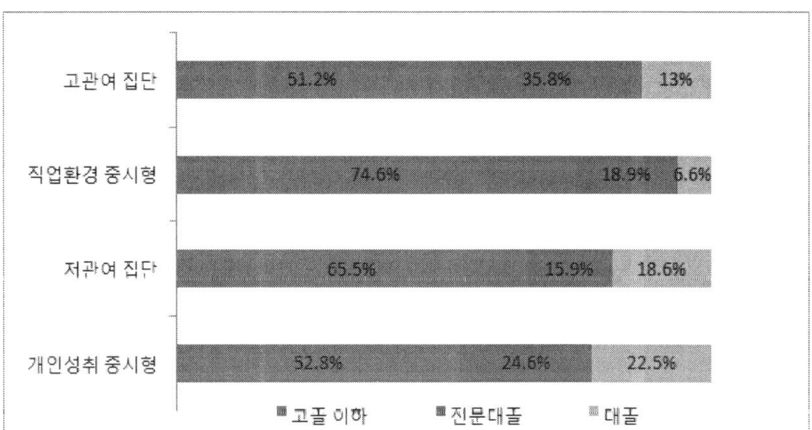

〈그림 7-3〉 직업가치관 유형과 교육수준

직업가치관 유형별 결혼여부를 분석한 결과 고관여 집단, 작업환경 중시형, 저관여 집단과 개인성취 중시형 모두 기혼 여성인 경우가 2/3정도 였다(χ^2=14.008, df=3, p<.01). 고관여 집단과 개인성취 중시형은 다른 유형에 비해 미혼의 분포가 약간 더 많은 편으로 결혼을 하지 않은 여성이 직업과 취업에 대한 관심이 더 높은 것을 알 수 있다(<그림 7-4> 참고).

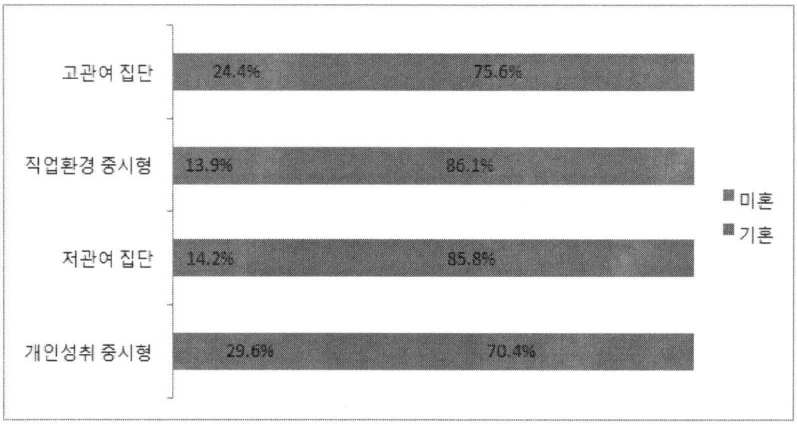

〈그림 7-4〉 직업가치관 유형과 결혼여부

직업가치관 유형별 월평균 가계소득을 살펴본 결과 고관여 집단은 200~300만원 미만(48%), 작업환경 중시형은 300~400만원 미만(52.5%), 저관여 집단도 300~400만원 미만(40.7%), 개인성취 중시형은 200~300만원 미만(39.4%)의 분포가 가장 높았다(χ^2=24.433, df=9, p<.01). 고관여 집단과 개인성취 중시형은 작업환경 중시형과 저관여 집단에 비해 월평균 가계소득이 낮은 편이었다(<그림 7-5> 참고).

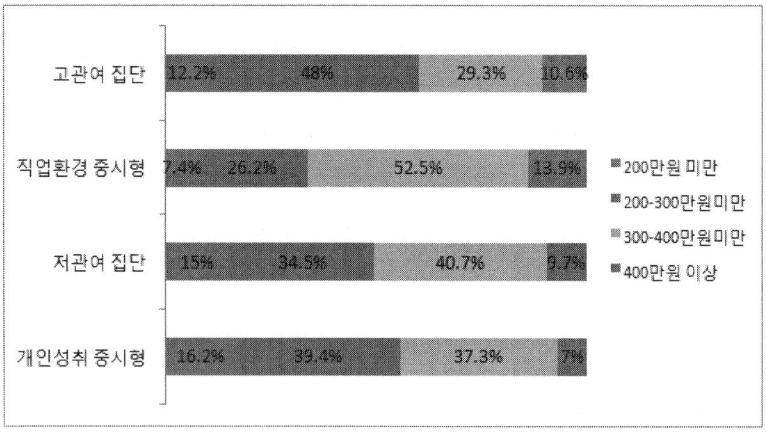

〈그림 7-5〉 직업가치관 유형과 월평균 가계소득

(2) 유형별 취업경험

직업가치관 유형별 과거 취업경험, 직종, 고용형태, 퇴사사유와 같은 특성을 분석하기 위해 χ2 검증을 실시하였다. 직업가치관 유형별 과거 취업 경험을 분석한 결과 고관여 집단, 작업환경 중시형, 저관여 집단과 개인성취 중시형 모두 과거에 취업한 경험이 있는 여성이 거의 대부분 압도적으로 나타났다(χ^2=17.430, df=3, p<.01). 저관여 집단과 고관여 집단은 취업경험이 없는 여성도 21.2%, 14.6%였다(<그림 7-6> 참고).

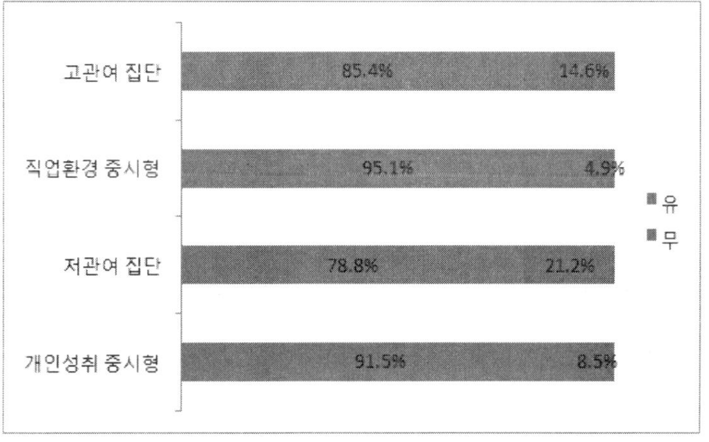

〈그림 7-6〉 직업가치관 유형과 취업 경험

직업가치관 유형별 마지막 직장에서의 직종을 살펴본 결과 고관여 집단은 과거 판매 및 개인서비스직(38.1%)과 사업서비스직(35.2%), 작업환경 중시형은 사업서비스직(33.6%)과 건설, 생산직(28.2%), 저관여 집단은 판매 및 개인서비스직(40.4%)과 사업서비스직(25.8%), 개인성취 중시형은 사업서비스직(37.2%)과 판매 및 개인서비스직(30.2%)에 종사한 것을 알 수 있다(χ^2=35.791, df=12, p<.001). 대부분의 여성들은 사업서비스직(경영, 회계, 사무, 금융, 보험 등)과 판매 및 개인서비스직(운전, 영업 및 판매, 미용, 숙박, 여행, 오락, 음식 서비스 등)에 종사해 왔고, 관리, 연구, 기술직과 같은 전문분야의 종사자는 소수에 불과하다. 그리고 작업환경 중시형은 건설, 생산직에 종사했던 여성들이 포함되어 있어 과거 직종의 경험상 근로조건과 환경을 중시할 수 밖에 없음을 알 수 있다(<그림 7-7> 참고).

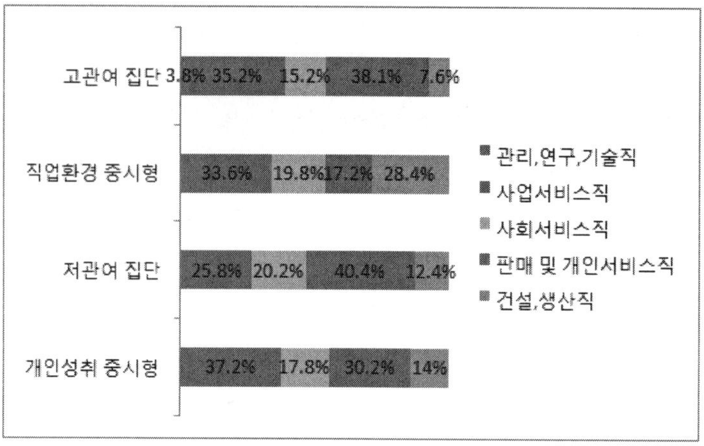

〈그림 7-7〉 직업가치관 유형과 마지막 직장의 직종

직업가치관 유형별 마지막 직장에서의 고용형태를 분석한 결과 고관여 집단, 작업환경 중시형, 저관여 집단과 개인성취 중시형에 속하는 약 2/3 가량의 여성들이 상용직이었다(χ^2=19.561, df=6, p<.01). 작업환경 중시형의 경우에는 임시, 일용, 계약, 시간제로 근무했던 여성이 30.2%로 다른 집단에 비해 약간 더 높은 편이다(<그림 7-8> 참고>.

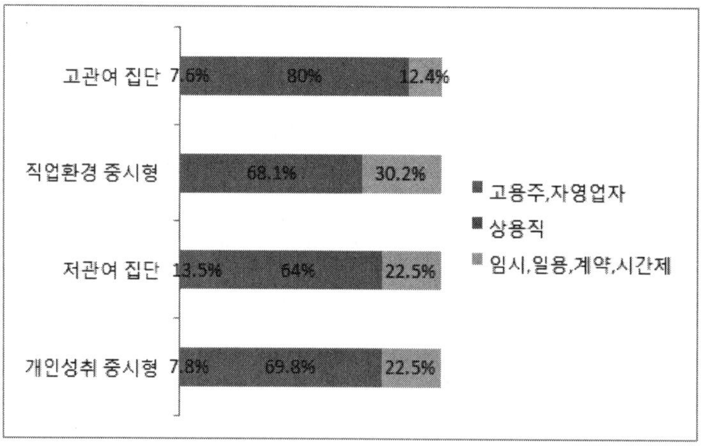

〈그림 7-8〉 직업가치관 유형과 마지막 직장의 고용형태

직업가치관 유형별 마지막 직장에서의 퇴사사유를 분석한 결과 고관여 집단은 육아 및 자녀교육 문제(28.2%)가 가장 높게 나타났고, 직장 일과 가사의 병행이 어려워서와 일이 적성에 맞지 않아서가 각각 16.5%였다. 작업환경 중시형은 계약완

료 및 해고(41.1%)가 가장 많았고, 다음으로는 직장 폐업(17.9%)이었다. 저관여 집단과 개인성취 중시형은 직장 일과 가사의 병행이 어려워서(29.5%, 32%)와 계약만료 및 해고(각각 28.4%, 29.7%)가 가장 큰 퇴사사유였다(χ^2=80.435, df=21, p<.001). 고관여 집단, 저관여 집단과 개인성취 중시형은 직장과 가정의 양립, 육아 및 자녀교육 문제와 같은 개인적 사유로, 작업환경 중시형은 계약완료 및 해고, 직장 폐업과 같은 환경적 요인으로 퇴사를 하였다(<그림 7-9> 참고).

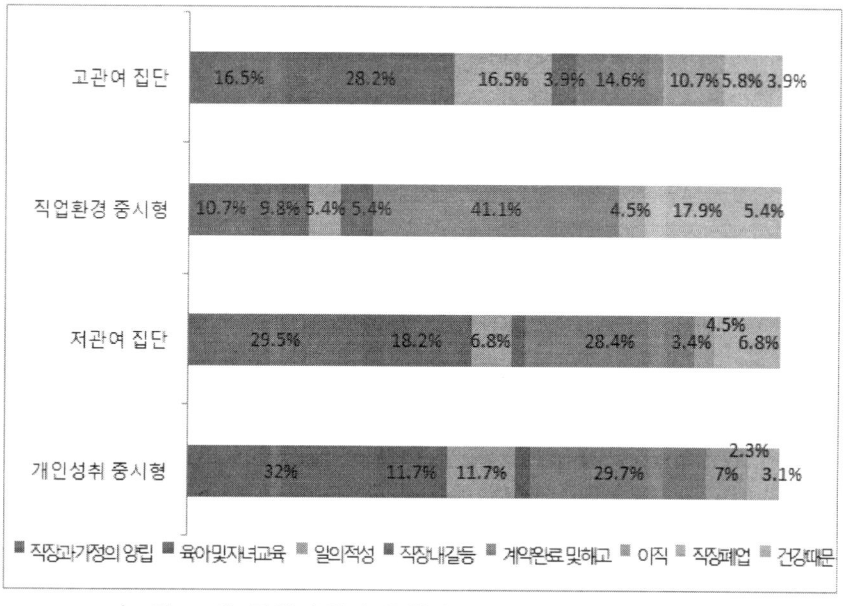

〈그림 7-9〉 직업가치관 유형과 마지막 직장의 퇴사사유

(3) 유형별 구직활동 상태 및 직업교육훈련 참여의향

직업가치관 유형별 구직활동 상태, 직업교육훈련의 참여의향을 분석하기 위해 χ^2 검증을 실시하였다. 직업가치관 유형별 현재 구직활동의 상태를 분석한 결과 고관여 집단, 작업환경 중시형, 저관여 집단과 개인성취 중시형에 속하는 여성 중 약 1/2 가량이 구직희망자였다 χ^2=18.469, df=6, p<.01). 작업환경 중시형은 다른 유형에 비해 실망실업자(26.2%)가, 저관여 집단은 순수비경제활동인구(31%)가 다른 유형에 비해 높은 편이었다(<그림 7-10> 참고).

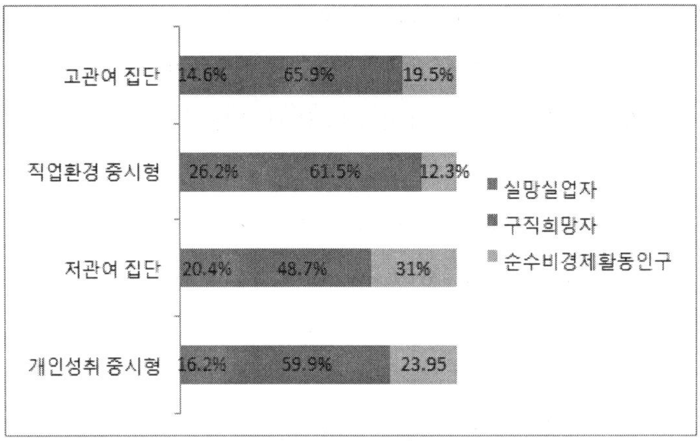

〈그림 7-10〉 직업가치관 유형과 구직활동 상태

직업가치관 유형별 직업교육훈련 참여의향을 살펴본 결과 고관여 집단과 저관여 집단의 여성 중 61%, 69.9%는 참여의향이 없고, 작업환경 중시형의 62.3%는 참여의향이 있으며, 개인성취 중시형은 참여의향이 있는 여성과 없는 여성의 비율이 대략 과반수 정도로 비슷하였다(χ^2=27.594, df=3, p<.01). 작업환경 중시형을 제외한 나머지 집단에 속한 여성들의 과반수가 구직희망자인데 비해 직업교육훈련의 참여의향이 낮았다. 직업훈련프로그램 활동의 장애요인을 밝힌 안영식·이경구(2002)의 연구결과를 살펴보면 여성은 경제적 어려움과 육아, 간병을 비롯한 가사문제로 참여를 하지 못한다고 한다. 따라서 차후에는 직업가치관의 유형별로 직업교육훈련의 참여의향이 낮은 원인을 다각도로 분석할 필요가 있다(<그림 7-11> 참고).

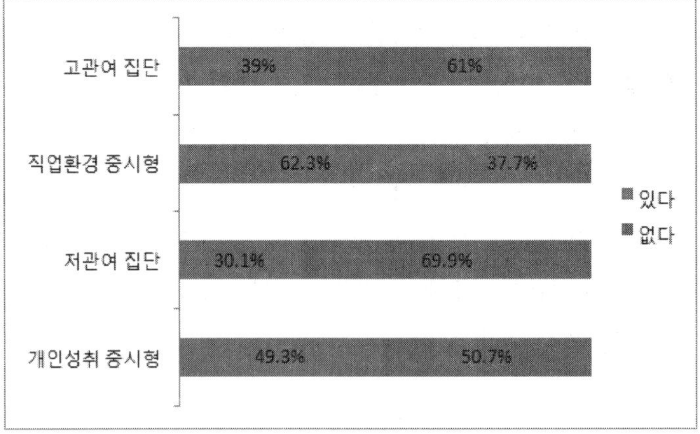

〈그림 7-11〉 직업가치관 유형과 직업교육훈련 참여의향

4) 직업가치관 유형에 따른 취업 장애요인

취업 장애요인은 지역의 특성을 고려하여 6개의 문항을 개발하였고, 1점 '전혀 그렇지 않다'에서부터 5점 '매우 그렇다'까지 5점 리커트 척도로 측정하였다. 미취업 여성의 직업가치관 유형에 따른 취업 장애요인을 분석한 결과는 <표 7-5>에 제시되어 있다. 출산 및 육아로 안정적 인력 운용의 어려움, 지역 산업구조상 여성인력의 수요가 적음, 지역 여성들의 높은 보상 기대수준은 직업가치관 유형별로 통계적인 의미있는 차이를 보였지만, 취업에 유리한 전공, 지식, 기술의 부재, 남성위주의 조직문화로 직장생활 적응의 어려움, 업무능력이 남성보다 저조한 업무능력 등은 유형별로 차이가 없었다.

〈표 7-5〉 유형화된 집단에 따른 취업 장애요인

(단위 : m)

장애요인	군집 1 고관여 집단	군집 2 직업환경중 시형	군집 3 저관여 집단	군집 4 개인성취 중시형	F비
취업에 유리한 전공, 지식, 기술의 부재	3.11	3.00	3.10	3.06	.40
출산 및 육아로 안정적 인력 운용의 어려움	3.19 a	3.48 ab	3.34 ab	3.54 b	3.47*
남성위주의 조직문화로 직장생활 적응의 어려움	3.15	3.17	3.30	3.13	.91
업무 능력이 남성보다 떨어지기 때문	2.80	2.66	2.88	2.71	1.27
지역 산업구조상 여성인력 수요가 적음	3.65 ab	3.89 b	3.58 a	3.55 a	4.53**
지역 여성들의 보상 기대수준이 높기 때문	3.11 a	3.61 b	3.26 a	3.11 a	10.44***

* p〈.05 ** p〈.01 *** p〈.001
사후검증으로 scheffe test를 실시하였음.

구체적으로 출산 및 육아문제로 퇴직하는 경우가 많아 안정적 인력 운영의 어려움으로 여성이 취업을 하는데 장애가 된다고 여기는 집단은 개인성취 중시형이 가장 높게 나타났으며, 다음으로는 작업환경 중시형, 저관여 집단의 순이었고, 고관여 집단이 가장 낮았다($F=3.47$, $p<.05$). 사실 기혼여성들이 노동시장에 참여하면서 겪는 가장 큰 갈등 중 하나는 육아에 대한 부담이고, 특히 작업장의 근무시간과 일치하지 않는 보육시설의 운영과 장시간 노동을 강요하는 작업장 문화는 기혼여성의 노동자 정체성을 흔드는 요소(이재경 등, 2006)이며, 개인성취를 중요시하는

여성들이 이를 가장 크게 인지하고 있는 것으로 밝혀졌다.

지역의 산업구조상 여성인력에 대한 수요가 적다고 생각하는 집단은 작업환경 중시형이 가장 높고, 고관여 집단, 저관여 집단, 개인성취 중시형의 순으로 나타났다 ($F=4.53$, $p<.01$). 양희승(2005)은 여성인력의 참여를 저해하는 요인으로 우리나라의 산업구조를 들고 있다. 육체노동이 요구되는 제조업 중심의 산업구조는 여성의 취업에 상당히 불리하게 작용하였으며, 이러한 산업구조상의 문제로 인력 모집 및 채용단계에서 남성에 비해 상대적으로 차별적인 대우를 받아 왔다고 보고 있다. 박성정 등(2006)도 직업교육훈련기관을 대상으로 30, 40대 여성의 취업전망이 어두운 이유를 조사한 결과 77.2%이 노동시장에서 여성인력에 대한 수요가 없기 때문이라고 하였다. 특히 울산의 주력산업은 자동차, 조선, 석유화학 등 중화학공업이어서 여성인력이 많이 요구되는 분야가 아니고, 또한 이와 같은 인식의 누적으로 여성인력의 수요가 낮은 것이 취업의 최대 장애요인이라 여기는 것이다. 지역 여성들의 보상기대수준이 너무 높아 취업이 어렵다는 집단 역시 작업환경 중시형이 가장 높고, 저관여 집단, 고관여 집단과 개인성취 중시형 집단의 순이었다($F=10.44$, $p<.001$).

4. 결론 및 제언

본 연구는 미취업 여성을 대상으로 직업가치관을 측정하여 직업가치관의 유형을 밝혀 직업가치관 유형별 특성과 취업 장애요인을 분석하였다. 우선 미취업 여성의 직업가치관은 고관여 집단, 작업환경 중시형, 저관여 집단, 개인성취 중시형 등 4개로 유형화되었으며, 유형별로 결과를 요약하여 제시하면 다음과 같다.

첫째, 고관여 집단은 20대의 여성이 전체 1/3 가량이며, 다른 유형에 비해 교육수준도 높은 편이다. 과거에 판매 및 개인서비스직과 사업서비스직에 종사한 경험이 있는 여성들로 육아 및 자녀의 교육문제로 전 직장을 퇴사를 하였고, 현재 구직을 희망하지만 직업교육훈련을 받을 의향은 낮다. 이 집단에 속한 여성들은 취업에 매우 능동적이고, 사회적 성공을 원한다. 지역 산업구조상 여성인력의 수요가 적고, 출산 및 육아로 안정적 인력 운용의 어려움이 여성의 취업 장애요인이라 보고 있다.

둘째, 작업환경 중시형은 40대가 많고, 교육수준은 고졸 이하로 낮은 편이다. 과거 사업서비스직과 건설, 생산직에 종사한 경험이 있지만 계약완료 및 해고로 퇴사를 하였고, 여전히 직장 다니길 원하기에 직업교육훈련기관의 참여에도 긍정적이다. 이들은 근무조건과 작업환경을 중시하지만 개인 성취에는 소극적이다. 여성취업의 장애요인으로 지역의 산업구조와 높은 보상 기대심리를 지적하고 있었다.

셋째, 저관여 집단은 30대가 많고, 교육수준도 그리 높질 않으며, 예전에 판매 및 개인서비스직과 사업서비스직에 종사한 경험이 있다. 대부분 여성들이 직장과 가정의 양립이 힘들어 퇴사하였지만, 구직을 희망하는 편이다. 그러나 직업교육훈련 참여의향이 저조하고, 취업에 수동적 자세를 가지고 있다.

넷째, 개인성취 중시형은 고관여 집단과 같이 20대가 전체여성의 1/3 정도이고, 다른 유형에 비해 교육수준도 높다. 사업서비스직과 판매 및 개인서비스직에 종사한 경험이 있으며, 직장과 가정의 양립이 어려워 퇴사한 경우가 대부분이다. 이들은 개인의 흥미와 적성을 중요하게 생각하고, 더불어 사회적 평판과 이미지에도 신경을 쓰는 집단이다. 저관여 집단과 함께 여성 취업의 장애요인을 지역 산업구조와 출산 및 육아라고 여긴다.

이상의 연구결과를 근거로 결론을 제시하면 첫째, 작업환경 중시형을 제외한 고관여 집단, 저관여 집단, 개인성취 중시형은 육아와 자녀교육, 일과 가정의 양립이라는 '이중고'의 부담으로 직장을 그만 둔 여성이 많았다. 그러므로 향후 노동시장에서의 대체인력을 거론되고 있는 여성인력의 활용을 위해서는 여성이 처해 있는 '이중고'를 해결할 수 있는 현실적인 대안이 정책적으로 실행되어야 한다. 최근 '남녀 고용평등과 일-가정 양립지원에 관한 법률'에 따라 맞벌이 부부는 2년간 육아휴직을 할 수 있고, 출생 후 3년까지 육아휴직 신청이 가능하게 되었다. 이와 같은 법률의 실효성을 현재는 알 수 없지만 여성의 경제활동 참여를 활성화하기 위해서는 여성의 부담을 덜 수 있는 제도적 장치가 요구되어 진다.

둘째, 작업환경 중시형에 속한 여성들은 높은 보상심리 때문에 취업에 어려움을 겪고 있다고 여기고 있었다. 그러므로 여성들에게 자신의 능력에 부합되는 '괜찮은 직업'을 선택하고, 제대로 된 보상을 받을 수 있도록 하는 직업에 대한 의식 교육이 필요할 것으로 보인다. 좋은 대우를 받기 위해서는 기업이 원하는 직무능력과 취업자질을 파악하여 꾸준히 자기계발을 하여야 하며, 더 나은 직업군에 속하기 위해서는 개인의 능력을 한층 강화하려는 노력이 필수조건임을 강조하여야 할 것이다.

셋째, 지역 여성들은 산업구조상 여성 인력의 수요가 적을 것이라 여기고 있고, 이것이 곧 취업의 장애요인이라 인지한다. 사실 울산지역은 중화학공업이 주력산업이어서 남성 중심적인 산업구조를 띄고 있으며, 그 속에서 형성된 여성인력에 대한 고정관념으로 결국에는 노동시장으로의 진입을 시도해보려는 동기 부여를 어렵게 만들어 여성들 스스로가 취업을 포기해 버리는 경향이 있다. 무엇보다도 여성들의 자신감을 회복시키고, 성취의식을 높이는 교육이 선행되어야 하겠다. 또한 여성인력의 고용창출을 위한 신규 산업의 유치와 직종을 개발하는 작업도 요망된다.

넷째, 유형별로 인구통계적, 취업관련 특성이 다르고, 구직활동의 의지가 차이가 남으로 유형별로 차별적인 취업 교육 프로그램이 있어야 한다. 그리고 노동현장에서 적용 가능한 현실적인 취업교육훈련도 실행될 필요가 있다. 다양한 욕구와 수준을 지닌 여성들에게 개인의 특성에 맞는 서비스를 제공해 줌으로서 여성의 흥미와 관심을 향상 시킬 수 있고, 산업과 연계된 방식으로 교육을 진행한다면 실효성이 높을 것이라 기대된다.

본 연구는 울산지역 미취업 여성의 직업가치관을 가지고 연구를 수행하여 지역 상황을 이해하는 데는 유용한 자료가 될 수 있으나 일반화시킬 수 없다는 한계가 있으므로 차후에는 연구대상의 범위를 전국 여성으로 확대하여야 할 것이다. 그리고 결혼여부와 구직활동의 상태는 직업가치관에 영향력이 큰 변수이므로 후속 연구에서는 미혼과 기혼, 실망실업자, 구직희망자와 순수비경제활동인구에 따른 직업가치관을 별도로 분석해 볼 필요가 있을 것이다.

섬광처럼 나타나는 영감과 만나는 것은
즐겁고 생생한 경험이자 창조 작업의 시작점이다.
영감에 따라 시 구절을 적어내려가다 보면 믿기
어려울 정도의 활기, 확신, 환희가 느껴진다.
그 순간 아름다움이라는 것은 손에 잡힐 듯
구체적이다. 마음은 세상을 뚫고
팔랑팔랑 날아다닌다.

- 스티븐 나흐마노비치의 《놀이, 마르지 않는 창조의 샘》 중에서 -

제3부

울산 여성의 여가

"우리는 혼자 있을 시간이, 타인과 깊숙이 관계를 맺을 수 있는 시간이, 자신의 일을 창조적으로 행할 수 있는 시간이, 아무것도 생산하지 않고 그저 우리의 모든 근육과 감각을 사용할 시간이 필요하다. 그리고 바라건대, 많은 사람들이 동료들과 함께 건전한 세상을 만드는 방법을 기획할 시간이 필요하다" (프레드 톰슨, 폴 라파르그, 〈일과 여가 : 전기적 에세이〉에서 : 한겨레21, 2006). 밥 먹는 시간을 제외하고는 하루 종일 노동을 하여야 하는 노동현실을 비판하였던 프랑스의 사회주의운동가 폴 라파르그의 글에서 인간은 일을 하는 시간뿐만 아니라 사색, 사교, 휴식, 일상생활, 여가를 누릴 수 있는 시간 등 자신만을 위해 사용할 시간이 필요함을 간접적으로 유추해 볼 수 있다.

급격한 시대적 변화 속에서 오늘날을 살아가는 사람들에게 시간자원은 언제나 부족하다. 누구에게나 공평하게 주어지는 시간자원을 어떻게 활용할 것인가에 관한 선택은 개인의 몫이다. 문화적 상상력과 창의력이 필요한 21세기, 주 5일 근무제의 도입으로 사람들의 관심은 이제 더 이상 일이 아니다. 바로 여가로 집중되고 있다. 일상적인 경험을 변화시키는 여가공간과 여가상품이 늘어나고 있고, 여가에 보내는 시간과 소비하는 돈의 규모도 점점 커지고 있다. 금요일이면 각종 신문이나 방송, 인터넷 등의 대중매체에서는 주말 여가소비자를 겨냥한 관광상품 정보나 특집물들을 쏟아낸다. 레저, 스포츠, 외식, 교통, 관광 등 여가문화와 관련된 산업을 중심으로 문화, 예술분야의 발달과 소비자들의 라이프스타일의 변화(박명희·송인숙·손상희·이성림·박미혜·정주원, 2006 : 191)를 가져와 새로운 여가소비문화가 창출되고 있다.

일상생활에 소요되는 필수생활시간, 의무생활시간을 제외한 시간을 일반적으로 '여가' 라고 정의내리는데, 국내 '문화 및 오락서비스업' 지출은 1990~2009년 연평균 9.3%의 성장률을 기록하고 있으며 가계지출에서 차지하는 비중은 1990년 4.9%에서 2009년 8.6%로 증가하였다(현대경제연구원, 2010). 이와 같이 단순한 생활을 보장하는 일중심 사회에서 진정한 자아실현을 위한 여가중심사회로 바뀌면서 개인적 차원에 속하였던 여가문제가 사회적 차원과 지방자치단체와 국가적 차원의 문제로 변화하고 있다. 그러므로 지역사회에서 지역 여성들의 여가문제를 해결하고 여가활동의 활성화를 위한 여가정책의 의미가 매우 중요하게 되었고, 효율적인 여가정책을 수립하기 위해서는 여가소비문화에 대한 조사분석이 선결되어야 한다.

이 부에서는 울산에 거주하고 있는 기혼 여성을 대상으로 하여 여가활동의 현황을 파악하고, 여가가 생활에 미치는 영향을 알아보고, 현재 여가생활을 하기 위하여 이용하고 있는 공공시설을 조사하고, 여가동기, 여가장애 및 여가만족도, 여가시간, 울산의 여가문화에 대한 평가, 주 5일제 근무가 여가에 미치는 영향 등을 분석함으로써 울산여성의 전반적인 여가소비문화를 평가하여 울산 여성의 삶의 질을 향상시키기 위한 여가정책의 기초자료를 제공하고자 한다.

제8장
연구방법과 선행연구의 고찰

1. 연구방법

1) 조사대상 및 표본 추출

본 연구의 조사대상은 현재 울산광역시에 거주하고 있는 기혼여성 600명이다. 우선 기혼여성을 표본추출하기 위해 근로자 가구와 근로자 외 가구로 구분을 한 다음 남편의 직업과 주부의 연령 별로 강제 할당표집(quota sampling)을 실시하였다. <표 8-1>에 표본추출 방법이 제시되어 있다.

본 조사는 2007년 4월 13일부터 5월 3일까지 30세 이상 59세 이하의 기혼 여성 600명을 대상으로 이루어졌다. 사전교육을 받은 4명의 면접원들이 응답자에게 직접 질문지를 나누어 주어 스스로 기입하게 하는 자기기입식 방법을 사용하였다.

〈표 8-1〉 조사대상의 표본추출

가구별 분포		남편의 직업별 분포		주부의 연령별 분포	
근로자 가구	400명	공무원 외 사무직	100명	30대	186명
근로자 외 가구	200명	현대계열 생산직	200명	40대	207명
		석유화학공단 생산직	100명	50대	207명
		자영업자(2인 이하)	130명		
		개인경영자(3인 이상)	70명		

(2) 질문지 구성

여가에 관한 전반적 현황은 문화관광부와 한국문화관광정책연구원(2006)의 문화향수실태조사와 여가백서, 오재환·구자균·김율성·김종욱·신성교·양진우·임호·주경미(2006)의 조사보고서를 참고로 문항을 구성하였다. 여가활동 동기, 만족도, 태도, 장애요인에 관한 문항은 관련 선행연구를(정광현·이재형, 2003; 이현아·이기영·김외숙, 1999; 이은희·민현선, 2004a; 2004b; 이유리·박미석, 2006) 바탕으로 작성하였다.

3) 자료 처리

본 연구의 자료를 처리하기 위해 SPSS WIN 12.0k를 이용하였다.

4) 조사대상자의 일반적 특성

조사대상자의 일반적 특성은 <표 8-2>에 제시되어있다.

〈표 8-2〉 조사대상자의 일반적 특성

변수	집단	빈도(%)	변수	집단	빈도(%)
여성 연령 m=44세	30대	184(30.7)	생활 수준	상상	3(0.5)
	40대	208(34.7)		상중	17(2.9)
	50대	208(34.7)		상하	15(2.5)
	계	600(100.0)		중상	142(23.9)
취업 여부	취업	188(31.3)		중중	267(45.0)
	미취업	412(68.7)		중하	119(20.1)
	계	600(100.0)		하상	24(4.0)
여성 학력	중졸 이하	57(9.6)		하중	4(0.7)
	고졸	327(55.1)		하하	2(0.3)
	전문대졸	106(17.8)			
	대졸 이상	104(17.5)		계	593(100.0)
	계	594(100.0)			

변수	집단	빈도(%)
종교	없다	195(33.2)
	불교	280(47.6)
	기독교	69(11.7)
	천주교	32(5.4)
	기타	12(2.0)
	계	588(100.0)
월평균 용돈 m=23만원	10만원 이하	198(34.1)
	10만원 - 20만원 이하	200(34.4)
	20만원 - 30만원 이하	106(18.2)
	30만원 - 40만원 이하	20(3.5)
	40만원 - 50만원 이하	30(5.2)
	50만원 초과	27(4.6)
	계	581(100.0)
가족 수 m=3.8명	2명	31(5.2)
	3명	159(26.7)
	4명	336(56.4)
	5명	57(9.6)
	6명	9(1.5)
	7명	4(0.7)
	계	596(100.0)

변수	집단	빈도(%)
월평균 가계 소득 m=424만원	200만원 이하	59(10.0)
	200만원 - 300만원 이하	161(27.2)
	300만원 - 400만원 이하	147(24.9)
	400만원 - 600만원 이하	163(27.6)
	600만원 - 800만원 이하	41(6.9)
	800만원 초과	20(3.4)
	계	591(100.0)
남편 직업	공무원외 사무직	97(16.2)
	현대계열 생산직	202(33.7)
	석유화학공단계열 생산직	101(16.8)
	자영업자	129(21.5)
	개인경영자	71(11.8)
	계	600(100.0)
남편 연령 m=46세	30대	125(21.0)
	40대	240(40.3)
	50대 이상	230(38.7)
	계	595(100.0)
남편 학력	중졸 이하	16(2.7)
	고졸	264(44.5)
	전문대졸	126(21.2)
	대졸 이상	187(31.6)
	계	593(100.0)

* 계는 missing value에 의해 차이가 남.

2. 선행연구의 고찰

1) 여가지출과 여가활동

김영숙(2002)은 부산지역 성인소비자를 대상으로 여가비지출과 여가만족도의 영향요인을 규명하였다. 여가비지출에 영향을 미치는 변인을 분석한 결과 학력, 결혼상태, 수입, 여가선호도가 영향을 미치는 변인으로 나타났다. 여가비지출은 미혼보다 기혼의 지출이 높게 나타났으며, 학력이 높을수록, 수입이 높을수록, 여가선호도가 높을수록 여가비지출은 높은 것으로 나타났다. 여가만족도에 영향을 미치는 변인을 분석한 결과 결혼상태, 여가선호도, 사회적 동기가 영향을 미치는 변인이었다. 결혼상태의 경우 기혼 보다 미혼의 여가만족도가 높게 나타났으며, 여가선호도가 높을수록, 여가에 대한 사회적 동기가 높을수록 여가만족도는 높은 것으로 나타났다.

허은정·김우성(2003)은 도시 근로자 가계의 레저지출 수준을 파악하고 관련 요인들의 영향력을 파악하는 것이다. 통계청의 도시가계연보 2000년 자료를 사용하여, 능동적 레저, 수동적 레저 및 총 레저에 대한 가계의 지출을 각각 분석하였다. Tobit분석 결과, 네 가지 범주의 가계소득(가구주 소득, 배우자 소득, 기타 가구원 소득 및 자산소득), 가구원수, 가구주 연령, 가구주 학력, 가구주 직업 및 주거형태는 가계의 능동적 레저지출에 영향을 주는 중요한 변수들로 나타났다. 회귀분석을 이용한 가계의 수동적 레저지출에 있어서는 세 가지 범주의 가계소득, 가구원수, 가구주, 연령, 학력 및 주거형태만 유의한 영향을 미쳤다. 총레저 지출에 대한 회귀분석결과, 일반적으로 가계소득이 증가할수록, 가구원수가 많을수록, 가구주의 교육수준이 높을수록, 가구주가 20대, 30대, 40대인 가계, 가구주가 전문관리직에 종사하는 가계, 가계의 주거형태가 자가와 전세에 사는 경우 총 레저에 더 많이 지출하는 것으로 나타났다. 총 레저 지출에 대한 네 가지 범주의 가계소득의 소득탄력성을 살펴본 결과, 가구주 소득이 나머지 형태의 소득보다 가계의 레저지출에 더 큰 영향을 미치는 것으로 나타났다.

김영숙·심미영(2004)은 부산시에 거주하는 가계를 대상으로 가계특성별로 여가오락서비스 지출구조와 그 차이를 분석하였고, 여가오락서비스 지출에 영향을 미치는 무엇인지 파악하였다. 여가오락서비스 지출의 항목별로 살펴보면 공연 및 관람(34.84%)과 여행(31.15%)이 차지하는 비율이 높게 나타났다. 소득탄력성 추정을 통해 여가오락서비스 지출구조를 분석한 결과, 취미 및 교양강좌(.960)와 여행(.823)의 소득탄력성 계수가 1에 근접한 것으로 나타나 다른 항목에 비해 열망도가 높음을 알 수 있다.

소득탄력성 분석결과 가계특성별로 다양한 차이를 나타내고 있는데, 비교적 소득이 안정적인 가구주 연령이 50대 가계에서 여가오락서비스 지출의 모든 항목에서 소득탄력성 계수가 1이상으로 나타나 소득률 이상의 증가를 보여 문화생활에 대한 욕구가 다양함을 나타났었다. 그리고 30대 젊은 연령층에서, 직업별로 전문기술직 가계와 판매기술직 가계에서, 가계소득이 300만원 이상인 고소득 가계에서 취미 및 교양강좌와 여행의 소득탄력성 계수가 1이상으로 나타나 열망도가 높았다.

가계특성별 여가오락서비스 지출의 차이 분석결과, 공연 및 관람의 경우 그 구성비면에서 30대 가계가 전체소비지출 중 차지하는 비율이 높게 나타났고, 학력이 높은 가계일수록, 전문기술직 가계와 행정관리직 가계에서 여가오락서비스 지출이 높았다. 소득수준이 높은 300만원 이상의 고소득 집단에서 여가오락서비스 지출이 높고 공연 및 관람, 여행, 전체에서 소득의 상대적 영향력이 높은 것으로 나타났다.

여성들 여가 '쇼핑하기·수다'… 오히려 스트레스 가중시켜

■남녀별 여가 활용 선호도

(괄호 안은 참여빈도, 단위 %)

순 위	남 성	여 성
1	TV·DVD·비디오 보기(96.1)	TV·DVD·비디오 보기(95.3)
2	친구 만나기(79.5)	전화로 얘기하기(90.3)
3	전화로 얘기하기(77.8)	음악 듣기(80.1)
4	음악 듣기(77.5)	쇼핑하기(77.1)
5	운동하기(76.0)	친구 만나기(69.9)
6	술마시기(75.3)	운동하기(67.4)
7	인터넷·컴퓨터 하기(70.0)	낮잠자기(61.7)
8	낮잠자기(64.4)	인터넷·컴퓨터 하기(61.4)
9	쇼핑하기(58.9)	독서하기(53.1)
10	사우나·찜질방 가기(51.4)	사우나·찜질방 가기(41.8)

자료 : 성균관대 서베이리서치센터

여성의 주요 여가 활동인 쇼핑과 전화 수다가 스트레스를 오히려 가중시키는 것으로 분석됐다. 반면 운동을 하거나 친구를 만나면 스트레스가 풀린다는 응답자가 많았다. 이 같은 결과는 성균관대 서베이리서치센터와 삼성경제연구소가 공동으로 제5차 한국종합사회조사(KGSS) 일환으로 지난해 전국 만 18세 이상 남녀 1431명(660명+771명)을 상대로 벌인 '한국인의 여가활동과 삶의 만족도' 면접조사 분석 과정에서 나왔다.

남녀 간 자유시간 활용 방식의 차이와 각 활동별 스트레스와의 상관관계를 담당한 서베이리서치센터의 고지영·김석호 연구원은 남성이 여성보다 상대적으로 선호하는 여가 행위인 '친구 만나기'와 '운동하기'는 스트레스를 줄이는 효과가 있는 반면, 여성의 상대적 선호 여가 활동인 '전화로 얘기하기'나 '쇼핑하기'는 오히려 스트레스를 증가시킨다는 분석 결과를 내놨다. 이들은 "여가활동이 항상 스트레스를 감소시키는 기능을 하는 것이 아니며 한국 여성의 여가활동에 젠더적 장애요인이 개입돼 있음을 시사한다"고 설명했다.

21일 이들의 발표문 '여가와 스트레스'에 따르면 여가를 보내는 데 있어 남녀 모두 'TV·DVD·비디오 보기'를 가장 선호했고 '전화로 얘기하기' '음악듣기' '친구 만나기' 등을 즐겨하는 활동으로 꼽았다. 하지만 '운동하기'와 '술마시기'의 경우 남성의 참여빈도는 각각 76.0%, 75.3%였지만 여성은 67.4%, 40.5%에 그쳤다. 여성은 '쇼핑하기'(77.1%)와 '독서하기'(53.1%)를 상대적으로 선호했으며 '사우나·찜질방 가기'(41.8%)는 남성(51.4%)보다 덜 즐기는 것으로 나타났다. 이는 자신의 스트레스 '통제력'을 확인키 위해 승부를 보는 스포츠 등의 활동으로 여가를 보내는 남성과 스트레스를 '예방'할 수 있는 정서 고양이나 휴식, 사교활동을 즐기는 여성이라는 기존 연구 결과와도 어느 정도 부합한다.

여가 활동은 삶의 질에 긍정적인 역할을 할 것이라는 기대와는 달리 모든 여가활동이 스트레스를 풀어주는 것은 아니었다. 연구진은 남녀·유형·스트레스별 조사 결과를 서열로 짓분석(Ordered Logit Model) 모델에 대입한 결과 남성의 경우 다양한 여가활동 중에서 운동만이 스트레스에 통계적으로 유의미한 영향을 주는 것으로 나타났다고 밝혔다. 즉 남성들이 느끼는 일상 스트레스는 오로지 운동으로만 해소될 수 있다는 것이다. 더불어 여성의 쇼핑과 전화 수다는 그 빈도가 늘수록 오히려 스트레스를 심화시키는 것으로 조사됐다. 반면 남성과 마찬가지로 운동은 여성에게도 스트레스 해소에 도움이 되는 것으로 나타났다.

연구진은 "특정 여가활동은 일상의 '일'들과 구분이 불분명해 즐거움이 목적이라기보다는 어떤 의무 속에서 이뤄지는 것으로 볼 수 있다"면서 "여성의 참다운 여가활동에 장애가 되는 사회학적 요인을 규명하는 게 필요하다"고 말했다.

〈출처 : 세계일보, 2008년 5월 22일자〉

허은정(2006)은 울산에 거주하는 성인 남녀를 대상으로 레저지출과 레저활동 참여도의 수준을 파악하고 관련 요인들의 영향력을 분석하였다. 최종 415부의 질문지를 사용하여 자료를 분석하였다. 성인 소비자들은 레저지출에 있어서는 능동적 레저에 더 많이 지출한 반면, 레저활동 참여도의 경우 수동적 레저활동에 더 참여하는 것으로 나타났다.

레저지출 및 레저활동 참여도에 대한 독립변수의 영향력은 두 가지 레저유형에 따라 상이한 차이를 나타내었다. 능동적 레저지출에 있어서 월평균 용돈이 증가할수록, 주거형태가 자가인 경우, 레저에 대한 태도가 호의적일수록, 자신이 건강하다고 인지할수록 능동적 레저에 더 많이 지출하였다. 수동적 레저지출의 경우, 연령이 적을수록, 남성이, 월평균 용돈이 증가할수록, 레저계획 수립이 소극적일수록, 자아존중감이 높을수록, 인간관계에 덜 만족할수록 수동적 레저에 더 많이 지출하였다.

능동적 레저활동 참여도에 있어서, 남성이, 종교가 없는 집단이, 월평균 용돈이 증가할수록, 재정만족도가 높을수록, 레저에 대한 태도가 호의적일수록, 레저계획 수립이 적극적일수록 능동적 레저활동에 더 참여하였다. 수동적 레저활동 참여도는 교육수준이 대졸이상인 집단이, 재정만족도가 증가할수록, 인간관계에 덜 만족할수록 수동적 레저활동에 더 참여하였다.

2) 여가동기와 여가제약

정광현·이재형(2003)은 부산 및 경남, 경주 지역에 있는 여가관련 대학 동아리 회원들과 스포츠센터 이용자들을 대상으로 라이프스타일에 따른 여가동기와 여가생활 만족에 관한 관계를 조사하였다. 여가동기 중에서 개인의 발전에 영향을 미치는 라이프스타일 유형은 성취 추구형, 지식 추구형, 만족 추구형, 안전 추구형, 건강 추구형 등으로 나타났고, 자아발견에 영향을 미치는 변수로는 과시형, 건강 추구형, 지식 추구형으로 나타났다. 치유/건강의 목적에 영향을 미치는 변수로는 안전 추구형과 만족추구형, 과시형으로 나타났고, 사회성에 영향을 미치는 변수로는 만족 추구형과 안전 추구형, 성취 추구형, 과시형, 지식 추구형 등으로 나타났다. 라이프스타일 유형에 따른 여가생활 만족은 안전 추구형과 만족 추구형, 건강 추구형, 성취 추구형, 지식 추구형, 과시형 등이 유의한 영향을 받는 것으로 나타났다. 여가동기에 따른 여가생활 만족은 사회성, 치유/건강의 목적, 개인의 발전, 자아발견 등이 유의한 영향을 미치는 것으로 나타났다.

이은희·민현선(2004)은 서울시 소재의 중고등학교에 재학 중인 남녀 학생을 대상으로 청소년의 여가활동 동기와 여가기능도를 분석하였다. 여가동기는 '자기계발 동기', '사회성훈련동기', '휴식 동기' 및 '유희 동기'의 네 개 하위차원으로 구분되었다. 청소년들은 휴식 동기(평균 4.12점)를 가장 강하게 가지고 있었고, 다음으로는 유희 동기(평균 3.67점), 자기계발 동기(평균 3.58점), 그리고 사회성훈련 동기(평균 3.35점)가 가장 낮은 것으로 나타났다. 네 가지 동기 모두 성별에 따른 차이는 없었으며, 또한 네 가지 영역 모두에서 중학생에 비해 고등학생의 동기가 더 강한 것으로 나타났다.

청소년의 여가기능도는 '여가조절능력', '여가향유능력' 및 '자기확신 능력'으로 나뉘어졌다. 여가향유능력은 여학생에 비해 남학생이 뛰어났으며 자기확신능력 면에서는 중학생에 비해 고등학생이 뛰어났고, 나머지 영역에서는 유의한 차이가 없는 것으로 나타났다. 성별, 여가태도, 자기계발동기, 사회성훈련동기 및 휴식동기가 전반적인 여가기능도에 영향을 미치는 주요 변수로 나타났다. 여학생에 비해 남학생의 여가기능도가 높고, 여가태도가 긍정적일수록, 자기계발동기가 높을수록, 사회성훈련동기가 높을수록, 그리고 휴식동기가 높을수록 여가동기가 높았으며, 이들 변수들이 여가기능도의 41%를 설명하고 있었다. 또한 여가기능도의 각 하위차원별로는 영향을 미치는 변수에 차이가 있었는데, 여가태도는 세 차원 모두에서 영향을 미치는 주요한 변수였던 반면 여가동기에 있어서는 각기 다른 결과를 보였다. 여가조절능력에서는 사회성훈련동기가 영향을 미치는 변수로 작용했던 반면, 여가향유능력에 대해서는 휴식동기와 사회성훈련동기가, 그리고 자기확신 능력에서는 자기계발동기가 영향을 미치는 주요 변수로 작용했다.

윤소영·차경욱(2004)은 서울 및 경기 수도권 지역에 거주하는 남녀를 대상으로 여가인식, 활동유형 및 여가제약을 청소년세대, 부모세대 및 노인세대로 구분하여 비교하였다. 여가인식은 스트레스해소형, 자아실현형, 가족활동형, 잔여시간간주형으로 유형화되었다. 청소년 세대는 부모나 노인세대에 비해 여가를 스트레스 해소의 수단으로 여기거나, 혹은 단지 잔여시간으로 인지하는 경향이 유의하게 높았다. 부모나 노인세대는 청소년 세대에 비해 여가의 가족활동성을 중요시하는 것으로 나타났다.

여가활동 유형을 세대별로 비교한 결과 청소년 세대는 부모나 노인세대에 비해 다양한 여가활동 영역에서 높은 참여도를 보여주었다. 노인세대는 일반적으로 자유재량 시간이 많기 때문에 강습형스포츠나 여행과 같은 여가활동, 그리고 종교활동 및 사회봉사활동에 적극적으로 참여하는 것으로 보인다. 부모세대는 청소년이나 노인세대에 비해 상대적으로 적극적으로 참여하는 여가활동이 적었으며, 소극적 여가활동이나 가족중심의 여가활동에 참여하는 빈도가 높았다.

선호하고 있지만 참여하지 못하는 여가활동을 살펴보면, 청소년과 부모 세대에서는 여행(해외여행 포함)이 가장 많은 빈도를 차지했고, 노인세대는 스포츠 활동을 가장 많이 희망하는 것으로 나타났다. 그리고 개인적 제약요인은 세대간에 유의한 차이를 나타내지 않은 것에 반하여, 대인적 제약요인과 구조적 제약요인은 청소년세대가 부모나 노인세대보다 유의하게 큰 값을 보여주었다. 그리고 구조적 제약 역시 청소년세대에서 더 크게 나타났다.

이유리·박미석(2006)은 서울시에 신고된 무료양로시설 4개 기관에 거주하는 노인을 대상으로 생태학적 이론과 자기결정성 이론에 근거해 여가제약, 여가동기 및 여가참여의 인과모형을 검증하였다. 구조적 여가제약과 대인적 여가제약은 개인내적 여가제약에 각각 직접적으로 정적인 영향을 미치고, 구조적 여가제약, 대인적 여가제약, 개인내적 여가제약은 각각 여가동기에 직접적으로 부적인 영향을 미치는 것으로 나타났다. 여가동기는 여가참여에 정적인 영향을 미치는 것으로 나타났다.

김지영·이철원(2009)은 여가체험의 내재적 동기에서 최적각성 추구 뿐 아니라, 이완 추구의 각성을 추구하는 것이 동시에 포함되어야 한다는 이론적 전제에 기초하여 여성들의 신체적 여가행동을 결정짓는 여가동기에 관한 역동적 구조를 제시하였다. 두 가지 각성추구의 맥락을 고려하여 다음과 같은 네 가지의 여가동기 추동을 발견할 수 있었다. 첫 번째, 대인교류욕구, 일상탈출욕구, 인지욕구 등이 포함된 상태로 최적각성추구와 이완추구가 동시에 높은 경우이다. 두 번째, 자극추구욕구, 도전성취욕구, 자기향상욕구의 성향으로 최적각성추구만이 높은 경우이다. 세 번째, 이완추구만이 강한 경우로 이는 신체적 여가활동에 참여하는 욕구에서 대인적 편안함, 대인적인 관계를 형성하지 않는 경우와 기존의 관계를 유지하는 것 등을 모두 포함하는 소극적인 형태로 제시된다. 네 번째, 최적각성추구와 이완추구 모두 현저히 낮은 경우로 이는 여가행동이 촉발될 수 있는 동기가 형성되기 힘든 상황이라고 할 수 있다. 또한 신체적 여가활동 체험에서 중심속성과 주변속성에 대한 여성 집단 내 연령간의 차별화된 성향이 도출되었다. 이는 여가의 동기가 성별의 문제 뿐 아니라 연령에 따라 다른 동기속성을 가질 수 있으며 그 관계 안에서 차별적인 체험 성향이 나타난다는 것으로 이해되어질 수 있다.

3) 여가활동 참여, 여가만족도 및 생활만족도

홍성희(1996)는 대구시에 거주하는 주부들을 대상으로 가족여가활동 참여도와 생활만족도에 영향을 미치는 요인을 분석하고, 가족여가활동 참여도의 생활만족도에 대한 기여도를 규명하였다. 주부들이 가족여가에 참여하는 동기는 변화지향적 동기, 가족중심적 동기, 휴식적 동기, 모방적 동기로 유형화되었으며, 가족중심적 동기의 수준이 가장 높고 모방적 동기의 수준이 가장 낮았다. 가족여가활동 참여도는 여가동기유형, 여가자원, 여가자원 적정도에 따라 차이가 있었다. 즉 변화지향적, 가족중심적 및 휴식적 동기를 많이 가질수록, 그리고 모방적 동기가 중간정도인 집단에서 참여도가 높았다. 또 여가자원을 많이 갖고 있는 집단일수록, 그리고 여가자원에 대한 적정도가 높은 집단일수록 참여도가 뚜렷이 높아졌다.

가족여가활동 참여도에 영향을 미치는 변수들 중 변화지향적 동기와 가족중심적 동기, 여가공간, 여가시간·여가비용·여가공간에 대한 적정도는 독립적인 영향력을 갖는 것으로 나타났다. 여가동기 중 변화지향적 동기, 가족중심적 동기, 휴식적 동기가 높은 집단일수록, 여가시간 및 비용, 그리고 여가공간 등 여가자원이 많은 집단일수록, 또 여가자원에 대한 적정도가 높은 집단일수록, 가족여가활동 참여도가 높은 집단일수록 생활만족도가 높은 경향을 보였다. 생활만족도에 독립적인 영향을 미치는 변수는 가족중심적 여가동기, 여가공간, 여가비용 및 여가공간에 대한 적정도, 가족여가활동 참여도로 나타났다.

김애련·한내창(1997)은 전라북도에 거주하는 50세 이상의 남녀를 대상으로 노인들의 여가 유형을 여가활동유형과 여가활동이 노인들의 삶에 미치는 효과를 검증하였다. 10가지 유형(교양활동/집안일/가족중심활동/정서활동/취미활동/관람·청취/종교활동/휴식/어울려 놀기/부업)의 여가활동 유형을 도출하였는데, 각 유형의 실제적인 활동 빈도는 상대적으로 매우 낮았다. 10개의 여가 유형 중 어느 것도 개인들의 생애만족도에 유의한 영향을 미치지 않았고, 자녀와의 관계, 건강상태 그리고 지각된 경제수준 만이 생애 만족도에 유의한 영향을 미쳤다.

김순미·홍성희(1996)는 가계의 여가비 지출과 여가만족도 및 생활만족도에 미치는 영향 요인을 규명하고, 여가비 지출과 여가만족도 및 생활만족도의 인과관계를 검증하였다. 가계의 여가비 지출모형에서 남편관련변수와 부인관련변수를 각각 통제하여 분석했을 때 거주지역, 주택유형, 6세 이하의 자녀수, 주택가격, 남편과 부인의 교육수준, 여가태도 등이 공통변수로 나타났다. 남편의 여가만족도에 유의한 영향을 미치는 변수는 주택소유형태, 주택유형, 자동차 소유여부, 저축액, 교육수준, 경제전망, 여가태도, 여가비였으며, 부인의 여가만족도에는 주택소유형태, 자동차 소유여부와 경제전망이 유의한 영향을 미쳤다.

남편의 생활만족도에는 자동차 소유여부, 부채액, 직업, 경제전망, 여가비, 여가만족도가 부인의 생활만족도에는 가족수, 6세 이하의 자녀수, 여가비, 여가만족도의 변수가 영향을 미쳤다. 남편의 경로모형에 있어서 가계의 여가비 지출이 여가만족도를 매개로 하여 생활만족도에 영향을 미쳤으나 여가비 지출이 생활만족도에는 유의한 직접효과를 나타내지 않았다. 반면에 부인의 경로모형에서는 여가비 지출이 생활만족도에 영향을 미쳤으나 여가만족도를 매개로 한 효과는 나타나지 않았다.

홍성희(1998)는 서울, 대전, 전주, 대구지역에 거주하는 55세 이상의 노인을 대상으로 여가활동의 수준을 파악하고 여가활동참여를 통해 얻는 만족의 수준을 평가하며, 여가참여도 및 여가만족도가 노인의 생활만족도 증진에 미치는 영향을 분석하였다. 기여하는 정도를 입증하는 것을 목적으로 하였다. 노인들은 TV시청 및 라디오 청취를 비롯하여 휴식, 신문잡지보기 등 정적이고 소일적인 여가활동에 주로 참여하는 한편 노인학교나 사회봉사활동에 대한 참여도는 현저히 낮았다. 노인들의 여가활동 참여도는 연령이 적을수록, 교육수준이 높을수록, 건강상태가 보통 이상인 집단에서, 서울에 거주할 때, 월평균총소득, 생활비, 총자산, 용돈이 많을수록, 가족관계만족도와 자아존중감이 높을수록, 내적 통제의 성향을 가질 때, 여가태도가 보통 이상으로 적극적일 때, 여가계획을 많이 수립할수록 높은 것으로 나타났다.

노인의 생활만족도에는 건강상태, 가족관계만족도, 자아존중감, 내외통제성, 여가활동참여도, 여가만족도가 독립적인 영향을 미치는 것으로 나타났다. 생활만족도에 대한 경로모형에서 노인의 건강상태, 총자산, 가족관계만족도, 자아존중감, 내외통제성, 여가활동참여도, 여가만족도는 생활만족도에 직접적인 효과를 미치며 건강상태, 가족관계만족도, 자아존중감은 여가활동참여도를 매개로 하는 간접효과를 총자산, 자아존중감, 여가활동참여도는 여가만족도를 매개로 한 간접효과를 갖는 것으로 나타났다.

이정연·심미영·김영숙(1997)은 부산시에 거주하는 주부를 대상으로 여가활동유형을 분류하고, 인구사회·경제적 변인에 따라 여가활동참여도, 여가시간, 여가비용, 여가생활 만족도를 분석하였고, 여가활동 만족도에 영향을 미치는 인구사회·경제적 변인, 여가활동 참여도, 여가시간, 여가비용의 인과적 관계를 규명하였다. 신체적 여가활동 참여의 경우 주부연령은 30대집단, 가족수는 3인·4인, 막내자녀연령은 6세 이하, 남편직업은 행정 및 관리직, 비취업주부, 고졸이하 학력, 집합주택, 소득이 높을수록 유의하게 나타났다.

자녀 중심적 활동에서는 30대 집단, 3명 이하 가족수, 막내자녀 연령 6세 이하, 행정·관리직, 전문대졸이상 학력, 집합주택, 소득이 높을수록 유의하게 나타났다. 사교적 활동에서는 비취업주부에서 유의하게 나타났으며, 자기개발적 활동에서는 전문기술직 업종에서, 전문대 이상 졸업집단, 집합주택, 소득이 높을수록 유의하게 나타났다. 휴향적 활동에서는 40대 집단, 막내자녀 연령은 13-18세에서, 고졸 이하 학력집단에서 유의하게 나타났고, 가정지향적 활동에서는 비취업주부일 때 유의하게 나타났으며, 시간소일적 활동에서는 30대 주부집단, 가족수가 4인인 집단, 6세 이하의 막내자녀 연령, 판매직업, 비취업주부, 전문대졸 이상, 집합주택일 경우에서 유의하게 나타났다.

여가시간은 막내자녀 연령이 13-18세, 남편의 직업이 서비스직, 비취업주부, 주부의 교육수준이 고졸 이하 집단, 소득이 많을수록 유의하게 나타났다. 여가비용은 30대 집단, 3명 이하 가족수, 막내자녀 연령 6세 이하, 행정 및 관리직, 전문대 이상, 소득이 500만원 이상인 집단, 집합주택일 때 유의하였다. 여가생활 만족도는 주부의 취업 유, 무에 따라서만 유의하게 나타났다.

신체적 활동은 주부가 취업할 경우, 소득이 많을수록 높았으며, 남편직업에서 생산장비직은 부적 효과를 나타내어 기타 및 무직자에 비하여 신체적 활동의 참여도는 낮게 나타났다. 자녀중심적 활동에서는 주부의 연령이 어릴수록, 주부가 취업할 경우에 높게 나타난 반면 남편직업이 생산장비직은 부적효과를 나타내어 기타 및 무직자에 비하여 신체적활동의 참여도는 낮게 나타났다.

사교적 활동에서는 주부의 연령이 높을수록 영향력이 높고, 자기개발적 활동에서는 소득이 높을수록, 막내자녀의 연령이 많을수록 영향력이 높게 나타났다. 휴향적 활동에서는 주부가 취업할수록, 막내자녀의 연령이 높을수록, 남편의 직업이 생산장비직일수록 영향력이 높았다. 종교사회적 활동에서는 막내자녀 연령이 많을수록, 자녀수가 적을수록 영향력이 높게 나타나고, 가정지향적 활동에서는 취업주부일수록, 시간소일적 활동은 주부의 연령이 낮을수록, 남편의 학력이 높을수록 영향력이 높게 나타났다.

여가시간은 휴향적 활동에 참여할수록, 비취업주부일수록, 남편직업이 서비스직일수록 여가시간은 높게 나타났다. 여가비용은 소득이 높을수록, 여가시간이 많을수록, 자기개발적 활동에 참여할수록, 자녀중심적 활동에 참여할수록, 남편직업이 행정·관리직일수록 여가비용은 높게 나타났다. 여가생활 만족도는 여가비용이 많을수록, 자기개발적 활동에 참여할수록, 비취업주부일수록, 소득이 높을수록 여가생활만족도는 높게 나타났다. 특히 여가시간의 경우 여가생활만족도에 직접적 영향은 없지만 여가비용을 경유하여 간접적인 영향을 미치는 것으로 나타났다.

김성연·박미석(2000)은 교환자원이론에 입각하여 여러 가지 여가자원변수들이 노인의 여가활동참여 정도에 어떠한 영향을 미치는지 살펴보았다. 동시에 여가욕구수준의 향상과 여가생활만족도에 각각 어떠한 영향을 미치는지 알아보았다.

사회인구학적 변수보다는 여가자원 변수가 노인의 여가활동정도와 여가욕구수준 및 여가생활 만족도에 더 큰 영향을 미치는 것으로 나타나 교환자원 이론을 실증적으로 뒷받침해 주었다. 또한 여가생활만족도에 가장 큰 영향을 미치는 중요한 변인으로는 여가욕구수준이었다.

여가활동정도를 유형별로 살펴본 결과 가장 많은 참여를 보인 것이 소일활동이었으며, 다음으로 가족중심활동, 종교 및 사회참여활동 등이었다. 그리고 여가욕구수준에 영향을 미치는 여가활동으로는 자기개발활동과 스포츠 및 건강활동으로 나타났다. 한편 종교 및 사회참여활동을 많이 하는 노인일수록 여가생활만족도가 높게 나타났다.

박미석(2002)은 서울시에 거주하는 60세 이상의 남녀노인을 대상으로 현대 노인의 삶의 질에 여가생활이 중요한 영향을 미칠 것이라는 가정 하에 기존의 이론들을 고찰하여 삶의 질에 대한 여가자원 및 건강인지, 여가태도, 여가만족의 체계적인 인과모형을 검증하였다. 한 결과 총 여가비용, 여가시간, 여가시설이 많을수록 여가만족도는 증가하는 것으로 나타났고, 건강인지수준이 여가만족도에 영향을 미쳤고, 여가태도가 적극적일수록 여가만족도가 증가하였다.

김영숙(2004)은 부산시에 거주하는 성인소비자를 대상으로 성별에 따른 여가생활의 차이와 여가생활만족도를 분석하였다. 여가생활의 참여정도는 기타 여가생활(가족과의 여가, 쇼핑 등), 자기개발, 관람활동, 스포츠활동, 여행의 순으로 많이 참여하는 것으로 나타났다. 여가생활의 참여시간은 기타 여가생활 참여시간이 다른 여가활동 시간에 비해 가장 많은 것으로 나타났다. 여가생활의 참여비용은 여행, 기타 여가생활(가족과의 여가, 쇼핑 등), 자기개발, 관람활동, 스포츠활동의 순으로 비용을 많이 지출하는 것으로 나타났다.

성별에 따른 여가생활의 차이를 살펴본 결과 참여 정도나 참여시간, 참여비용에서 유의한 차이를 보였다. 즉 참여정도에서 남성보다는 여성이 관람활동과 여행관련 참여정도가 높았으며, 참여시간에서는 관람활동은 남성이, 자기개발 참여시간은 여성이 많은 것으로 나타났다. 참여비용에서는 여행참여비용이 남성보다 여성이 많았다. 전체 여가생활 만족도는 성별에 따라 차이를 보이지 않았으나 여성이 남성보다는 알찬 여가시간정도에 대한 만족도가 높게 나타났다.

4) 여가시간

이현아 등(1999)은 부부의 여가시간, 여가비용, 여가만족도를 분석하였다. 부부의 여가만족도에 대한 영향요인분석을 종합해보면, 여가시간과 여가비용이 가장 영향력 있는 변수로 나타났다. 즉 여가시간이 길수록, 여가비용이 많을수록 여가만족도가 높아지는 것이다. 남편의 경우 특징적인 것은 부인의 취업여부가 여가시간이라는 객관적 조건 이외에 여가만족도에 상당한 영향을 미치는 것으로 나타났다. 한편 부인은 남편과 달리 개인여가비용이 여가만족도에 영향을 주는 주요 요인으로 나타났다.

이은희·민현선(2004)은 중고등학교 청소년의 여가활동 참여의 전반적 경향 및 이들이 인식하는 여가장애와 여가만족에 대해 살펴보고, 여가장애가 여가활동 참여나 여가만족에 어떠한 영향을 미치는지를 살펴보았다. 청소년의 평일 하루 여가시간은 성별 및 학년에 따라 차이가 있었다. 또한 가장 많은 여가시간을 보내는 활동은 TV시청이었고 다음이 컴퓨터 관련활동으로 타인과의 접촉이 있거나 보다 동적인 여가활동에 보내는 시간보다는 제한된 공간에서 혼자 할 수 있는 정적인 활동에 많은 시간을 보내고 있었다. 이러한 여가활동 내용별 활동시간은 학년별 차이보다는 남녀간 차이가 두드려졌다.

청소년들이 경험하는 여가장애를 사회경제적 제약, 심리적 제약 및 상황적 제약으로 분류하여 조사한 결과 청소년들이 가장 심각하게 느끼는 장애는 상황적 제약이었다. 남학생에 비해 여학생이, 그리고 중학생에 비해 고등학생이 여가장애를 더욱 심각하게 느끼고 있었고, 특히 상황적 제약에 있어 여학생이 더 많은 장애를 느끼고 있었다. 청소년들의 여가활동 만족도가 어떤 유형으로 분류되는지를 살펴본 결과, 여가만족도는 여가활동만족, 여가여건 만족 및 여가의미 만족의 세 개 요인으로 구분되었다. 이 세 요인 중 청소년들의 만족도 수준이 가장 높은 것은 여가의미 만족도인 반면, 여가여건 만족도가 가장 낮은 것으로 나타났다.

이준민·신화경(2005)은 수도권에 거주하는 40·50대 중년 남녀를 대상으로 여가의식, 여가활동 특성 및 여가 만족도를 조사하였다. 대부분의 조사대상자는 여가활동의 필요성을 인식하는 것으로 나타났으며 정신적·심리적 안정과, 생활의욕과 교양의 향상 및 신체적 건강을 위해 여가활동이 필요한 것으로 인식하였다. 또한 새로운 경험의 기회 제공을 위해 여가활동이 필요한 것으로 인식하였다. 여가시간은 현재 주중에 평균 2.8시간, 주말에 3.4시간을 여가활동에 할애하고 있으며, 주로 저녁시간이나 정해진 시간이 없이 수시로 여가시간이 날 때 여가활동을 하는 것으로 나타났다. 또한 근미래에는 현재보다 여가시간이 늘어날 것으로 예상하였다.

여가비용은 현재 월평균 5-10만원 정도를 사용한다는 비율이 가장 많았으나 근미래에는 10만원 이상으로 증가할 것이라고 예상하는 것으로 나타났다. 또한 여가를 함께하는 동반자로는 현재는 배우자와 함께 하는 비율이 가장 높았고, 그 다음이 혼자서 여가활동을 하는 것으로 나타났다. 그러나 근미래에는 혼자서 여가활동을 하겠다는 비율이 큰 폭으로 감소한 반면에 배우자나 자녀와 함께 여가활동을 하고자 하는 비율은 상대적으로 증가하였다.

현재 하고 있는 여가활동은 수동적이며 소극적인 여가가 많았으나 근미래에는 현재 주로 하고 있는 여가활동이 줄어드는 반면에 능동적이며 적극적인 여가활동에 대한 선호 비율이 늘어나는 것으로 나타났다. 현재의 여가활동은 집에서 하는 수동적인 여가활동이 대부분을 차지했으며, 일부 지역구외에서의 여가활동이 나타나고 있으나 선호하는 근미래의 여가활동은 집이외의 동네/단지내에서의 여가활동 특성을 보이는 것으로 나타났다. 현재 여가활동에 대한 만족도는 보통 이하로 낮은 편이었으며 시간적 여유나 경제적 여유가 없거나 혹은 여가를 즐길만한 마음의 여유가 없어서, 시설이 부족해서, 적절한 프로그램이 없어서 등이 현재 여가의 불만족요인으로 나타났다.

5) 여가정책 요구

임형중(2005)은 여성노인의 성공적 노화를 위한 여가활동의 효과를 밝혔다. 여가활동에 참여하고 있는 여성 노인들의 정서요인 즉 무력감, 우울감 그리고 고독감은 여가만족에 영향을 주는 요인이며, 이러한 여가만족은 다시 생활만족에 영향을 주는 관계 모형이 입증되었다. 여가에 적극적으로 참여하는 여성 노인 참여자들의 인터뷰 내용을 분석한 결과 연구 참여자들은 여가에 참여하고 있다는 것에 대하여 매우 만족감을 느끼고 있으며, 생활의 일부이자 여가활동을 통하여 다양한 삶의 의미를 찾으려 하고 있었다. 한편 각기 다른 성공적 노화를 위한 준비를 해 왔으며 그 내용은 강한 정신력 함양, 밝고 도전적인 성격, 노후 경제능력, 직장생활 경험, 바쁜 하루 일과 등이 도움이 된 것으로 파악되었다. 그러나 그들 또한 미리 준비하지 못한 부분에 대한 아쉬움을 가지고 있었다. 여가정책과 관련해서는 노인정 설립, 노인이 되기 전 건강관리에 대한 중요성 홍보 및 예방 시스템, 주거지역 근린공원 설립, 노인들을 위한 문맹탈출 프로그램 가동을 요구하고 있었다.

제 9 장

울산여성의 여가활동

1. 여가활동 참여

여가활동 참여에 관한 연구들을 고찰한 결과 연구자들은 연구대상과 연구의 목적에 따라 여가활동을 다양하게 분류하고 있었다. 주부를 대상으로 연구한 이정연·심미영·김영숙(1997)의 연구에서는 여가생활을 신체적 활동, 자녀중심적 활동, 사교적 활동, 자기개발적 활동, 휴양적 활동, 종교사회적 활동, 가정지향적 활동, 시간소일적 활동으로 분류한 반면, 홍성희(1996)는 주부를 포함한 2인 이상의 가족이 공동으로 참여하는데 적합한 가족여가활동을 18개로 분류하여 조사하였다.

노인들을 대상으로 한 연구에서 김애련·한내창(1997)은 여가활동 36가지를 요인분석하여 10가지 유형(교양활동, 집안일, 가족중심활동, 정서활동, 취미활동, 관람 및 청취, 종교활동, 휴식, 어울려 놀기, 부업)으로 분류하였다. 홍성희(1998)는 노인의 여가활동 참여도를 19가지로 구분하여 살펴보았고, 박미석(2004)은 노인의 여가활동유형을 10가지 항목(감상 및 관람, TV시청, PC통신, 승부놀이, 창작적 취미활동, 스포츠 활동, 여행, 사교활동, 가족공유활동, 가사잡일)으로 구분하였다.

성인 소비자를 대상으로 연구한 허은정(2006)은 능동적 여가활동과 수동적 여가활동으로 분류하여 여가활동 참여도를 측정하였고, 또 다른 연구(허은정·윤정혜, 2007)에서는 성인들의 여가활동을 운동/스포츠, 여행/관광/나들이, 문화생활/경기장

입장, 독서, TV/비디오/컴퓨터, 기타 취미생활로 분류하여 측정하기도 하였다. 지역사회의 여가활동 참여 측정치로 개인의 참여율, 각종 단체의 회원 수와 출석기록, 여가시설의 수 등을 측정한다. 이 방법은 실제 활동 참여를 과소평가한다는 지적도 있으나, 실외 레크리에이션과 생활의 질 연구에서 여가의 척도로 사용되고 있다(서정희 · 허은정 · 복미정, 2010).

1) 여가활동의 종류

(1) 현재 참여하고 있는 여가활동의 종류

현재 참여하고 있는 여가활동의 종류를 평일과 주말 · 휴일로 구분하여 조사한 결과가 <표 9-1>에 제시되어 있다. 울산 여성들은 평일에는 TV 보기를, 주말 · 휴일에는 가족과 대화/외식을 가장 많이 하는 것으로 나타났다.

평일에 주로 수행하는 여가활동으로는 TV 보기가 17.4%로 가장 많고, 집에서 쉰다/낮잠 13.9%, 스포츠 활동 9.2%, 쇼핑 5.9%, 산책 5.6%, 신문 · 잡지 보기와 동호회, 모임, 친구 만나기가 각각 5.4%, 인터넷, 게임 5.0%의 순이었다. 주말 · 휴일에는 가족과 대화/외식이 13.5%로 가장 많고, 그 다음 TV 보기 11.5%, 집에서 쉰다/낮잠 11.3%, 산책 10.0%, 쇼핑 9.2%, 여행 8.2%, 찜질방, 사우나 7.4%의 순으로 나타났다.

〈표 9-1〉 현재 참여하고 있는 여가활동의 종류

빈도(%)

여가종류	평일	주말·휴일
스포츠 활동	154(9.2)	66(3.8)
스포츠 관람	22(1.3)	25(1.4)
공연, 전시회, 영화관람 등	23(1.4)	50(2.9)
그림, 서예, 사진, 연주 등 직접활동	21(1.2)	6(0.3)
종교 활동	43(2.6)	70(4.0)
집에서 쉰다 / 낮잠	233(13.9)	198(11.3)
음악감상	59(3.5)	6(0.3)
라디오 듣기	81(4.8)	10(0.6)
TV 보기	293(17.4)	201(11.5)
비디오/ DVD 보기	22(1.3)	27(1.5)
독서	83(4.9)	24(1.4)
신문·잡지 보기	90(5.4)	25(1.4)
학습(문화센터 강습 포함)	57(3.4)	7(0.4)

여가종류	평일	주말·휴일
인터넷, 게임	84(5.0)	35(2.0)
음주(유흥업소 이용 등)	8(0.5)	25(1.4)
노래방, 게임방, 전자오락실	5(0.3)	9(0.5)
오락·잡기(고스톱, 포커, 바둑 등)	16(1.0)	10(0.6)
동호회, 모임, 친구 만나기	90(5.4)	106(6.1)
산책	95(5.6)	174(10.0)
여행	9(0.5)	144(8.2)
가족과 대화/ 외식	46(2.7)	236(13.5)
쇼핑	100(5.9)	161(9.2)
찜질방, 사우나	46(2.7)	129(7.4)
기타	2(0.1)	4(0.2)
계	1,682(100.0)	1,748(100.0)

* 복수응답을 허용하였음.

현재 참여하고 있는 여가활동을 <그림 9-1>에서와 같이 평일과 주말·휴일로 비교하면 평일에는 독서, 신문·잡지 보기, 학습, 인터넷, 게임과 같이 주로 집에서 할 수 있는 정적인 여가활동이 주말·휴일에 비해 높은 편이고, 주말·휴일에는 산책, 여행, 가족과 대화/외식, 쇼핑, 찜질방, 사우나 등 시간적 여유가 있고, 대부분 집밖에서 수행할 수 있는 여가활동을 더 많이 하는 편으로 나타났다.

〈그림 9-1〉 현재 참여하고 있는 여가활동

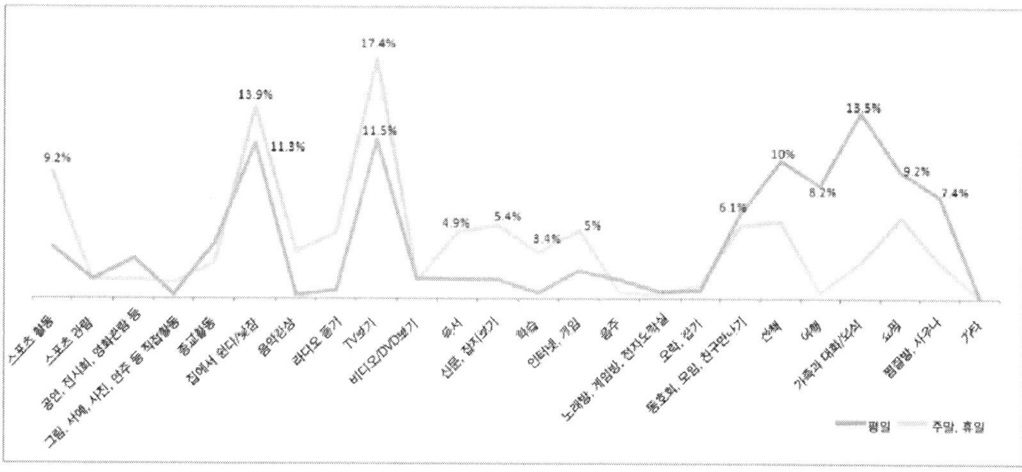

(2) 향후 참여하고 싶은 여가활동의 종류

향후 참여하고 싶은 여가활동의 종류를 평일과 주말·휴일로 구분하여 조사한 결과는 <표 3-4>에 제시되어 있다. 평일에 하고 싶은 여가활동으로는 공연, 전시회,

영화관람 등이 13.5%로 가장 많이 집계되었고, 다음으로 스포츠 활동 12.9%, 학습(문화센터 강습 포함) 10.9%, 동호회, 모임, 친구 만나기 9.0%, 여행 8.4%, 쇼핑 7.9%, 그림, 서예, 사진, 연주 등 직접 활동 6.8%였다. 주말·휴일에 하고 싶은 여가로는 여행이 20.0%로 가장 많았고, 가족과 대화/외식 12.9%, 공연, 전시회, 영화관람 등 11.4%, 쇼핑 8.9%, 동호회, 모임, 친구 만나기 7.3%, 찜질방, 사우나 7.1%, 스포츠 활동 6.9%의 순이었다.

〈표 9-2〉 향후 참여하고 싶은 여가활동의 종류

빈도(%)

여가종류	평일	주말·휴일
스포츠 활동	224(12.9)	117(6.9)
스포츠 관람	37(2.1)	53(3.1)
공연, 전시회, 영화관람 등	233(13.5)	193(11.4)
그림, 서예, 사진, 연주 등 직접활동	117(6.8)	41(2.4)
종교 활동	58(3.4)	62(3.6)
집에서 쉰다 / 낮잠	61(3.5)	54(3.2)
음악감상	24(1.4)	8(0.5)
라디오 듣기	14(0.8)	5(0.3)
TV 보기	26(1.5)	16(0.9)
비디오 / DVD 보기	16(0.9)	13(0.8)
독서	47(2.7)	21(1.2)
신문·잡지 보기	15(0.9)	10(0.6)
학습(문화센터 강습 포함)	188(10.9)	36(2.1)
인터넷, 게임	15(0.9)	9(0.5)
음주(유흥업소 이용 등)	10(0.6)	8(0.5)
노래방, 게임방, 전자오락실	8(0.5)	10(0.6)
오락·잡기(고스톱, 포커, 바둑 등)	5(0.3)	11(0.6)
동호회, 모임, 친구 만나기	156(9.0)	124(7.3)
산책	65(3.8)	73(4.3)
여행	146(8.4)	340(20.0)
가족과 대화/ 외식	67(3.9)	219(12.9)
쇼핑	136(7.9)	151(8.9)
찜질방, 사우나	62(3.6)	120(7.1)
기타	1(0.1)	5(0.3)
계	1,731(100.0)	1,699(100.0)

* 복수응답을 허용하였음.

〈그림 9-2〉 요일별 향후 참여하고 싶은 여가활동

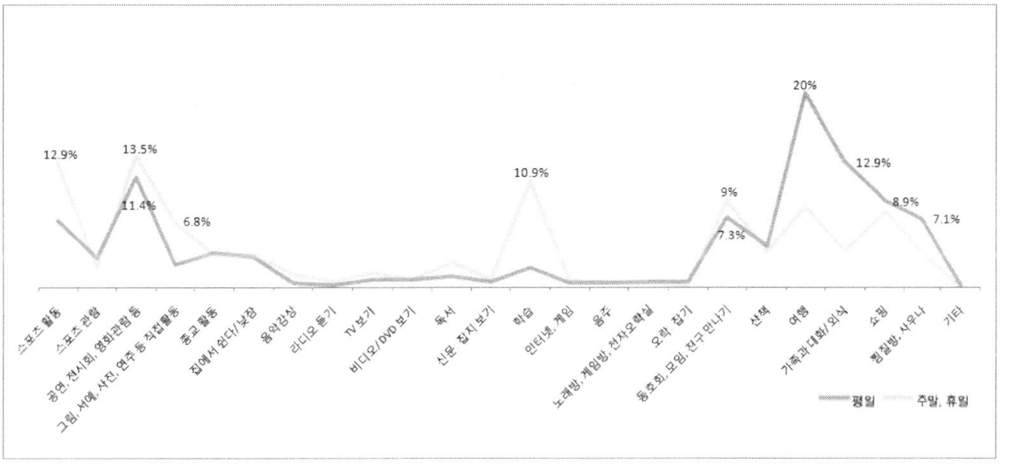

향후 참여하고 싶은 여가활동을 <그림 9-2>와 같이 평일과 주말·휴일로 비교하면 평일에는 공연, 전시회, 영화관람 등과 스포츠 활동, 문화센터 강습을 포함한 학습과 같이 도심 근거리에서 가능한 여가를, 주말·휴일에는 여행, 가족과 대화/외식, 공연, 전시회, 영화관람 등 도심을 벗어나서 즐길 수 있는 여가를 원하는 것으로 보인다.

여성의 경제력이 증가하면서 가부장적 부부관계에 존재하였던 권력관계가 퇴색되고 여성의 여가시간의 활용이 가능하게 되었다. 이러한 변화는 가족 구성원 모두가 진정한 구성원으로 가족생활에 동참할 수 있는 결정적 계기를 마련해 주었다. 즉 가족구성원의 권력관계가 민주적으로 변화되면서 가족중심의 여가활동이 가능하게 되었고(민웅기, 2006) 가족이 함께 하는 여가활동이 중요한 의미를 가지게 되었다. 가족이 함께 하는 여가활동은 가족의 해체가 가속화되고 있는 상황에서 가족의 결속을 다지고 가족 구성원들이 서로 이해의 폭을 넓힘으로써 생활의 질을 높이는데 기여할 수 있다.

(3) 가족과 함께하는 여가활동의 종류

가족과 함께하는 여가활동의 종류는 <표 9-3>과 <그림 9-3>에 제시되어 있다. 가장 많은 빈도를 보인 여가종류는 가족과 대화/외식으로 20.7%를 차지하였고, 다음으로는 여행 12.7%, TV 보기 10.8%, 산책 9.8%, 공연, 전시회, 영화관람 등 7.9%, 쇼핑 6.3%, 찜질방, 사우나 6.1%, 스포츠 활동 6.0%의 순으로 집계되었다.

이 외의 활동들은 모두 3% 미만으로 나타났다.

〈표 9-3〉 가족과 함께하는 여가활동의 종류

여가종류	빈도(%)
스포츠 활동	90(6.0)
스포츠 관람	35(2.3)
공연, 전시회, 영화관람 등	118(7.9)
그림, 서예, 사진, 연주 등 직접활동	11(0.7)
종교 활동	37(2.5)
집에서 쉰다 / 낮잠	35(2.3)
음악감상	16(1.1)
라디오 듣기	4(0.3)
TV 보기	162(10.8)
비디오/ DVD 보기	33(2.2)
독서	26(1.7)
신문·잡지 보기	17(1.1)
학습(문화센터 강습 포함)	14(0.9)
인터넷, 게임	12(0.8)
음주(유흥업소 이용 등)	6(0.4)
노래방, 게임방, 전자오락실	23(1.5)
오락·잡기(고스톱, 포커, 바둑 등)	7(0.5)
동호회, 모임, 친구 만나기	16(1.1)
산책	146(9.8)
여행	190(12.7)
가족과 대화 / 외식	310(20.7)
쇼핑	94(6.3)
찜질방, 사우나	92(6.1)
기타	2(0.1)
계	1,496(100.0)

* 복수응답을 허용하였음.

통계청의 '2009 사회조사보고서'에 의하면 울산여성들은 주말 혹은 휴일의 여가활동을 가족과 함께하는 비율이 높았다. 울산여성이 여가활동을 가족과 함께 보낸다는 응답비율은 67.6%로 다른 광역시에 비해 거의 10% 가량 높은 수치를 나타냈다. 울산여성의 주말 혹은 휴일의 여가활동은 다른 도시와 비슷해 TV시청 및 비디오시청이 가장 많았다. 특히 21%의 울산여성이 여가활동으로 '가사일'을 한다고 응답하는 것으로 나타나 여성들은 휴일에도 온전히 쉬지 못하고 가족을 위해 자신의 여가시간을 사용하고 있음을 알 수 있다(울산발전연구원 여성가족정책센터, 2010).

〈그림 9-3〉 가족과 함께하는 여가활동

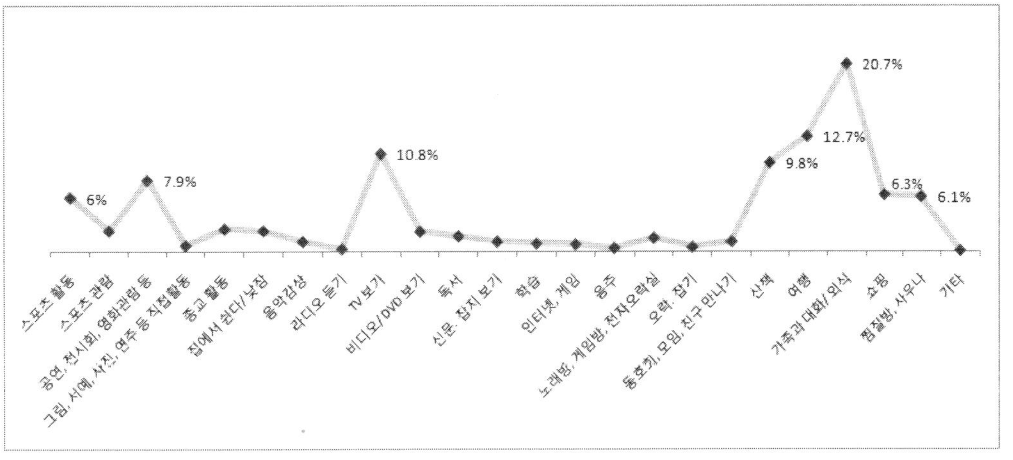

2) 여가생활을 위한 공공시설

〈표 9-4〉 공공시설 이용도와 희망하는 공공시설

여가종류	현재 이용하는 공공시설		이용하길 원하는 공공시설	
	빈도	%	빈도	%
근린공원/생활체육시설	387	25.5	277	18.1
구민(국민)체육센터	100	6.6	116	7.6
삼림욕장	100	6.6	193	12.6
식물원	116	7.6	181	11.8
종합사회복지관	114	7.5	124	8.1
문화예술회관	166	10.9	170	11.1
주민자치센터	156	10.3	127	8.3
공공도서관	135	8.9	118	7.7
공공박물관	61	4.0	136	8.9
고적지/전적지/성	93	6.1	86	5.6
기타	9	0.6	2	0.1
이용하지 않고 있다	81	5.3	-	-
계	1,518	100.0	1,530	100.0

* 복수응답을 허용하였음.

현재 여가생활을 하기 위하여 이용하고 있는 공공시설과 향후 울산생활권내에서 여가를 위해 이용하기를 원하는 공공시설을 조사한 결과는 <표 9-4>와 <그림 9-4>

에 제시되어 있다. 현재 가장 많이 이용하고 있는 공공시설은 근린공원/생활체육시설로 25.5%가 본 시설을 이용하고 있는 것으로 나타났고, 18.1%의 응답자는 앞으로도 여가생활을 위해 이용하길 원한다고 하였다. 근린공원/생활체육시설 다음으로 이용하고 있는 공공시설로는 문화예술회관 10.9%, 주민자치센터 10.3%, 공공도서관 8.9%, 식물원 7.6%, 종합사회복지관 7.5%의 순이었다. 여가생활을 위해 이용하길 원하는 공공시설 2순위는 삼림욕장으로 12.6%, 그 다음 식물원 11.8%, 문화예술회관 11.1%, 공공박물관 8.9%, 주민자치센터 8.3%였다.

〈그림 9-4〉 여가생활을 위한 공공시설 이용현황 및 희망하는 공공시설

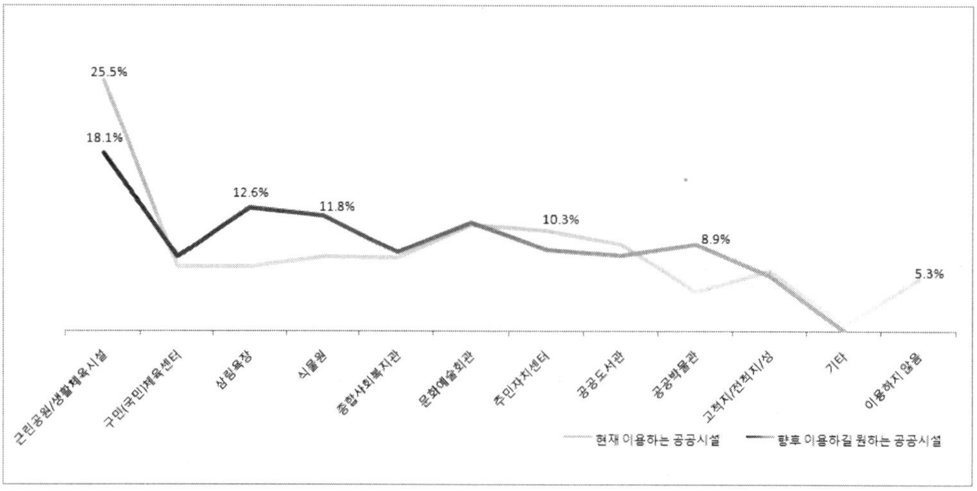

3) 여가시간

여가시간은 시간일지(time diary)나 시간예산(time budget) 방법을 사용하여 측정되고 있다. 응답자들에게 하루를 단기적으로 분할한 시간동안에 참여한 여가활동을 모두 기록하게 하여 집계하거나, 하루 또는 일주일 동안 특정 활동에 소비한 시간량을 추정하도록 하는 방법을 사용한다.

한국인의 생활시간을 파악하기 위해 통계청에서 5년마다 실시하는 "2009 생활시간조사"는 응답자가 10분 간격으로 직접 기입하는 시간일지 방법으로 측정되었다. 개인의 시간은 필수생활시간(수면, 식사, 목욕 등), 의무생활시간(일, 학습, 가정관리, 이동 등), 여가생활시간(참여 및 봉사활동, 교제 및 여가활동 등)으로 분류하고,

여가생활시간은 세부적으로 미디어이용, 교제, 종교/문화/스포츠, 취미 및 그 외 여가로 구분하여 측정되었다. 2009년 우리나라 성인은 하루 24시간 중 필수적인 활동에 10시간 53분, 의무적인 활동에는 7시간 56분, 여가활동에는 5시간 11분을 사용하는 것으로 나타났고, 특히 여가활동시간은 5년 전에 비해 11분 감소한 것으로 나타났다. 구체적으로 성인의 여가생활시간을 살펴보면, 하루 평균 1시간 59분을 TV를 시청하며 컴퓨터 사용시간은 13분이고, 교제에 47분을 사용하며, 종교/문화/스포츠에 46분을 사용하고, 독서에 7분, 그리고 추미 및 그 외 여가에 44분을 사용하는 것으로 나타났다. 성인 남자의 여가시간은 5시간 22분으로 여자의 여가시간(5시간)보다 22분 더 많았고, 평일보다는 휴일에 여가시간이 더 많은 것으로 조사되었다. 학생의 여가시간은 4시간 10분으로 2004년에 비해 29분 감소하였고, 고등학생이 3시간 10분으로 가정 적고, 중학생(4시간 1분), 초등학생(4시간 30분), 대학생(5시간 5분)의 순으로 많았다. 65세이상 노인의 여가시간은 7시간 12분으로 하루 24시간 중 30%를 차지하는데, 남자(7시간 48분)가 여자(6시간 47분)보다 1시간 1분 더 많은 것으로 나타났다. 노인들의 여가활동 중 TV시청(3시간 27분)을 가장 많이 하고, 걷기/산책 등이 포함된 스포츠에 47분, 놀이/유흥이 포함된 취미 및 그 외 여가에 56분을 사용하였다. 맞벌이 가구와 비맞벌이 가구의 여가시간을 비교해보면, 여가시간은 비맞벌이 가구 주부가 가장 많은 5시간 37분으로, 맞벌이 가구 주부(3시간 25분)보다 2시간 12분 더 많은 반면, 남편의 여가시간은 맞벌이 가구(4시간 14분)와 비맞벌이 가구(4시간 17분)간에 차이가 거의 없는 것으로 조사되었다.

한국문화관광정책연구원이 우리나라 국민들이 얼마나 문화적인 삶을 누리고 있는가를 파악하기 위해 ‘2006년 문화향수실태조사’를 실시하였다. 이에 의하면, 여가시간을 근로, 수면, 식사, 출퇴근, 학교생활, 가사를 제외한 시간으로 규정하고 측정하였는데, 평일의 여가시간은 ‘2시간~3시간미만’이라고 답한 의견이 33.8%로 가장 많았고 주말과 휴일의 여가시간은 ‘5시간 이상’이라고 답한 의견이 50.1%로 가장 많았다(서정희 등, 2010).

여가시간에 대한 평가와 평일, 주말·휴일에 희망하는 여가시간을 조사한 결과는 <그림 9-5>와 <그림 9-6>과 같다. 현재 자신의 여가시간이 충분하다고 생각하는지를 분석한 결과 40.4%의 응답자는 그저 그러하다, 부족 27.5%, 충분 20.2%, 매우 부족 9.2%, 매우 충분 2.7%로 나타났다.

희망하는 여가시간을 분석한 결과에서는 평일에는 평균 189분(3시간 15분), 주말·

휴일에는 평균 307분(5시간 12분)이었다. 실제 울산 여성은 여가시간으로 실제 268분(4시간 28분)을 소요하고 있는 것으로 나타났다.

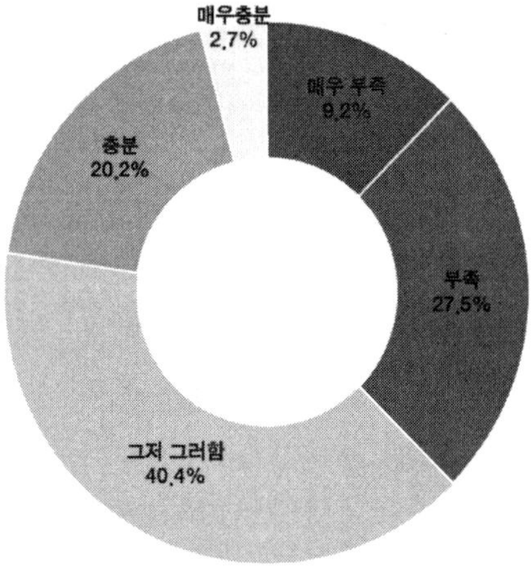

〈그림 9-5〉 현재의 여가시간에 대한 평가

구체적으로 55.2%의 응답자들이 평일 2-4시간이하의 여가시간을 가장 많이 원하고 있었고, 다음이 1-2시간 이하 30.4%, 4-6시간 이하 12.7%, 6시간 초과는 1.7%로 나타났다. 주말·휴일에는 4-6시간 이하가 42.6%로 가장 많았고, 2-4시간 이하 29.4%, 1-2시간 이하 10.2%, 6-8시간 이하 8.5%, 8-10시간 이하 5.4%, 10시간 초과 3.9%로 집계되었다.

〈그림 9-6〉 희망하는 여가시간(평일 / 주말·휴일)

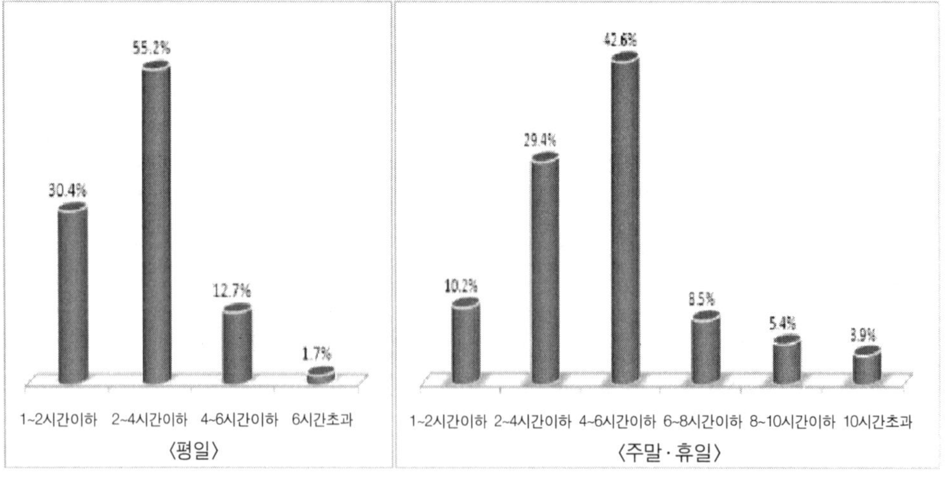

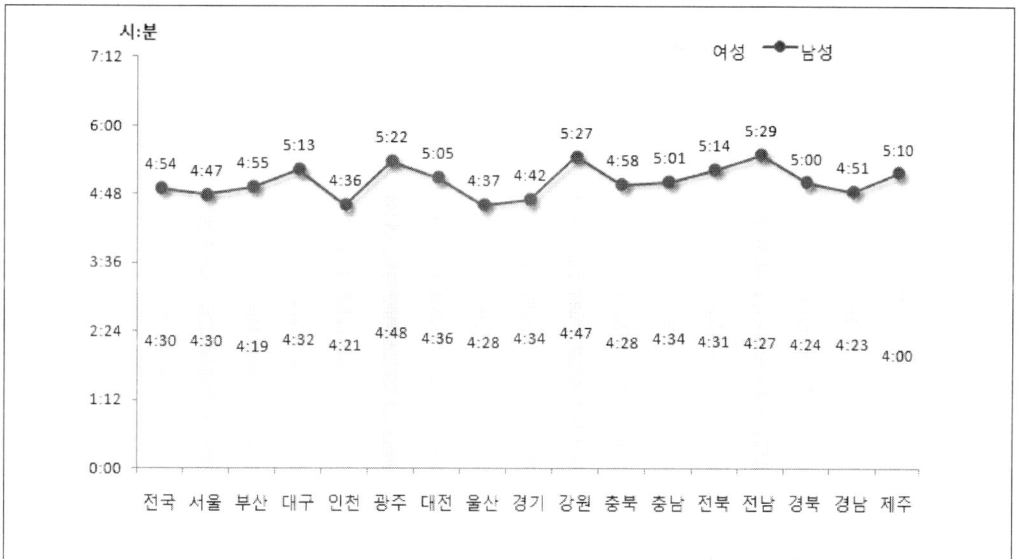

〈출처 : 한국여성정책연구소(2009)〉

앞으로 더 많은 자유시간이 주어진다면 그 시간을 어떻게 활용할 것이냐는 질문에 응답자의 45.3%는 자녀(가족)와 시간을 보내는 데 사용할 것이고, 34.7%는 여가활동을 늘리는 데 사용할 것이다, 19.7%는 더 많은 소득을 벌기 위해 일한 것이라고 하였다. 그러므로 응답자의 80%는 향후 개인 또는 가족단위로 여가생활에 시간을 더 투자할 가능성이 높은 잠재 수요 집단으로 여길 수 있다<그림 3-7>.

〈그림 9-7〉 자유시간의 활용용도

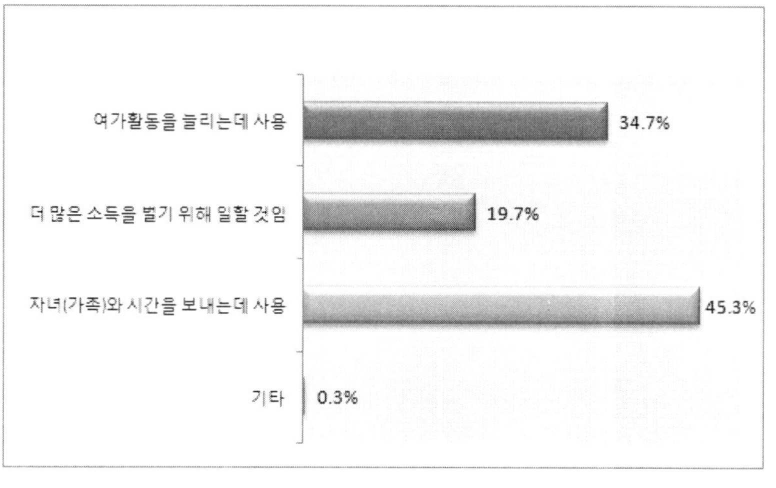

2. 여가와 생활

여가와 삶의 질의 관계를 규명한 연구 결과를 정리하면, 여가만족이 삶에 대한 만족을 설명하는 가장 중요한 변수이며(Ragheb & Griffith, 1982), 특별히 여가활동 참여횟수나 여가의 다양성과 같은 양적 측면보다는 여가만족이 삶의 질에 더 큰 영향을 미치는 것으로 나타났다(Kelly, Steinkamp & Kelly, 1987). 우리나라 중년층을 대상으로 한 박미석(1996)의 연구에서도 삶에 대한 만족을 설명하는데 있어 여가만족이 다른 변수들(생활여건만족, 가족관계 및 활동만족, 건강만족, 여가참여도, 결혼여부) 보다 훨씬 큰 영향을 미치는 것으로 나타났다(서정희 등, 2010).

1) 여가가 생활에 미치는 영향

여가가 우리생활에 미치는 영향은 어떠한가를 조사한 결과는 <그림 9-8>에 제시되어있다. 응답자의 1/2이 생활 전반에 긍정적인 영향을 미친다고 응답하였고, 생활의 일부분에만 긍정적 영향을 미친다고 응답한 사람은 33.3%였다. 그 외 생활의 일부분, 전반에 걸쳐 부정적 영향을 준다는 3.4%, 1.2%였고, 생활에 미치는 영향이 거의 없다는 응답자는 6%에 불과하였다.

〈그림 9-8〉 여가가 생활에 미치는 영향

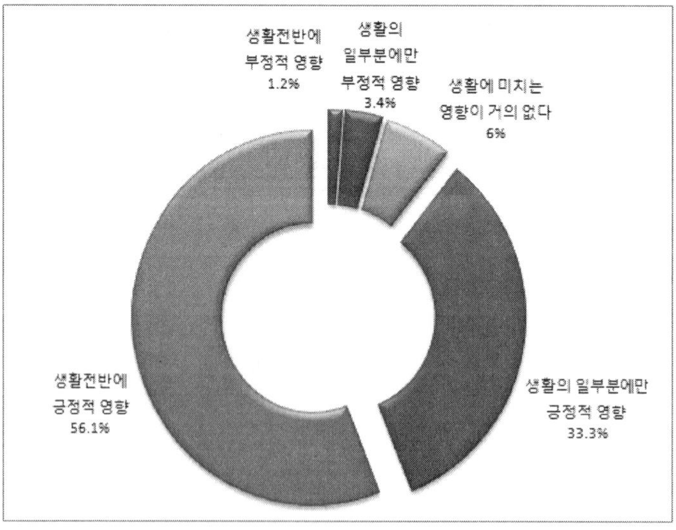

2) 여가생활의 문제

여가생활의 문제점은 <그림 9-9>와 제시되어 있다. 응답자의 54.8%는 여가생활의 문제점으로 저렴하게 이용할 수 있는 여가시설이나 프로그램의 부족을 지적하였고, 그 외 여가활동의 사회적 격차가 심해 상대적 박탈감이 심해진 경우가 11.7%, 개인 여가활동이 지나치게 상업성(오락·유흥)에 의존한다가 10%, 주말교통체증이 심각하다가 8.4%, 여가관련 정보 수집과 활동이 어렵다가 6.9%, 관광 인프라 시설이 부족하다가 6.4%였다.

〈그림 9-9〉 여가생활의 문제점

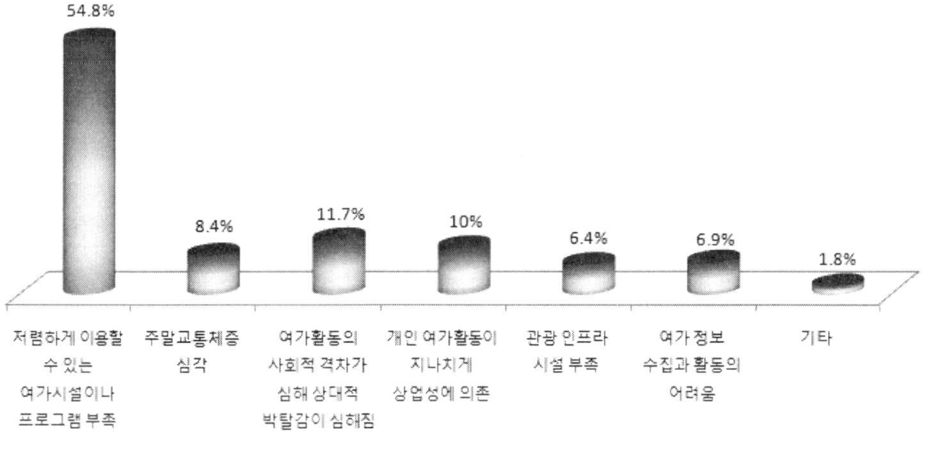

3) 울산의 여가문화 평가

울산시민의 여가문화를 평가한 결과는 <그림 9-10>에 제시되어 있다. 양극단에 서로 상반되는 형용사를 배치하여 여가문화를 평정하게 하였다. 우선 다양함과 단조로움을 제시한 결과 응답자의 56.3%는 다양함과 단조로움의 중간점인 보통으로 평가하였고, 비교적 다양함 22.2%, 다양함 11.2%, 비교적 단조로움 7.5%, 단조로움 2.8%였다.

계획적, 즉흥적에 대한 평가 결과 중간점인 보통에 응답한 사람은 62.3%로 과반수가 조금 넘었고, 비교적 계획적 23.8%, 계획적 7.3%, 비교적 즉흥적 5.6%, 즉흥적 1%로 나타났다. 생산적, 소비적에 대한 평가 결과도 마찬가지로 중간점인 보통으로 평가한 응답자가 59.8%였으며, 비교적 생산적 23.5%, 생산적 12.1%, 비교적 소비적 4.3%, 소비적 0.3%였다. 기혼여성들은 울산의 여가문화에 대해 그리 극단적으로 평가하지는 않았지만 다양함, 계획적, 생산적 여가문화와는 비교적 거리가 있음을 보여주고 있다.

〈그림 9-10〉 울산시민의 여가문화 평가

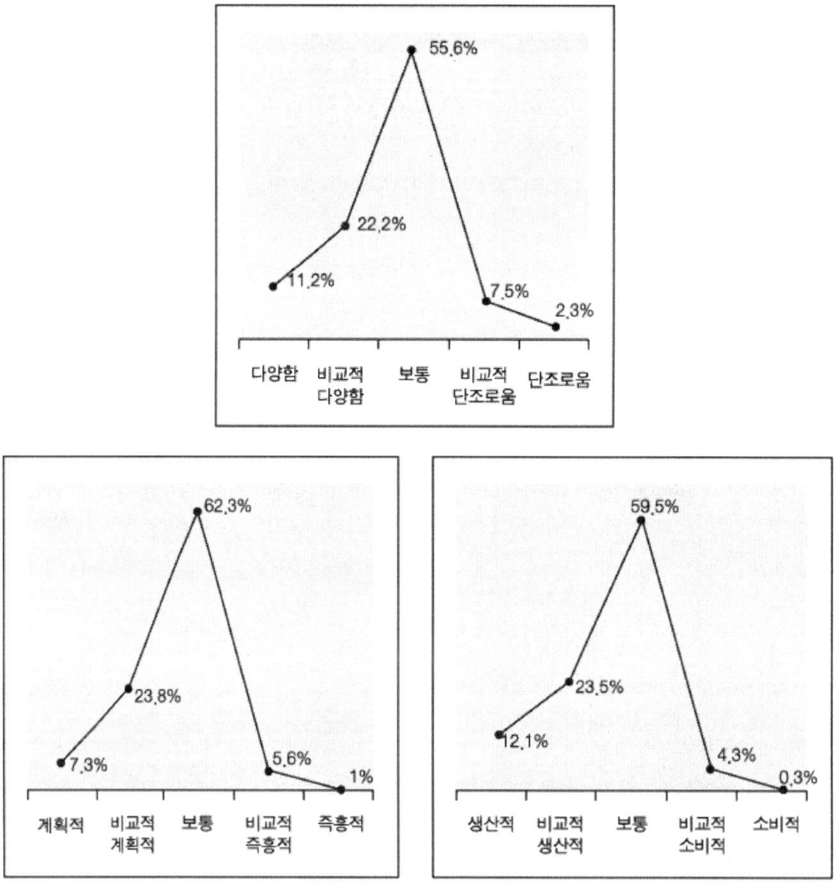

3. 주5일제의 영향

주5일 근무제는 단순히 노동시간의 축소라는 현상 뿐 아니라 사회문화 전반에 걸친 광범위한 변화를 수반한다. 지금까지 노동중심의 사회였다면 이제는 삶의 질

과 생활의 여유를 찾으려는 여가 중심의 사회로 전환해가고 있다(울산광역시, 2007에서 재인용). 그러므로 주5일제의 시행 이후 나타난 여가 관련 현상의 변화를 분석해 볼 필요가 있다.

(1) 주5일제 시행 후의 여가시간과 비용의 변화

주5일제 시행 이전과 비교한 여가시간과 여가비용의 변화는 <그림 9-11>과 <그림 9-12>에 제시되어 있다. 조사대상자의 과반수 정도가 여가시간과 여가비용 측면에서 모두 증가하였다고 응답하였다. 우선 여가시간에서는 약간 증가 48.7%, 동일함 35.2%, 약간 감소 8.9%, 매우 증가 5.7%, 매우 감소 1.5%로 집계되었고, 여가비용에서는 약간 증가 56.2%, 동일함 27.6%, 매우 증가 12.8%, 약간 감소 3%, 매우 감소 0.3%이다.

〈그림 9-11〉 여가시간의 변화

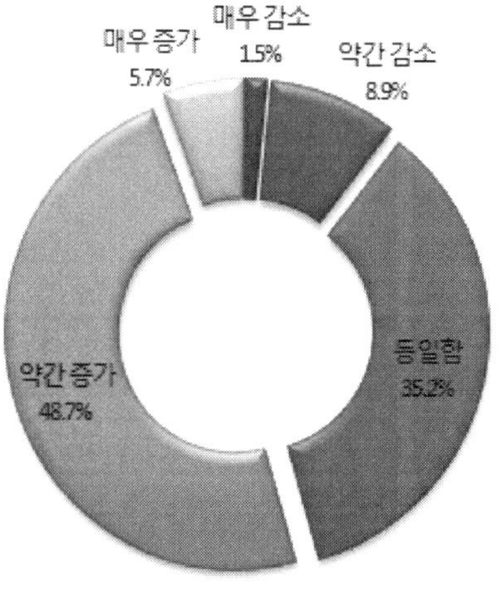

〈그림 9-12〉 여가비용의 변화

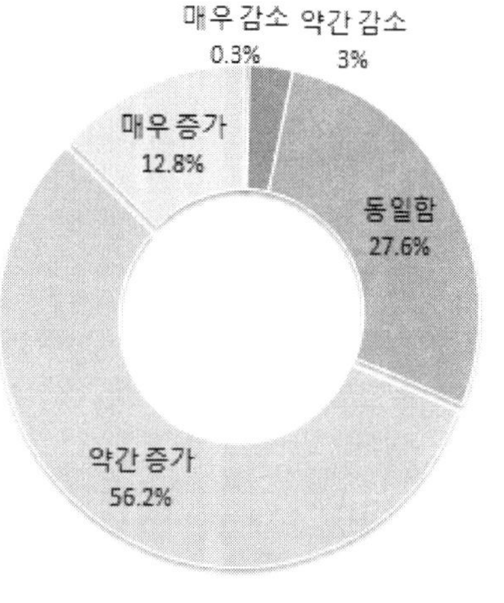

(2) 주5일제 시행 후 생활의 변화

주5일제를 실시한 후 생활에 나타난 변화 가운데 긍정적 부분과 부정적 부분을 분석한 결과가 <그림 9-13>과 <그림 9-14>에 제시되어 있다. 주5일제에 따른 긍정적 변화로 가족간에 함께하는 시간이 증가하였다가 55.6%로 가장 많았고, 다음으로는 별다른 변화없음 23.6%, 자기계발을 위한 시간 증가 13.7%, 주중 업무 효율성 증가 3.5%, 교우관계에 도움이 됨 2.6%, 주말동안 새로운 직업을 가짐 1%로 집계되었다. 대부분의 사람들이 여유시간을 가족과 함께 보내는 것으로 보인다.

주5일제에 따른 부정적 변화로 52.2%가 여가소비지출 부담 증가를 1순위로 꼽았다. 그 다음으로 별다른 변화없음 19.9%, 수입 감소 15.9%, 월요일 생활이 더 힘들어졌음 5.5%, 주말 동안 해야 할 일을 결정하지 못해 마음이 불편 4.5%, 가족간 불화 증가 1.7%의 순이었다. 그러나 이러한 결과와 무관하게 울산의 교양오락비는 다른 광역시에 비해 상대적으로 가장 높은 비중을 차지하고 있었다(통계청, 2011).

〈그림 9-13〉 주5일제에 따른 생활의 긍정적 변화

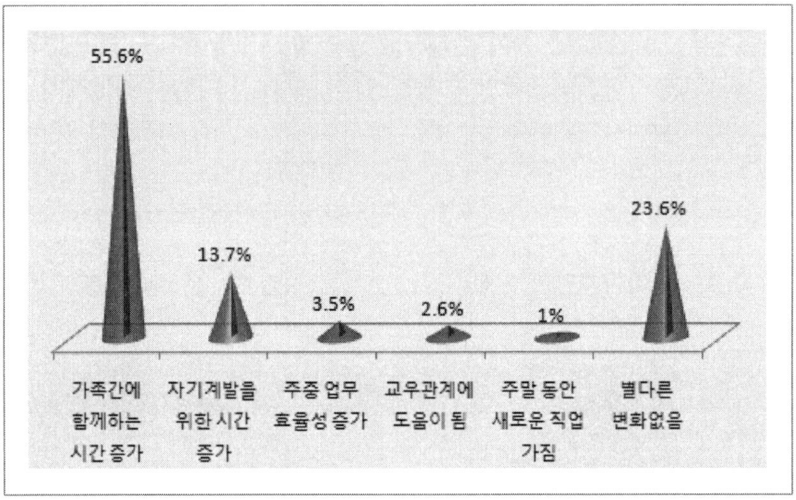

〈그림 9-14〉 주5일제에 따른 생활의 부정적 변화

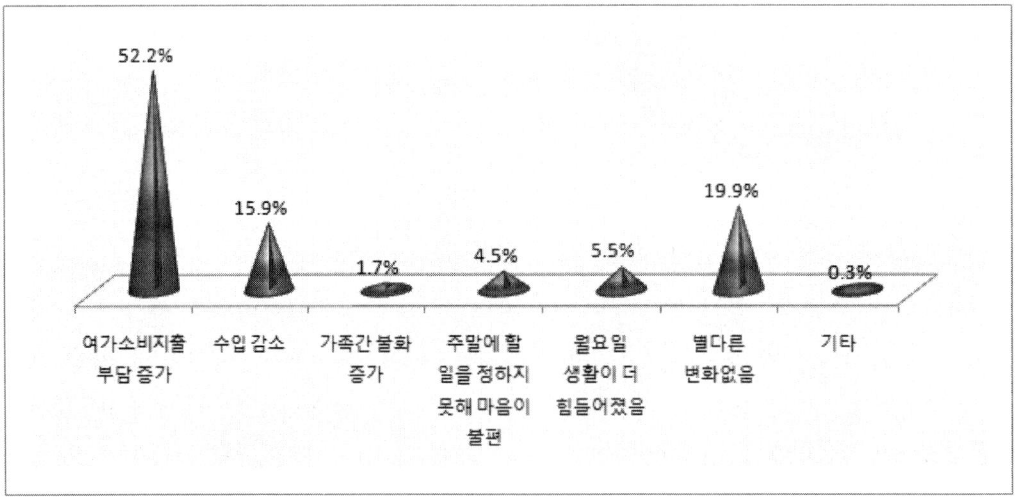

(3) 주5일제 시행 후 희망하는 여가관련정책

주5일제 실시 후 희망하는 울산시의 여가관련정책이 <그림 9-15>에 나타나 있다. 주5일제 시행이후 시민생활 활성화를 위해 울산시가 추진해야 할 우선 정책으로 41.6%가 다양한 여가시설 확충 및 개발이라고 응답하였고, 뒤이어 26.9%가 여가 프로그램 개발 및 보급을 선택하였다. 그 외 자기계발 관련 교육기회확대 8.5%, 저소득층 여가생활지원 6.5%, 관광자원 개발 및 확충 6.2%, 여가관련 전문인력 양성 및 배치 4.5%, 평생교육기관의 지원강화 3.3%, 교통인프라 확충 2.5%였다. 16개 시도 중 전업주부가 1위인 울산의 특성상 다양한 여가생활을 누리기 위한 물리적 인프라가 충분히 확보되어야 할 필요가 있으며, 그에 상응하는 양질의 프로그램이 개발되어 보급되어야 할 것이다.

〈그림 9-15〉 주5일제 실시 후 희망하는 울산시의 여가관련정책

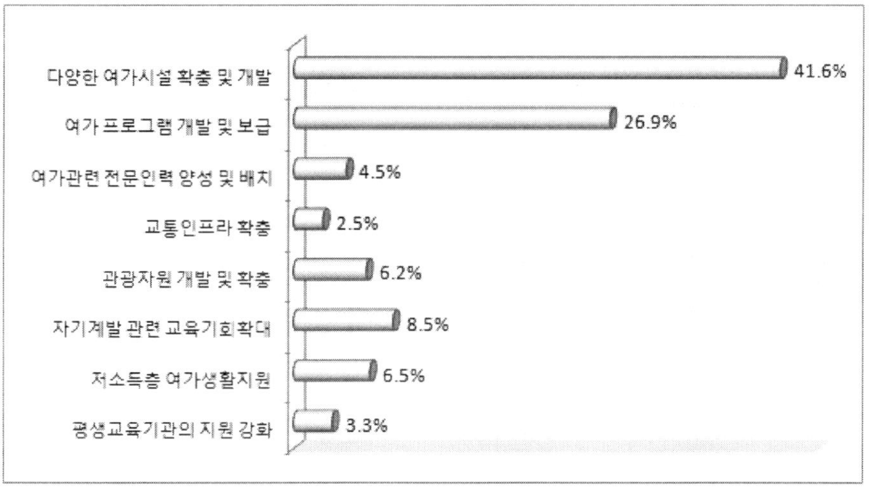

(4) 주5일제 시행 후 희망하는 생활관련 시설

희망하는 생활관련 시설을 분석한 결과는 <그림 9-16>과 같다. 울산 여성의 31.3%는 근린 휴양/휴식시설을 우선적으로 원하고 있었고, 그 다음으로 23.9%는 생활체육 및 스포츠 시설인 것으로 나타났다. 오늘날의 사람들은 무리한 여가 활동보다는 휴식과 가벼운 레저가 가미된 여가를 원하고 있었다. 또 다른 생활관련 시설로는 국공립 여가시설 13.7%, 복지시설 12.2%, 문화예술시설 9.8%, 교육시설(평생학습) 4.7%, 의료(응급)시설 4.5%로 집계되었다.

〈그림 9-16〉 주5일제 실시 후 희망하는 생활관련 시설

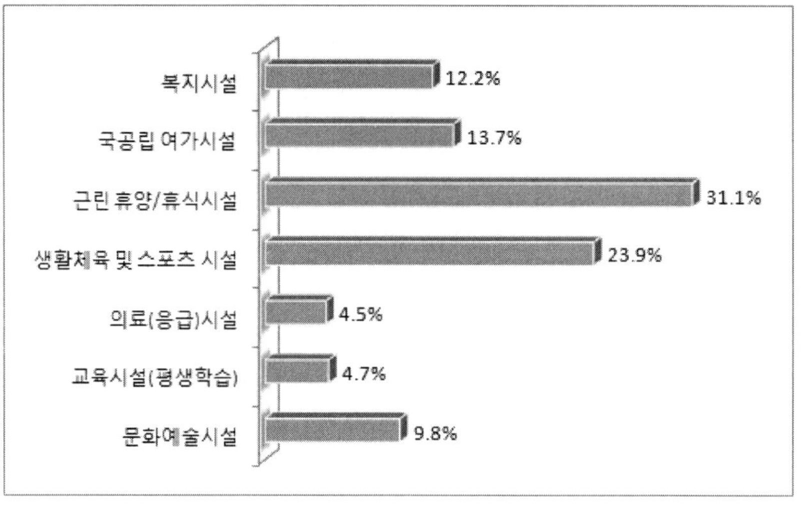

제 10 장
울산 여성의 여가소비문화

이 장에서는 여가동기와 여가태도, 여가만족도 및 여가장애를 중심으로 하여 울산 여성의 여가소비 문화를 살펴보기로 한다.

1. 여가동기와 여가태도

1) 여가동기

여가동기(leisure motivation)는 개인이 어떤 여가활동을 선호하고 선택하여 참여하게되는 의식적 무의식적 이유를 의미하고(신갑호·문용 1999; 윤설민·장윤정·김홍렬, 2009; 정용각, 2008), 내적동기(intrinsic motivation), 외적동기(extrinsic motivation), 무동기(amotivation)로 구분 될 수 있다(Deci & Rayan, 1985; Vallerend & Bissonnett, 1992). 정우진·최성범(2008)은 특히 내적동기는 여가참여에 직접적인 영향을 미친다고 하였다. 최성훈(2010)은 여가동기와 여가제약은 서로 상대적인 힘을 가지고 있고 여가제약협상전략에 영향을 미치며 여가활동참여수준을 결정한다고 하였다. 황선환(2010)은 여가동기는 여가제약에 부정적인 영향을 미치고 여가제약협상 전략은 여가제약에 의미있는 영향을 미치지 않는다고 하였다.

여가활동의 시작 동기를 분석한 결과는 <표 10-1>에 제시 되어있다. 여가동기는 1점 '전혀 동의하지 않는다'에서부터 4점 '매우 동의한다'까지 4점 리커트 척도를 이용하여 측정하였다. 여가의 동기를 자기개발, 건강 및 가족화목, 사회성개발, 즐거움이라는 4개의 요인으로 나눈 결과 건강 및 가족화목, 즐거움을 위해 여가를 시작한 경우의 평균이 2.93으로 가장 높고, 다음이 자기개발 2.88, 사회성개발 2.77로 가장 낮은 것으로 나타났다.

〈표 10-1〉 여가의 동기

요인	질문 문항	m	SD
자기개발 (m=2.88)	소질과 능력을 개발하기 위해	2.85	.53
	성취감, 자신감, 완성감을 충족시키기 위해	2.94	.50
	지식이나 기술을 터득하고 쌓기 위해서	2.86	.57
	경험의 폭을 넓히기 위해서	2.95	.55
	새로운 것을 시도해 보기 위해서	2.96	.54
	교양을 쌓기 위해서	2.78	.54
	나의 재능과 솜씨를 발휘하기 위해	2.78	.57
건강 및 가족 화목 (m=2.93)	건강을 유지하고 신체를 단련하기 위해서	3.08	.50
	비만의 예방 및 치료를 위해서	2.86	.63
	가족과의 화목을 위해	2.92	.58
	가족원에게 도움이 되므로	2.85	.57
사회성 개발 (m=2.77)	친구를 사귀고 사회성을 기르기 위해	2.99	.53
	여가활동을 통해 나의 능력이나 생각을 다른 사람에게 보여줄 수 있는 기회가 됨으로	2.64	.60
	다른 사람을 돕기 위해서	2.68	.62
즐거움 (m=2.93)	스트레스를 해소하고 기분전환을 위해서	3.07	.48
	휴식을 취하기 위해서	2.93	.53
	여유시간을 활용하기 위해서	2.99	.49
	생활을 즐기고 정서적으로 풍부해지기 위해서	3.00	.49
	일상생활에서 탈피하고 해방감을 맛보기 위해서	2.89	.58
	자연을 만끽하고 도시생활에서 벗어나 보기 위해서	2.90	.58
	흥미를 충족하고 모험, 도전, 스릴을 즐기기 위해서	2.71	.62

* 질문 문항들은 4점 척도를 사용하였음.

자기개발을 위해 여가를 시작한 경우 문항 분석 결과, 새로운 것을 시도해 보기 위해서가 평균 2.96으로 가장 높고, 다음으로 경험의 폭을 넓히기 위해서 2.95, 성취감, 자신감, 완성감을 충족시키기 위해 2.94, 지식이나 기술을 터득하고 쌓기 위해서 2.86, 소질과 능력을 개발하기 위해 2.85, 교양을 쌓기 위해, 나의 재능과 솜씨를 발휘하기 위해가 각각 2.78로 나타났다. 여가를 통해 색다른 경험을 하고자 하는 욕구와 그 속에서 자기 만족감을 찾고자 하는 심리가 내재되어 있다고 볼 수 있다.

건강 및 가족화목을 위한 경우에는 자신의 건강을 유지하고 신체를 단련하기 위해서가 3.08로 가장 높고, 다음 가족과의 화목을 위해 2.92, 비만의 예방 및 치료를 위해 2.86, 가족원에게 도움이 되므로 2.85의 순이었다. 웰빙 열풍이 지속되면서 건강한 개인의 삶과 가족의 화합을 위해 여가활동을 시작하는 것으로 보인다.

사회성 개발과 관련해서는 친구를 사귀고 사회성을 기르기 위해서가 2.99로 가장 높고, 다른 사람을 돕기 위해서 2.68, 여가활동을 통해 나의 능력이나 생각을 다른 사람에게 보여줄 수 있는 기회가 됨으로가 2.64였다.

즐거움을 위해 여가를 시작한 경우에는 스트레스를 해소하고 기분전환을 위해서가 평균 3.07로 가장 높았고, 생활을 즐기고 정서적으로 풍부해지기 위해서가 3.00으로 그 뒤를 이었다. 다음으로 여유시간을 활용하기 위해서 2.99, 휴식을 취하기 위해서 2.93, 자연을 만끽하고 도시생활에서 벗어나 보기 위해 2.90, 일상생활에서 탈피하고 해방감을 맛보기 위해 2.89, 흥미를 충복하고 모험, 도전, 스릴을 즐기기 위해 2.71의 순으로 나타났다.

사회인구학적 변수에 따라 여가동기가 차이가 나는지를 분석한 결과는 <표 10-2>에 제시되어 있다. 여가동기 중 즐거움만이 남편의 직업에 따라 $p<.05$ 수준에서 통계적으로 의미있는 차이를 보였다. 즐거움을 경험하기 위해 여가를 시작한 여성은 남편의 직업이 공무원외 사무직, 개인경영자인 경우가 가장 높고, 다음으로 석유화학공단계열 생산직, 현대계열 생산직으로 나타났고, 자영업자인 남편을 둔 여성은 상대적으로 낮은 편이었다. 사후검증 결과 공무원외 사무직 집단과 자영업자 간에만 차이가 있었다.

〈표 10-2〉 사회인구학적 변수에 따른 여가동기

구분		자기개발	건강 및 가족화목	사회성 개발	즐거움
		m	m	m	m
여성의 연령	30대	2.86	2.88	2.74	2.92
	40대	2.93	2.98	2.80	2.92
	50대	2.84	2.91	2.78	2.93
	F비	2.500	2.308	1.125	.046
취업 여부	취업	2.86	2.95	2.76	2.92
	미취업	2.88	2.92	2.78	2.93
	t값	.543	-.793	.470	.372
여성의 학력	고졸 이하	2.88	2.94	2.77	2.93
	전문대졸	2.89	2.95	2.80	2.93
	대졸 이상	2.87	2.87	2.76	2.90
	F비	.045	1.266	.242	.273
종교 여부	무	2.88	2.90	2.75	2.95
	유	2.88	2.93	2.78	2.91
	t값	.015	-.738	-.729	1.350
월평균 용돈	10만원 이하	2.83	2.91	2.77	2.92
	10만원 초과-20만원 이하	2.92	2.96	2.78	2.92
	20만원 초과-30만원 이하	2.88	2.91	2.81	2.97
	30만원 초과	2.91	2.96	2.78	2.95
	F비	1.555	.585	.214	.545
가족수	2-3명	2.83	2.93	2.77	2.93
	4명	2.90	2.95	2.79	2.93
	5-7명	2.86	2.82	2.70	2.88
	F비	1.634	2.530	1.395	.424
생활 수준	상과 중상	2.90	2.90	2.80	2.93
	중중	2.89	2.97	2.79	2.94
	중하와 하	2.82	2.88	2.70	2.90
	F비	1.679	3.027	2.308	.485
월평균 가계 소득	200만원 이하	2.79	2.79	2.71	2.82
	200만원초과-300만원이하	2.86	2.93	2.72	2.89
	300만원초과-400만원이하	2.90	2.97	2.81	2.99
	400만원초과-500만원이하	2.88	2.91	2.79	2.91
	500만원초과-600만원이하	2.92	2.88	2.81	2.90
	600만원초과-700만원이하	2.90	2.98	2.71	2.93
	700만원 초과	2.87	3.02	2.86	3.01
	F비	.670	1.704	1.171	2.040
남편의 직업	공무원외 사무직	2.91	2.99	2.82	3.02 a
	현대계열 생산직	2.88	2.92	2.77	2.90 ab
	석유화학공단계열 생산직	2.83	2.88	2.72	2.91 ab
	자영업자	2.85	2.88	2.74	2.86 b
	개인경영자	2.94	2.99	2.86	3.00 ab
	F비	.948	1.584	1.450	3.179*

구분		자기개발	건강 및 가족화목	사회성 개발	즐거움
		m	m	m	m
남편의 연령	30대	2.88	2.90	2.72	2.92
	40대	2.90	2.93	2.78	2.91
	50대 이상	2.85	2.93	2.79	2.94
	F비	1.040	.326	.899	.358
남편의 학력	고졸 이하	2.85	2.91	2.76	2.91
	전문대졸	2.90	2.94	2.77	2.93
	대졸 이상	2.91	2.94	2.81	2.94
	F비	1.381	.373	.723	.384

* p〈.05
사후검증으로 scheffe test를 실시하였음.

2) 여가태도

대학생들의 여가태도는 생활만족도와 자아실현에 정적인 영향을 미치며, 여가태도는 생활만족도를 통하여 자아실현에 간접적인 영향을 미친다(이남미·이근모, 2010). 이준원(2007), 전태준(2009)도 여가활동이 생활만족도에 영향을 미친다고 하였다.

김재운(2001)은 스포츠형 여가활동이 대학생활에 영향을 미친다고 했고, Godbey(1985), Ragheb & Mckinney(1993)도 능동적인 여가활동의 참여가 삶의 질을 향상시킨다고 하였다. 최성범·최종인(2009)은 여가참여는 자신의 능력에 대한 믿음이 형성되고 자신의 낙관적인 사고방식으로 성인기의 독립적인 생활에 긍정적인 영향을 미칠 수 있을 것이라 하였고, Spielbeger(1987)는 다양한 운동과 스포츠 활동 가운데 자신이 잘 할 수 있는 활동을 찾아서 지속적으로 참여함으로써 자아에 대한 자신감의 획득은 물론 평생학습의 기회로 활용할 수 있다고 하였다. 김재운(2001)도 여가활동 참여가 대학생활 및 자아실현에 영향을 미친다고 하였다. 이러한 연구결과들은 종합해 보면 긍정적인 여가태도가 자아실현에 도움을 줄 수 있다는 것을 의미하고 있다.

그러므로 여성들이 여가를 활용하고 여가에 대한 바람직한 태도를 가지도록 하는 것이 무엇보다도 중요하다. 일과 여가가 대등한 위치가 된 현대사회에서 여가는 원기와 재능, 창조적인 능력을 제공할 수 있는 자아실현의 시간이라는 관점에서 여가에 대한 긍정적인 태도는 자아실현을 통하여 생활만족에 기여할 수 있고 나아가 건강한 가족을 유지함으로써 사회통합에도 기여할 수 있다.

여가에 대한 태도를 분석한 결과는 <표 10-3>에 제시되어있다. 여가태도는 1점

‘전혀 동의하지 않는다’에서부터 4점 ‘매우 동의한다’까지 4점 리커트 척도를 이용하여 측정하였다. 여가태도를 개인적 중요성, 여가요구, 여가투자, 여가 부정이라는 4개의 요인으로 나누어 분석한 결과 여가요구의 평균이 3.09로 가장 높고, 다음은 개인적 중요성 3.01, 여가투자 2.77, 여가부정 2.24의 순으로 나타났다.

개인적 중요성에 관한 문항 분석 결과, 여가활동은 생활의 활력소를 불어 넣어준다가 평균 3.08로 가장 높고, 다음이 여가활동은 나의 건강에 도움을 준다와 나에게 유익한 것이라고 생각한다가 각각 3.06, 여가활동은 자기발전의 수단이 된다가 3.05, 여가활동에 참여하는 것은 건전한 시간 활용이다 3.03, 여가활동은 나에게 즐거움을 가져다 준다와 나의 행복을 증진시킨다가 각각 3.01, 여가활동은 내 삶에 중요하다 2.96, 여가활동은 개인이 일을 더 잘할 수 있게 한다가 2.94, 나는 나의 여가활동이 가치가 있다고 생각한다 2.91의 순으로 나타났다. 대부분의 여성들이 여가가 개인적으로 중요하다고 인지하고 있는 것으로 밝혀졌다.

〈표 10-3〉 여가 태도

요인	질문 문항	m	SD
개인적 중요성 (m=3.01)	여가활동은 내 삶에 중요하다	2.96	.51
	여가활동은 나에게 즐거움을 가져다 준다	3.01	.46
	여가활동에 참여하는 것은 건전한 시간 활용이다	3.03	.44
	여가활동은 나의 건강에 도움을 준다	3.06	.49
	여가활동은 생활의 활력소를 불어 넣어준다	3.08	.49
	여가활동은 개인이 일을 더 잘할 수 있게 한다	2.94	.53
	여가활동은 나의 행복을 증진시킨다	3.01	.48
	여가활동은 자기발전의 수단이 된다	3.05	.49
	여가활동은 나에게 유익한 것이라고 생각한다	3.06	.47
	나는 나의 여가활동이 가치가 있다고 생각한다	2.91	.52
여가요구 (m=3.09)	여건이 허락된다면, 나는 새로운 여가활동을 더 많이 하고 싶다	3.10	.59
	시간과 돈이 허락된다면, 나는 새로운 여가 활동을 더 많이 하고 싶다	3.18	.57
	여가활동은 개인과 사회에 득이 된다	2.94	.53
	사람들은 여가활동이 필요하다	3.13	.46

요인	질문 문항	m	SD
여가투자 (m=2.77)	나의 수입의 범위 안에서 나는 여가활동에 필요한 물품이나 장비를 구입한다	2.82	.55
	여가활동은 사교를 위한 좋은 기회가 된다	2.96	.52
	나의 일상생활 중 여가활동에 높은 비중을 두고 있다	2.62	.61
	나는 내가 하고 있는 여가활동을 더 잘하기 위해 많은 시간과 노력을 들인다	2.68	.60
여가 부정 (m=2.24)	나는 놀면 왠지 죄의식을 느낀다	2.29	.78
	여가활동에 돈을 쓰는 것은 낭비라고 생각한다	2.19	.67

* 질문 문항들은 4점 척도를 사용하였음.

여가요구에서는 시간과 돈이 허락 된다면 나는 새로운 여가활동을 더 많이 하고 싶다가 평균 3.18로 가장 높고, 사람들은 여가활동이 필요하다 3.13, 여건이 허락된다면, 나는 새로운 여가활동을 더 많이 하고 싶다 3.10, 여가활동은 개인과 사회에 득이 된다 2.94의 순이었다. 현재 여가활동도 중요하지만 경험해 보지 않은 여가활동에 대한 욕구도 높음을 알 수 있으며, 향후 다양한 종류의 여가활동을 위해 시간과 비용을 아낌없이 투자할 잠재 수요에 대한 조사도 필요할 것으로 보인다.

여가투자에서는 여가활동은 사교를 위한 좋은 기회가 된다가 평균 2.96으로 가장 높고, 나의 수입의 범위 안에서 나는 여가활동에 필요한 물품이나 장비를 구입한다 2.82, 나는 내가 하고 있는 여가활동을 더 잘하기 위해 시간과 노력을 들인다 2.68, 나의 일상생활 중 여가활동에 높은 비중을 두고 있다 2.62의 순으로 분석되었다.

여가 부정 차원을 보면은 나는 놀면 왠지 죄의식을 느낀다가 2.29, 여가활동에 돈을 쓰는 것은 낭비라고 생각한다 2.19였다. 따라서 여가활동의 부정적 태도에 대한 동의 정도는 2점대를 약간 넘은 것으로 분석되어 낮은 편이었다.

사회인구학적 변수에 따라 여가태도가 차이가 나는지를 분석한 결과는 <표 10-4>에 제시 되어 있다. 우선 개인적 중요성은 여성의 취업여부와 남편의 직업에 따라 $p<.05$ 수준에서, 생활수준에 따라서는 $p<.01$ 수준에서 통계적으로 의미있는 차이가 나타났을 뿐 여성의 연령, 학력, 종교여부, 월평균 용돈, 가족수, 월평균 가계소득, 남편의 연령, 학력에서는 차이가 나타나지 않았다.

〈표 10-4〉 사회인구학적 변수에 따른 여가태도

구분		개인적 중요성		여가요구		여가투자		여가부정	
		m		m		m		m	
여성의 연령	30대	3.02		3.14		2.73		2.17	a
	40대	2.99		3.08		2.80		2.34	b
	50대	3.02		3.06		2.78		2.20	ab
	F비	.539		1.905		1.687		4.524*	
취업 여부	취업	2.95		3.06		2.71		2.33	
	미취업	3.04		3.10		2.80		2.20	
	t값	2.424*		1.266		2.296*		-2.460*	
여성의 학력	고졸 이하	3.01		3.07	a	2.77		2.25	
	전문대졸	3.03		3.20	b	2.79		2.26	
	대졸 이상	3.00		3.07	a	2.75		2.16	
	F비	.218		4.115*		.215		.995	
종교 여부	무	2.99		3.04		2.75		2.29	
	유	3.02		3.11		2.77		2.21	
	t값	-1.225		-2.060*		-.662		1.589	
월평균 용돈	10만원 이하	2.97		3.06		2.72		2.31	
	10만원 초과-20만원 이하	3.04		3.13		2.80		2.22	
	20만원 초과-30만원 이하	3.03		3.09		2.82		2.16	
	30만원 초과	3.01		3.07		2.79		2.19	
	F비	1.348		.862		1.910		1.753	
가족수	2-3명	3.00		3.08		2.78	b	2.26	
	4명	3.03		3.10		2.79	b	2.21	
	5-7명	2.93		3.07		2.64	a	2.33	
	F비	2.337		.182		3.550*		1.445	
생활 수준	상과 중상	3.01	ab	3.08		2.84	b	2.23	
	중중	3.05	b	3.11		2.79	b	2.23	
	중하와 하	2.93	a	3.06		2.65	a	2.27	
	F비	6.048**		.648		8.526***		.251	
월평균 가계 소득	200만원 이하	2.90		3.05		2.59	a	2.30	
	200만원초과-300만원이하	3.00		3.09		2.71	ab	2.22	
	300만원초과-400만원이하	3.01		3.12		2.76	ab	2.24	
	400만원초과-500만원이하	3.05		3.09		2.86	ab	2.28	
	500만원초과-600만원이하	3.02		3.07		2.89	b	2.23	
	600만원초과-700만원이하	3.07		3.03		2.90	b	2.04	
	700만원초과	3.07		3.10		2.88	b	2.22	
	F비	1.500		.307		4.629***		.609	

구분		개인적 중요성		여가요구	여가투자		여가부정	
		m		m	m		m	
남편의 직업	공무원외 사무직	3.03	ab	3.15	2.77	ab	2.15	
	현대계열 생산직	3.02	ab	3.07	2.77	ab	2.30	
	석유화학공단계열 생산직	3.00	ab	3.12	2.82	ab	2.13	
	자영업자	2.94	a	3.04	2.67	a	2.31	
	개인경영자	3.11	b	3.12	2.90	b	2.23	
	F비	2.955*		1.319	3.677**		2.420	
남편의 연령	30대	3.03		3.16	2.71		2.12	a
	40대	2.99		3.08	2.78		2.29	b
	50대이상	3.02		3.06	2.79		2.25	ab
	F비	.825		2.256	1.516		3.370*	
남편의 학력	고졸 이하	2.99		3.07	2.74		2.28	
	전문대졸	3.05		3.16	2.81		2.24	
	대졸 이상	3.01		3.08	2.80		2.19	
	F비	1.293		2.165	1.833		1.228	

* p〈.05 ** p〈.01 *** p〈.001
사후검증으로 scheffe test를 실시하였음.

여가활동의 개인적 중요성은 취업 여성 보다는 미취업 여성에게서 높게 나타났다. 생활수준이 중중이라고 인지하는 집단의 개인적 중요성이 가장 높았고, 다음이 상과 중상, 중하와 하집단이 가장 낮았다. 사후검증 결과 중중과 중하와 하집단 간에만 차이를 보였다.

남편의 직업이 개인경영자에 속하는 여성들의 개인적 중요성이 가장 높았고, 다음은 공무원외 사무직과 현대계열 생산직, 석유화학공단계열 생산직 남편을 둔 여성이었으며, 자영업자가 가장 낮게 나타났다. 사후검증 결과 남편의 직업이 자영업자와 개인경영자 집단간에만 차이를 보였다.

여가 요구를 분석한 결과 여성의 학력과 종교여부에 따라서만 $p<.05$ 수준에서 통계적으로 의미있는 차이를 보일 뿐, 여성의 연령, 취업여부, 월평균 용돈, 가족수, 생활수준, 월평균 가계소득, 남편의 직업, 연령, 학력에서는 차이가 없었다. 여성의 학력이 전문대졸인 경우의 여가 요구가 가장 높게 나타났고, 고졸 이하와 대졸 이상은 요구 수준이 동일하였다. 사후검증 결과 고졸 이하와 전문대졸, 대졸이상과 전문대졸 간에만 차이를 보였다. 종교가 없는 여성보다는 종교를 가지고 있는 여성에게서 여가 요구가 더 높았다.

여가투자는 여성의 취업여부, 가족 수에 따라 $p<.05$ 수준에서, 남편의 직업에 따라 $p<.01$ 수준에서, 생활수준과 월평균 가계소득에 따라 $p<.001$수준에서 통계적으

로 의미있는 차이를 보였다. 그러나 여성의 연령, 학력, 종교여부, 월평균 용돈, 남편의 연령, 학력과는 차이가 없었다.

취업한 여성보다는 미취업 여성일수록 여가에 대한 투자가 더 높았고, 가족 수가 4명, 2-3명일수록 5-7명보다 여가에 대해 더 투자하였다. 사후검증 결과 2-3명과 5-7명, 4명과 5-7명 집단 간에만 차이를 보였다. 생활수준은 상과 중상 집단이 가장 높고, 다음이 중중, 중하와 하집단의 순이었다. 사후검증 결과 상과 중상집단, 중하와 하집단 그리고 중중집단, 중하와 하집단 간에만 차이가 나타났다.

월평균 가계소득에서는 600만원 초과에서 700만원 이하인 집단의 여가 투자가 가장 많고, 다음이 500만원 초과에서 600만원 이하, 700만원 초과, 400만원 초과에서 500만원 이하, 300만원 초과에서 400만원 이하, 200만원 초과에서 300만원 이하, 여가에 대한 투자가 가장 낮은 집단은 월평균 200만원 이하였다. 사후검증 결과 200만원 이하인 집단과 500만원 초과에서 600만원 이하, 600만원 초과에서 700만원 이하, 700만원 초과 집단간에만 차이가 존재하였다.

남편의 직업이 개인경영자인 경우 여가 투자를 더욱 많이 하였고, 다음이 석유화학공단계열 생산직, 공무원외 사무직, 현대계열 생산직의 순이며, 자영업자가 가장 적었다. 사후검증 결과 자영업자와 개인경영자 집단간에만 차이가 있었다.

여가 부정에 관한 분석 결과 여성의 연령, 취업여부, 남편의 연령에 따라서만 $p<.05$ 수준에서 통계적으로 의미있는 차이를 보였다. 여성의 학력, 종교여부, 월평균 용돈, 가족수, 생활수준, 월평균 가계소득, 남편의 직업, 연령, 학력에서는 차이가 없었다.

40대의 여성이 50대나 30대 여성에 비해 여가에 대한 부정적 태도가 높았으며, 사후검증 결과 30대와 40대만이 집단 간의 차이를 보였다. 그리고 미취업 여성보다는 취업 여성에게서, 남편의 연령이 40대인 경우가 다른 연령대에 비해 여가에 관한 부정적 태도가 더 높은 것으로 나타났다. 사후검증 결과 남편의 연령이 30대와 40대 집단 간에만 차이가 있었다.

3) 여가태도 유형과 여가동기

<표 10-5>에는 여가태도를 구성하는 4개 요인(개인적 중요성, 여가요구, 여가부정)을 기준으로 군집분석을 통하여 여가 태도를 유형화한 결과가 제시되어 있다.

울산지역 기혼 여성의 여가 태도는 소극적 여가태도, 적극적 여가태도, 부정적 여가태도, 이중적 여가태도로 유형화되었다. 소극적 여가태도 집단은 여가생활에 큰 비중을 두지 않기 때문에 여가활동의 필요성을 느끼지 못하는 집단으로 여가생활에 많은 시간과 비용을 투자하기를 원하지 않는 편이며, 전체 집단의 46.9%를 차지한다. 반면 적극적 여가태도 집단은 여가가 개인생활에 미치는 영향이 크며, 여가활동에 시간과 노력을 아낌없이 투자할 가치가 있다고 여기는 집단이다. 개인 환경이 허락하는 범위 내에서 새로운 여가를 끊임없이 추구하길 원하며, 전체 여성의 13.9%가 속하였다. 여가가 개인적으로 의미가 없다고 여기는 부정적 여가태도 집단은 여가에 대한 죄의식을 갖고 있고, 여가활동에 돈을 쓰는 것은 낭비라고 여기는데 9.2%가 이 집단에 속한다. 마지막으로 전체 여성의 30.0%가 속하는 이중적 여가태도 집단은 여가생활이 자기발전의 수단이 되고, 생활의 활력소라 여기지만 더 이상의 자원 투자는 원하지 않으며, 여가활동에 대해 약간의 죄의식을 가지고 있는 집단이다.

〈표 10-5〉 여가 태도의 유형화

여가태도	소극적 여가태도 (n=270)	적극적 여가태도 (n=80)	부정적 여가태도 (n=53)	이중적 여가태도 (n=173)
개인적 중요성	-	+	-	-
여가 요구	-	+	-	-
여가 투자	-	+	-	+
여가 부정	-	-	+	+

여가태도의 4가지 유형에 따라 여가동기가 차이가 나는지를 분석한 결과는 <표 10-6>에 제시되어 있다. 자기개발, 건강 및 가족화목, 사회성개발, 즐거움 등 4가지 여가동기는 적극적 여가태도를 가지고 있는 유형이 가장 높게 나타났고, 다음은 이중적 여가태도와 소극적 여가태도를 가지고 있는 유형이었다. 반면 부정적 여가태도와 소극적 여가태도를 가지고 있는 집단은 여가동기가 가장 낮게 나타남으로써 여가생활의 유익함과 가치를 느끼지 못하므로 특별한 여가동기 또한 갖지 못하는 것으로 보인다.

울산지역 기혼여성의 1/2이 소극적 여가태도를 보임으로써 대체로 수동적인 형태의 여가생활을 하고 있을 것이라 짐작할 수 있다. 차후에는 다양한 여가활동을 손쉽게 할 수 있는 여가 환경이나 여건을 조성하여 보다 적극적 여가활동을 할 수 있는 여가 인프라를 구축할 필요가 있다. 부정적 여가태도와 이중적 여가태도 유형에 속한 여성들은 여가가 더 이상 무의미한 놀이가 아니라 나의 건강과 건전한 시간활용의 수단이라는 인식을 가지도록 유도할 필요가 있다. 차후 지역사회에서는 나와 내 가족이 함께 공유하고 즐길 수 있는 건전한 여가문화를 조성하는데 앞장서야 할 것이다(서정희·허은정·복미정, 2008).

〈표 10-6〉 여가태도 유형에 따른 여가동기

여가동기 / 유형	자기개발		건강 및 가족화목		사회성개발		즐거움	
	m		m		m		m	
소극적 여가태도	20.12	b	11.65	b	8.24	b	20.30	b
적극적 여가태도	21.46	c	12.74	c	8.73	b	22.01	c
부정적 여가태도	16.41	a	10.06	a	6.79	a	17.49	a
이중적 여가태도	20.63	bc	11.86	b	8.71	b	21.01	b
F비	42.556***		30.636***		37.168***		43.311***	

*** $p < .001$
사후검증으로 scheffe test를 실시하였음.

2. 여가만족도와 여가장애

1) 여가만족도

여가만족은 개인의 여가생활에 관한 전반적인 만족을 의미하는데, 연구자들에 따라 여가만족 측정방법은 상이하다. 이두희·박미석(1998)은 Beard · Ragheb(1980)의 연구에 기초하여 여가만족을 정신적·심리적, 사회적·교육적, 신체적의 3가지 차원에서 11항목으로 5점 리커트 척도로 측정하였다(<표 10-7> 참조).

도시노인을 대상으로 연구한 김성연과 박미석(2000)은 여가생활만족도를 전반적인 여가생활에 관한 만족뿐만 아니라 여가시간, 여가비용, 여가시설, 여가활동을 하면서 갖게 되는 자신감, 흥미, 성취감 등의 문항으로 측정하였다. 주부들 대상으로 연구한 이정연 등(1997)은 여가생활만족도를 5가지 영역(여가활동, 여가시간, 여가비용, 배우자와의 여가시간, 여가 의사결정)에 대한 만족으로 측정하였다. 다른 연구자들은(김순미·홍성희, 1996; 김애련·한내창, 1997; 이현아 등, 1999; 허은정·윤정혜, 2007; 홍성희, 1998) 여가만족을 현재의 여가생활에 대한 전반적인 만족수준을 묻는 1문항으로 측정하기도 하였다(서정희 등 , 2010).

〈표 10-7〉 여가만족 측정문항

차원	측정문항
정신적·심리적	여가활동은 나에게 자신감을 준다
	여가활동이 성취감을 느끼게 한다
	여가활동은 새로운 경험의 기회를 준다
	여가활동이 스트레스 해소에 도움을 준다
사회적·교육적	여가활동이 다른 사람에 대해 배우는 기회가 된다
	여가활동을 통해 다른 사람과의 대인관계를 갖는다
	여가활동이 다른 사람과 친밀한 관계를 맺는데 도움을 준다
신체적	여가활동이 감정을 건강하게 한다
	여가활동을 통해 체력을 단련한다
	여가활동을 통해 육체적 재충전을 한다
	여가활동 조건은 주로 쾌적한 편이다

출처 : 이두희·박미석(1998), 여가와 삶의 질에 관한 구조방정식 모형

여가생활에 대한 만족도를 분석한 결과는 <표 10-8>과 같다. 1점 '전혀 동의하지 않는다'에서부터 4점 '매우 동의한다'까지 4점 리커트 척도로 측정하였다. 여가생활 만족도를 여가활동에 대한 만족과 여가자원에 대한 만족으로 구분하고, 전반적인 여가생활에 대한 만족도를 별도로 분석한 결과, 여가활동에 대한 만족도는 평균 2.57, 전반적인 여가생활 만족도는 2.56, 여가자원에 대한 만족도는 2.48로 나타났다. 현재 여가생활에 대해 그리 만족하지도, 불만족하지도 않은 상태라 볼 수 있다.

여가활동에 관한 문항분석 결과, 나의 여가활동은 나에게 성취감을 준다가 평균 2.66으로 가장 높고, 나의 여가활동은 흥미롭다 2.56, 여가활동은 나에게 확신을 준다 2.54, 나는 여가활동을 알차게 보낸다 2.52였다. 여가자원에 대한 분석 결과, 내가 현재 즐기는 여가시간은 만족스럽다가 2.57로 가장 높고, 내가 현재 사용하는 여가비용은 만족스럽다 2.52, 여가를 즐기기에 내 주변의 여가시설은 만족스럽다가 2.35로 가장 낮았다. 상대적으로 개인이 소비하는 여가시간과 비용보다 주변 여가시설에 대한 만족도가 낮다는 것을 알 수 있다.

〈표 10-8〉 여가생활 만족도

요인	질문 문항	m	SD
여가활동에 대한 만족 (m=2.57)	나의 여가활동은 매우 흥미롭다	2.56	.61
	나는 여가활동을 알차게 보낸다	2.52	.63
	여가활동은 나에게 확신을 준다	2.54	.63
	나의 여가활동은 나에게 성취감을 준다	2.66	.63
여가자원에 대한 만족 (m=2.48)	내가 현재 사용하는 여가비용은 만족스럽다	2.52	.65
	내가 현재 즐기는 여가시간은 만족스럽다	2.57	.65
	여가를 즐기기에 내 주변의 여가시설은 만족스럽다	2.35	.65
여가생활 만족도	나는 현재의 여가생활에 대해 전반적으로 만족한다	2.56	.64

* 질문 문항들은 4점 척도를 사용하였음.

사회인구학적 변수에 따라 여가만족도가 차이가 나는지를 분석한 결과는 <표 10-9>에 제시되어 있다. 여가활동에 대한 만족도는 여성의 연령, 취업여부에 따라 $p<.05$ 수준에서, 종교여부에 따라 $p<.01$ 수준에서, 월평균 용돈과 생활수준에 따라 $p<.001$ 수준에서 통계적으로 의미있는 차이를 보일 뿐 여성의 학력, 가족수, 월평균 가계소득, 남편의 직업, 남편의 연령, 남편의 학력에서는 차이가 없었다.

여가활동 만족도는 50대 여성이 가장 높고, 다음이 40대, 30대가 가장 낮게 나타났다. 사후검증 결과 30대와 40대, 30대와 50대 집단간에는 차이가 있지만 40대와 50대 집단간에는 차이가 없었다. 그리고 취업한 여성보다는 전업 주부인 경우에, 종교가 없는 경우보다 종교를 가지고 있는 경우 여가활동 만족도가 높게 나왔다.

월평균 용돈이 30만원 초과하는 집단의 여가활동 만족도가 가장 높았고, 다음이 20만원 초과에서 30만원 이하, 10만원 초과에서 20만원 이하, 가장 낮은 집단은 10만원 이하의 용돈을 쓰는 집단이다. 사후검증 결과 10만원 이하와 10만원 초과에서 20만원 이하인 집단, 10만원 이하와 20만원 초과에서 30만원 이하인 집단, 10만원 이하와 30만원 초과인 집단간에는 차이가 존재할 뿐 10만원 초과에서 20만원 이하, 20만원 초과에서 30만원 이하, 30만원 초과 집단간에는 전혀 집단간의 차이가 없었다. 주관적으로 인지하는 생활 수준이 상과 중상인 집단의 여가활동 만족도가 가장 높고, 다음이 중중, 중하와 하집단이 가장 낮게 나타났다. 사후검증 결과 상과 중상, 중중인 집단, 상과 중상, 중하와 하집단, 중중, 중하와 하집단간에 모두 차이가 있었다. 여유롭게 사용할 수 있는 자유재량 소비액과 주관적 생활수준이 높을수록 여가활동에 만족하는 것 같다.

〈표 10-9〉 사회인구학적 변수에 따른 여가만족도

구분		여가활동 만족도		여가자원 만족도		여가생활 전반 만족도	
		m		m		m	
여성의 연령	30대	2.47	a	2.37	a	2.45	a
	40대	2.60	b	2.53	b	2.58	ab
	50대	2.62	b	2.52	b	2.62	b
	F비	4.479*		5.286**		4.000*	
취업 여부	취업	2.49		2.35		2.43	
	미취업	2.60		2.53		2.61	
	t값	2.249*		3.546***		3.091**	
여성의 학력	고졸 이하	2.56		2.48		2.57	
	전문대졸	2.63		2.53		2.60	
	대졸 이상	2.55		2.40		2.44	
	F비	.881		1.717		2.020	
종교 여부	무	2.47		2.43		2.55	
	유	2.62		2.50		2.55	
	t값	-3.045**		-1.488		-.016	
월평균 용돈	10만원 이하	2.40	a	2.37	a	2.40	a
	10만원 초과-20만원 이하	2.63	b	2.50	ab	2.58	ab
	20만원 초과-30만원 이하	2.67	b	2.58	b	2.69	b
	30만원 초과	2.72	b	2.57	b	2.73	b
	F비	11.790***		4.403**		7.507***	
가족수	2-3명	2.52		2.47		2.56	
	4명	2.61		2.50		2.56	
	5-7명	2.50		2.36		2.49	
	F비	2.305		1.994		.348	
생활 수준	상과 중상	2.71	c	2.57	b	2.68	b
	중중	2.57	b	2.50	b	2.58	b
	중하와 하	2.39	a	2.31	a	2.36	a
	F비	14.172***		10.539***		11.334***	
월평균 가계 소득	200만원 이하	2.44		2.34		2.41	a
	200만원초과-300만원이하	2.49		2.38		2.41	a
	300만원초과-400만원이하	2.58		2.47		2.55	ab
	400만원초과-500만원이하	2.57		2.55		2.65	ab
	500만원초과-600만원이하	2.70		2.57		2.70	ab
	600만원초과-700만원이하	2.72		2.65		2.88	b
	700만원초과	2.74		2.65		2.78	ab
	F비	2.402		3.049		4.675***	
남편의 직업	공무원외 사무직	2.54		2.49		2.61	
	현대계열 생산직	2.55		2.48		2.56	
	석유화학공단계열 생산직	2.62		2.49		2.53	
	자영업자	2.55		2.41		2.48	
	개인경영자	2.62		2.55		2.66	
	F비	.559		.837		1.142	

구분		여가활동 만족도		여가자원 만족도		여가생활 전반 만족도	
		m		m		m	
남편의 연령	30대	2.48		2.33	a	2.42	a
	40대	2.56		2.50	b	2.54	ab
	50대이상	2.62		2.53	b	2.64	b
	F비	2.617		5.782**		5.176**	
남편의 학력	고졸 이하	2.52		2.45		2.52	
	전문대졸	2.59		2.46		2.59	
	대졸 이상	2.63		2.53		2.58	
	F비	2.479		1.347		.626	

* p<.05 ** p<.01 *** p<.001
사후검증으로 scheffe test를 실시하였음.

여가자원 만족도는 여성의 연령, 월평균 용돈, 남편의 연령에 따라 p<.01 수준에서, 여성의 취업여부, 생활수준에 따라 p<.001수준에서 통계적으로 의미있는 차이가 나타났다. 그러나 여성의 학력, 종교여부, 가족수, 월평균가계소득, 남편의 직업, 남편의 학력에 따라서는 차이가 없었다.

여가자원 만족도는 40대와 50대의 여성이 높은 편이고, 30대가 가장 낮았다. 사후검증 결과 30대와 40대, 50대 집단간에는 차이가 있지만 40대와 50대 집단간에는 차이가 없었다. 그리고 취업 여성보다는 미취업 여성의 여가자원 만족도가 높게 나타났다.

월평균 용돈이 20만원 초과에서 30만원 이하와 30만원 초과인 집단의 여가자원 만족도가 높았고, 다음으로는 10만원 초과에서 20만원 이하, 가장 낮은 집단은 10만원 이하였다. 사후검증 결과 10만원 이하와 20만원 초과에서 30만원 이하인 집단, 10만원 이하와 30만원 초과인 집단간에만 차이가 존재할 뿐 나머지 집단간에는 차이가 없었다.

생활수준이 상과 중상인 집단의 여가자원 만족도가 가장 높고, 다음이 중중 집단, 중하와 하집단이 가장 낮은 것으로 나타났다. 사후검증 결과 상과 중상, 중하와 하집단간, 중중 집단과 중하와 하집단간에만 차이가 있었다. 자유재량 소비액과 주관적 생활수준에 대한 인지가 높을수록 여가자원에 대한 만족도도 높은 편이었다.

남편의 연령이 50대 이상인 여성의 만족도가 가장 높고, 다음이 40대였으며, 30대의 남편을 둔 여성의 여가자원 만족도가 가장 낮았다. 사후검증 결과 남편의 연령이 30대와 40대, 3대와 50대 이상인 경우에만 집단간의 차이가 존재하였다.

여가생활 전반에 대한 만족도는 여성의 연령에 따라 $p<.05$ 수준에서, 취업여부, 남편의 연령에 따라 $p<.01$ 수준에서, 월평균 용돈과 생활수준, 월평균 가계소득에 따라 $p<.001$수준에서 통계적으로 의미있는 차이를 보일 뿐 여성의 학력, 종교여부, 가족수, 남편의 직업, 학력과는 차이가 없었다.

여가생활 만족도는 50대 여성이 가장 높았고, 40대, 30대의 순이었다. 사후검증 결과 30대와 50대의 여성에게서만 집단간의 차이를 보였다. 취업여부에서는 취업 여성보다는 미취업 여성의 여가생활 만족도가 높게 나타났다.

월평균 용돈은 30만원 초과에 속하는 여성의 여가생활 만족도가 가장 높았고, 다음이 20만원 초과에서 30만원 이하, 10만원 초과에서 20만원 이하, 가장 낮은 집단은 10만원 이하의 용돈을 받는 여성들이었다. 사후 검증 결과 10만원 이하와 20만원 초과에서 30만원 이하인 집단, 10만원 이하와 30만원 초과인 집단간에만 차이가 있었다.

생활수준이 상과 중상인 집단의 여가생활 만족도가 가장 높았고, 다음이 중중 집단, 중하와 하집단의 순이었다. 사후검증 결과 상과 중상, 중하와 하집단간, 중중 집단과 중하와 하집단간에만 차이가 있었다.

월평균 가계소득에서는 600만원 초과에서 700만원 이하인 집단의 여가생활 만족도가 가장 높은 것으로 나타났고, 다음이 700만원 초과, 500만원 초과에서 600만원 이하, 400만원 초과에서 500만원 이하, 300만원 초과에서 400만원 이하의 순이었으며, 가장 낮은 집단은 월평균 300만원 이하인 집단이었다. 사후검증 결과 200만원 이하와 600만원 초과에서 700만원 이하 집단, 200만원 초과에서 300만원 이하와 600만원 초과에서 700만원 이하 집단만이 차이를 보였다.

남편의 연령이 50대 이상인 여성의 여가생활 만족도가 가장 높으며, 다음이 40대, 30대의 순이었다. 사후검증 결과 남편의 연령이 30대와 50대 이상인 집단간에만 차이가 존재하였다.

2) 여가장애

Crawford & Godbey(1987)는 여가장애(leisure constraint)를 사회심리학적 관점에서 개인의 여가활동을 제한하는 내적인 심리상태와 특성, 대인적 및 상황적 환경을 의미하는 외적 환경이라고 정의하였다. Iso-Ahola와 Mannell(1985)도 여가장애가 주관적이고 심리적인 특성을 가지고 있다고 하였다. 개인이 장애를 장애로 인식할 때만 장애가 되기 때문이다. 어떤 여가활동을 수행할 수 없다는 개인의 인식은 금전, 시간, 능력 등의 부족과 자녀가 있기 때문에 부모의 의무를 해야 한다고 인식하거나 여자라서 일반적으로 남자의 여가활동이라고 기대되는 활동을 할 수 없다고 인식하는 것이다.

Searle & Jackson(1985)은 여가장애를 개인적 특성인 내적장애와 물리적, 사회적 환경과 관련된 외적장애로 구분했다. Howard & Crompton(1984)는 동기적 장애와 물리적 장애로, Boothby, Tungatt & Townsend(1981)는 금지적 장애와 억제적 장애로 여가장애를 나누었다. Iso - Ahola & Mannell(1985)은 개인적 관점에서 장애를 인식하는 근거, 장애형태, 장애의 지속성을 기준으로 여가장애를 구분하였다.

Crawford & Godbey(1987)는 여가활동을 여가선호와 참여라는 관계 속에서 파악하면서 여가장애를 내적 장애, 대인적 장애, 구조적 장애로 분류한다. 내적장애란 여가선호에 작용하는 개인의 심리상태와 특성을 가리킨다. 예를 들면 스트레스, 흥미, 분노, 특정 여가활동에 대한 이전의 사회화, 자신의 능력에 대한 인식, 여가활동에 대한 적성과 이용가능성 등 주관적 성격의 장애를 의미한다. 대인적 장애는 사람들 사이의 관계 또는 상호작용의 결과로 발생한다. 대인적 장애는 공동여가활동에 대한 선호 및 참여에 영향을 미친다. 구조적 장애는 여가선호와 참여 사이에 매개되는 요인으로서 가족의 생활주기, 가족의 경제적 지위, 시간 및 기회의 접근, 계절 및 기후, 특정 활동에 있어서 적성과 관련된 준거집단의 태도 등이 있다. 적성과 이용가능성은 내적장애와 구조적 장애에 모두 포함되는데 이 장애가 구체적으로 어디에 속하는 가는 개인의 경험에 의하여 결정된다.

Crawford & Godbey(1987)에 따르면 여가장애는 여가활동의 결정요소가 아닌 영향요소가 된다. 따라서 여가활동을 가장 적절하게 예측할 수 있는 것은 장애와 선호사이의 역학관계라고 할 수 있다. 구조적 수준에서 선호가 인식한 장애보다 더 강하게 작용한다면 장애가 있음에도 불구하고 여가활동은 이루어 질 것이다. 즉 여가장애란 여가선호와 여가 참여 사이에만 매개되는 것이 아니라 여가선호도에도 영향을 미침으로써 여가활동을 제한하게 된다.

김은정·서충진·정희석·권호준(2008)은 대학생들의 여가태도 중에서 행동적 요인은 경제적 여가장애에 영향을 미치고, 정의적 요인은 가족적 여가장애에 영향을 미친다고 하였다. 청소년들이 여가활동을 하는데 있어 장애수준이 얼마나 되는지를 분석한 결과 전반적으로 주관적·심리적 여가장애수준은 보통을 약간 상회하는 것으로 나타났으며, 청소년의 여가선호와 참여관계에 따른 여가장애수준은 전반적으로 비교적 양호하였으나 하위영역에서 구조적 장애수준이 다소 높은 것으로 나타났다.

여가활동의 장애요인을 분석한 결과는 <표 10-10>에 제시되어 있다. 여가활동 장애요인은 1점 '전혀 동의하지 않는다'에서부터 4점 '매우 동의한다'까지 4점 리커트 척도로 측정하였다. 장애요인을 소극적 여가의식, 여가환경, 개인적 자원부족으로 구분하였는데, 여가환경이 2.68로 가장 높고, 개인적 자원부족 2.37, 소극적 여가의식 2.09로 가장 낮았다. 울산여성들은 여가환경을 가장 큰 장애요인으로 지목하였다.

〈표 10-10〉 여가활동에 대한 장애요인

요인	질문 문항	m	SD
소극적 여가의식 (m=2.09)	여가활동을 할 의욕이 부족하다	2.41	.64
	건강하지 못해서 여가활동을 할 수 없다	1.96	.56
	여가활동을 함께 할 사람이 마땅치 않다	2.21	.64
	여가활동에 대한 가족의 이해가 부족하다	2.11	.65
	자녀가 너무 어려서 여가활동을 할 수 없다	2.12	.74
	종교생활 때문에 여가활동을 할 수 없다	1.89	.59
	게을러서 여가활동을 할 수 없다	2.15	.65
	여가는 시간낭비라는 부정적 이미지 때문에 할 수 없다	1.96	.57
	늘어난 자유 시간 동안 다른 할 일을 해야 한다는 심리적 부담감 때문에 여가활동을 할 수 없다	2.07	.60
여가환경 (m=2.68)	편리하게 이용할 수 있는 여가시설이 부족하다	2.76	.56
	내 취향에 맞는 적절한 여가 프로그램이 없다	2.66	.61
	여가활동을 할 장소가 멀다	2.63	.64
	여가관련 정보가 부족하다	2.65	.61
개인적 자원부족 (m=2.37)	여가활동을 할 시간적 여유가 없다	2.37	.67
	여가활동을 할 경제적 여유가 없다	2.39	.64
	여가활동을 할 마음의 여유가 없다	2.37	.64

* 질문 문항들은 4점 척도를 사용하였음.

소극적 여가의식에 관한 문항분석 결과, 여가활동을 할 의욕이 부족하다가 2.41로 가장 높고, 다음이 여가활동을 함께 할 사람이 마땅치 않다 2.21, 게을러서 여가활동을 할 수 없다 2.15, 자녀가 너무 어려서 여가활동을 할 수 없다 2.12, 여가활동에 대한 가족의 이해가 부족하다 2.11, 늘어난 자유 시간 동안 다른 할 일을 해야 한다는 심리적 부담감 때문에 여가 활동을 할 수 없다 2.07의 순이었다. 그 밖에 건강하지 못해서 여가활동을 할 수 없다와 여가는 시간낭비라는 부정적 이미지 때문에 할 수 없다가 각각 1.96, 종교생활 때문에 여가활동을 할 수 없다가 1.89로 여성의 동의 정도가 비교적 낮은 문항들이다.

여가환경에서는 편리하게 이용할 수 있는 여가시설이 부족하다가 2.76으로 가장 높고, 내 취향에 맞는 적절한 여가 프로그램이 없다 2.66, 여가관련 정보가 부족하다 2.65, 여가활동을 할 장소가 멀다 2.63의 순이었다. 울산 여성들은 여가시설, 프로그램, 정보, 장소의 부재가 여가활동의 큰 장애요인이라 지적하고 있었다.

개인적 자원부족에 관한 문항분석 결과, 여가활동을 할 경제적 여유가 없다 2.39, 시간적 여유, 마음의 여유가 없다가 각각 2.37로 나타났다. 개인 자원의 부재로 여가 활동이 제약을 받고 있었다.

사회인구학적 변수에 따라 여가 장애요인이 차이가 나는지를 분석한 결과는 <표 10-11>에 제시되어 있다. 소극적 여가의식은 월평균 용돈에 따라 $p<.05$ 수준에서, 여성의 취업여부에 따라 $p<.001$ 수준에서만 통계적으로 의미있는 차이가 나타났을 뿐 여성의 연령, 학력, 종교여부, 가족수, 생활수준, 월평균 가계소득, 남편의 직업, 연령, 학력과는 차이를 보이지 않았다.

미취업 여성보다 취업 여성에게서 소극적 여가의식이 더 높았으며, 월평균 용돈이 30만원 초과하는 집단일수록 가장 높고, 다음이 10만원 이하, 20만원 초과에서 30만원 이하, 10만원 초과에서 20만원 이하 집단의 소극적 여가의식이 가장 낮은 것으로 나타났다. 사후검증 결과 10만원 초과에서 20만원 이하와 30만원 초과 집단, 20만원 초과에서 30만원 이하와 30만원 초과 집단에서만 차이를 보였다.

여가환경은 남편의 연령에 따라 $p<.05$ 수준에서, 여성의 연령과 생활수준에 따라 $p<.01$ 수준에서 통계적으로 의미있는 차이가 나타났고, 여성의 취업여부, 학력, 종교여부, 월평균 용돈, 가족수, 월평균 가계소득, 남편의 직업, 학력에서는 차이가 없었다.

여성의 연령이 30대인 경우 여가장애요인으로 여가환경을 많이 꼽았고, 다음으로 50대, 40대였다. 사후검증 결과 30대와 40대 집단간에만 차이를 보였다. 생활수준에서는 중하와 하집단이 여가환경에 대한 지적을 많이 하였고, 사후검증 결과 상과 중상, 중하와 하집단 그리고 중중, 중하와 하집단 간에만 차이가 있었다. 남편의 연령이 30대인 경우 여가환경에 대한 지적이 많았고, 사후검증 결과 30대와 50대 이상인 집단간에만 차이가 존재하였다.

개인적 자원부족은 남편의 직업과 연령에 따라 $p<.05$ 수준에서, 여성의 연령에 따라서는 $p<.01$ 수준에서, 여성의 취업여부와 생활수준에 따라서는 $p<.001$ 수준에서 통계적으로 의미있는 차이가 나타났다. 그러나 여성의 학력, 종교여부, 월평균 용돈, 가족수, 월평균 가계소득, 남편의 학력에서는 통계적 차이가 없었다.

30대의 여성일수록 개인적 자원부족이 높게 나타났고, 사후검증 결과에서도 30대와 40대, 30대와 50대 간에만 차이를 보였다. 미취업 여성보다는 취업 여성에게서, 생활수준이 중하와 하집단 일수록 여가 장애요인으로 개인적 자원부족을 많이 지적하였다. 사후검증 결과에서도 상과 중상, 중하와 하집단 그리고 중중, 중하와 하집단 간에만 차이가 있었다.

남편의 직업이 자영업자일수록 개인적 자원부족으로 여가활동이 어려우며, 다음이 현대계열 생산직, 개인경영자, 석유화학공간계열 생산직, 공무원외 사무직의 순이었다. 사후검증 결과 공무원외 사무직과 자영업자간에만 집단간의 차이를 보였다. 남편의 연령이 30대일수록 개인적 자원부족이 높고, 다음이 40대, 50대 이상의 순으로 나타났다. 사후검증결과 남편의 연령이 30대와 50대 이상인 집단 간에만 차이가 있었다.

〈표 10-11〉 사회인구학적 변수에 따른 여가 장애요인

구분		소극적 여가의식		여가환경		개인적 자원부족	
		m		m		m	
여성의 연령	30대	2.11		2.77	b	2.49	b
	40대	2.11		2.62	a	2.32	a
	50대	2.06		2.65	ab	2.32	a
	F비	1.187		5.315**		7.096**	
취업 여부	취업	2.20		2.70		2.63	
	미취업	2.04		2.66		2.25	
	t값	-4.591***		-.819		-8.482***	
여성의 학력	고졸 이하	2.07		2.66		2.36	
	전문대졸	2.14		2.73		2.41	
	대졸 이상	2.13		2.69		2.40	
	F비	1.779		1.087		.440	
종교 여부	무	2.09		2.72		2.40	
	유	2.09		2.65		2.35	
	t값	.121		1.898		1.025	

구분		소극적 여가의식		여가환경		개인적 자원부족	
		m		m		m	
월평균 용돈	10만원 이하	2.10	ab	2.75		2.46	
	10만원 초과-20만원 이하	2.04	a	2.63		2.32	
	20만원 초과-30만원 이하	2.06	a	2.65		2.29	
	30만원 초과	2.21	b	2.62		2.33	
	F비	3.431*		2.686		3.497	
가족수	2-3명	2.09		2.70		2.34	
	4명	2.08		2.67		2.37	
	5-7명	2.16		2.64		2.46	
	F비	1.011		.460		1.218	
생활 수준	상과 중상	2.11		2.64	a	2.28	a
	중중	2.09		2.64	a	2.31	a
	중하와 하	2.09		2.78	b	2.59	b
	F비	.265		5.033**		17.476***	
월평균 가계 소득	200만원 이하	2.13		2.81		2.52	
	200만원초과-300만원이하	2.06		2.70		2.43	
	300만원초과-400만원이하	2.08		2.62		2.34	
	400만원초과-500만원이하	2.11		2.66		2.33	
	500만원초과-600만원이하	2.18		2.76		2.31	
	600만원초과-700만원이하	2.13		2.72		2.19	
	700만원초과	2.02		2.56		2.34	
	F비	.822		1.832		1.950	
남편의 직업	공무원외 사무직	2.02		2.60		2.27	a
	현대계열 생산직	2.14		2.72		2.40	ab
	석유화학공단계열 생산직	2.03		2.67		2.30	ab
	자영업자	2.13		2.65		2.49	b
	개인경영자	2.07		2.70		2.32	ab
	F비	2.257		1.233		3.371*	
남편의 연령	30대	2.07		2.77	b	2.47	b
	40대	2.13		2.65	ab	2.37	ab
	50대이상	2.07		2.65	a	2.32	a
	F비	1.178		3.227*		3.212*	
남편의 학력	고졸 이하	2.09		2.69		2.38	
	전문대졸	2.07		2.65		2.42	
	대졸 이상	2.12		2.68		2.34	
	F비	.423		.230		.722	

* p〈.05 ** p〈.01 *** p〈.001
사후검증으로 scheffe test를 실시하였음.

제 11 장
울산시 여성 여가정책의 미래

이 장에서는 울산광역시의 여가산업의 문제와 여가문화정책의 실패와 발전 방향 통하여 여가인프라를 분석하고, 울산여성의 여가소비문화의 특성과 여가의 질을 제고시키기 위한 방안에 관하여 논의하였다.

1. 울산광역시 여가인프라

1) 울산광역시 여가산업의 문제

울산광역시는 1997년 7월에 광역시로 승격되었기 때문에 다른 광역시에 비해 재원을 여가산업분야에 투자할 수 있는 역량을 최근에야 갖출 수 있었다. 그러므로 광역시로 승격된 뒤 10여 년이 지난 현 시점에서 여가산업이 가장 적게 발달한 것은 당연하다고 볼 수 있다. 또한 인구가 110만 명으로 타 광역시에 비해 적고 인근의 경주나 부산으로 여가산업을 즐기러 가는 시민이 많다는 점을 감안한다면 여가산업 활성화를 당장 기대하기도 어려운 형편이다. 그러나 울산광역시 시민들의 경제적 수준이 향상됨에 따라 복지정책의 확충이 필요하고 앞으로 새로운 부가가치를 산출할 수 있는 산업이 여가산업분야임을 감안한다면 광역시의 경쟁력을 제고시키기 위해서는 여가산업분야를 간과해서는 안 될 것 울산광역시의 여가산업의 발전방향을 모색해보자(최성훈, 2010a; 문상식, 2010; 서정희 등, 2010).

(1) 특정 분야에 편중되어 발전한 여가산업

울산광역시의 여가산업은 전국에 비해 열악한 수준을 보일뿐 아니라, 휴양이나 여행, 체험 또는 문화관람 분야에 비해 스포츠 관련 분야에 편중되어 있다는 문제가 제기되고 있다.

울산광역시의 특정 분야에 편중된 여가산업의 발달은 첫째로, 여가산업분야에서 가장 우리 생활에서 쉽게 접할 수 있는 여가활동이 스포츠분야로 상대적으로 여가산업으로 육성하기에 용이했기 때문으로 판단할 수 있다. 둘째, 비일상적인 여가산업을 육성할 수 있는 대규모 레저 시설의 입지 여건이 입지적으로 유리하지 못하기 때문에 일상적인 스포츠 관련 분야가 발전한 것으로 판단된다. 휴양 및 휴식, 여행 및 체험(학습), 겜블링 분야와 같은 여가산업을 육성하기 위해서는 시설의 규모가 크고 대형 레저시설이 입지하기 용이해야 하는데, 이미 인접해 있는 부산과 경주가 이 분야에서 발전된 모습을 보여주고 있다. 따라서 지리적인 입지 선정에 있어 울산광역시는 비일상적인 여가산업 분야보다 일상적인 여가산업 분야가 발전했다고 볼 수 있다.

여가산업 현황 조사에서 스포츠 관련 분야의 사업체수와 종사자 수만을 기준으로 비교하였기 때문에 한계는 있으나, 울산광역시는 민간의 자발적인 사업 전개보다 공공사업으로 투자가 유도되어 비효율적이라는 문제가 있다. 지역민의 욕구에 부응하기 위한 공공투자로 특정분야에 집중되어 여가산업이 발달했는가에 대한 문제제기가 필요하다. 지역 내의 상대적인 수요의 차이를 감안하지 않고 특정분야에 집중적인 투자가 이루어졌다면 불필요한 예산낭비로 다른 여가산업의 발전을 저해할 수 있기 때문이다.

상대적으로 입지적 요건의 확충이 필요한 비일상적인 여가산업을 확충하게 되면 일상적인 여가산업에 비해 지역 내 취업인구 확충이나, 지역 밖으로 유출되는 여가비용의 지역 내 유입의 유도, 그리고 장기적인 여가산업발전의 도모 등 지역사회에 기여하는 부분이 크다고 볼 수 있다. 따라서 비일상적인 여가산업분야에서 입지조건의 제약을 덜 받는 분야를 찾아 이를 육성시켜야 할 것이다. 지역 내에 있는 태화강이나 강동지구와 같은 여가자원을 활용하여 전통문화와 관광 분야에 대한 투자를 확충하거나, 지역 대학과 연계하여 높은 교육수준을 확충하여 생태교육이나 문화교육 등 교육과 여가를 함께 한 체험프로그램의 개발로 여가서비스제공분야를 발전시키는 것도 좋은 방안이 될 것이다.

(2) 여가산업 민간사업화의 한계점

여가산업의 활성화를 위해서는 민간사업을 통해서 다양한 분야에서 콘텐츠를 갖춘 경쟁력이 있는 산업들이 들어설 필요가 있다. 그러나 여가산업은 특정한 공간에서 서비스를 제공하기 위한 시설 등을 갖추어야 하기 때문에 초기 투자의 부담이 큰 산업으로 민간사업이 뛰어들기에 많은 어려움이 있다.

울산광역시의 경우 석유화학, 자동차, 조선 산업관련 대기업들이 노동자의 복지향상을 위해서 천연/인조잔디축구장, 빙상장, 테니스장, 종합스포츠센터, 공원 등과 관련한 시설을 거의 무상으로 제공하고 있기 때문에, 지역민이 민간자본을 들인 여가서비스를 이용하는데 기꺼이 비용을 지불하는 것이 쉽지 않다. 뿐만 아니라 인근 경주와 부산 등에서 휴양 및 휴식, 여행 및 체험(학습)분야에 대한 시설투자가 활발히 이루어지고 있기 때문에 울산광역시 내에서 이러한 분야에 투자하는 것은 부담이 될 수밖에 없다.

이러한 여가산업 민간사업화의 한계점은 여가시설 및 서비스에 비용을 지불하는 시민뿐만 아니라, 울산광역시의 여가산업에 대한 투자의지를 약하게 만드는 원인으로 작용할 수 있다. 따라서 민간사업분야에서 여가산업을 활성화하기 위해서는 경주와 부산에서 갖추지 못한 새로운 여가산업분야를 찾아 선정하거나, 지역민의 수요조사를 통한 맞춤식 여가산업을 장려하여 울산광역시에서 운영을 맡고 임대료 및 수익료의 분할을 통한 민간사업과 공공사업의 혼합형태를 제시할 수 있다.

(3) 환경과 관련한 개발논리 문제

여가산업의 활성화 중에서 상당수의 여가시설은 지역개반사업의 일환으로 조성되므로 자연환경을 훼손한다는 논리와 개발을 통한 수익창출의 논리가 대립하는 경우가 많다.

울산광역시의 경우 개발이 가능한 대부분의 지역이 개발제한구역으로 지정되어 있으므로 여가시설을 조성한다는 것 자체가 환경을 파괴하는 문제로 이어지게 된다. 뿐만 아니라, 스포츠 관련 분야의 경우 시설에서 발생하는 소음이나 시설 주변의 교통체증 등 다양한 주민민원과 연결될 수 있다. 이러한 문제들은 단순히 환경

문제와 지역민의 불만으로 그치는 것이 아니라, 자연을 훼손하면서 발생하는 환경 문제 해결비용과 지역민의 이해를 얻기 위한 금전적, 시간적 비용과 연결된다. 특히 울산광역시의 문제점으로 지적되었던 민간사업의 저조한 투자문제와 관련하여, 이러한 문제들이 민간사업자들의 투자장벽으로 작용할 수 있다.

따라서 울산광역시의 환경훼손을 적게 하면서도 여가산업을 할 수 있는 여가정보제공산업을 육성하거나, 상대적으로 타 지역에 비해 낙후된 지역에 환경을 훼손하지 않으면서 인구 유입이 될 수 있는 여가시설을 확충하는 것이 필요하다. 울산광역시의 경우 해양산업이 물류수송 부분에 치중되어 있지만, 지역민의 경제 수준의 발전과 함께 앞으로 각광받을 여가산업 분야로 해양레저산업의 육성을 모색하는 것도 필요하다. 해양레저 산업은 지역 조선산업의 기반을 활용하여 레저용 요트와 같은 선박 제조산업에 투자할 수 있으므로 상대적으로 환경을 훼손한다거나, 지역민에게 불편을 주는 산업분야는 아니다. 따라서 요트와 같은 해양레저용품산업이나, 각종 해양레저대회 유치나 해양레저용품 전시회 등 다양한 여가산업관련 분야의 행사를 유치하고 이를 활용하는 여가산업의 발전을 모색해볼 필요가 있다.

2) 울산광역시의 여가문화정책

울산광역시는 주요시정 계획에 '문화도시 조성' 계획을 통해서 여가문화 정책을 수립하고 있다. 2009년도 시정계획은 '활기차고 품격있는 문화도시 조성'으로 울산정신을 재조명하고 울산의 정체성 확립을 위해서 최현배선생 생가 복원, 대곡박물관, 옹기문화관을 개관하고 시립 박물관을 착공하는 정책성과를 올렸다. 2010년 역시 시정계획을 '품격높고 활기찬 문화도시 조성'을 세움으로서 문화도시의 정착에서 한 단계 높은 수준의 품격을 갖추는데 그 목적을 두고 있다(서정희 등, 2010).

(1) 전통문화 발굴과 계승·발전

울산광역시는 전통문화를 발굴하고 재조명하여 전통문화의 계승과 발전을 위한 정책을 펼치고 있다. 2011년 1월에 준공된 울산대공원 내의 울산박물관은 지하 1층 지상 2층 규모로 사업비 460억원에 달하는 창조적 역사문화공간으로 어린이관, 산업사관을 포함하는 종합 역사문화공간으로 조성되었다. 이를 위해 울산광역시는 준공을 위한 사업비 마련 뿐만 아니라 박물관 개관을 위한 전시 유물 확보와 운영

인력 양성에 힘쓰고 있다.

울산광역시에는 역사문화자원이 제대로 된 평가를 받지 못하는 측면이 있어 전통문화유산을 복원하고 정비하는 정책을 펼치고 있다. 반구대암각화 보전 대책을 마련함과 동시에 이를 세계문화유산으로 등재를 추진하고 있으며, 병영성, 언양읍성, 서생포왜성 등의 성을 복원하여 성(成)의 도시를 구현하고자 노력하고 있다. 뿐만 아니라 태화루 복원을 위한 암벽 보수 및 문화재 발굴 및 각종 전통사찰들을 보수·정비하고 있다.

지역사회의 정신을 알리기 위한 정책으로 초등학교 5학년 1만 명을 대상으로 한 박상진, 최현배, 박제상 등 지역인물의 활동상과 충의정신을 학생들에게 전승하고 있다. 아울러 기박산성 의병축제 개최나 오영수문학제, 서덕출 문학상 등 지역문예인의 기념사업을 추진하는 등 지역사회의 인물을 통한 정신계승에 힘쓰고 있다. 인물들의 정신뿐만 아니라 지역정체성으로 대변될 수 있는 울산 농요, 울산 쇠부리놀이, 병영 서낭치기 등 민속 문화를 계승하는 사업을 펼쳐 문화의 계승을 통한 지역사회의 발전을 도모하기 위한 정책을 추진하고 있다.

울산박물관 시민 100명당 4.4명 찾아

울산박물관이 개관 한 달 만에 5만여 명이 찾은 것으로 나타났습니다. 울산박물관은 지난달 22일 개관 이후 주말에는 평균 4천여 명이, 주중에는 2천여 명이 다녀가는 등 울산시민 100명 중 4.4명이 찾은 것으로 나타나 시민들로부터 큰 관심을 받고 있는 것으로 나타났습니다. 박물관 측은 다른 박물관에는 없는 산업사관과 역사관의 전시물을 보기 위해 다른 지역에서도 많이 찾고 있어, 앞으로 전국적인 박물관으로 자리잡을 것으로 보인다고 밝혔습니다

〈출처 : YTN, 2011년 8월 2일자〉

(2) 지역 문화예술 역량 강화

타 지역에 비해 문화예술의 저변이 약하였던 울산광역시는 지역사회의 문화예술에 대한 역량 강화와 육성을 위한 정책을 펼치고 있다. 문화예술의 저변 확대를 위한 정책활동으로 중구문예회관이 2011년 건립될 예정이며, 2009년에 시행한 울산메세나 운동을 통해 지역사회 기업과 관련기관을 연결하여 민간투자를 통한 문

화예술의 역량강화를 정책적으로 지원하고 있다. 문화의 소외계층으로서 제대로된 문화를 즐길 수 없는 지역민을 위해서 연 50회에 걸쳐 '찾아가는 문화활동'으로 복지시설을 방문하고 있으며, 연 60회에 걸쳐 '길거리 문화공연'을 실시하여 공원이나 아파트 등지에서 많은 지역민에게 문화예술을 선보이도록 지원하고 있다.

지역민이 생활 속에서 함께 즐길 수 있는 문화예술 활동을 위해 레이보우 문화마당, 태화강 대숲 납량축제, 태화강 락 페스티벌, 울주문화 오디세이 등 시민과 함께하는 문화공연 활동을 강화하고 있다. 이러한 지역민 축제를 넘어서 간절곶 해맞이 축제, 울산 섬머페스티벌, 태화강국제조형물설치 미술제, 고복수 가요제 등의 행사를 통해 전국적인 문화축제 공연도 기획하고 있다. 상대적으로 미진했던 지역문화산업을 육성하기 위해서 고래, 암각화 등 울산의 대표적인 전통문화자원에 대한 스토리텔링 공모전을 실시하고, 매년 울산 애니·캐릭터 축제를 개최하여 건전한 애니메이션의 산업화를 도모하고 있다.

울산 메세나 페스티벌 10일 개막

'2010년 울산 메세나(Mecenat) 페스티벌'이 오는 10~12일 사흘간 울산문화예술회관 야외공연장에서 개막된다. 이 행사는 지역 기업들의 메세나(문화예술활동 지원) 운동을 확산시키고 메세나 참여 기업과 문화예술단체들이 그동안의 성과를 확인하는 자리로 마련된다. 행사를 주관하는 울산시는 "현재 41개 기업과 단체로부터 지원받는 총 44개 문화예술단체가 공연과 전시·체험행사를 마련하며, 이들을 지원하는 41개 기업·단체도 함께 참여한다"고 5일 밝혔다.

공연단체로는 울산무용협회와 놀이패 동해누리, 풍물단 버슴새, 울산사회문화원, 울산챔버오케스트라, 북구여성합창단, 울산학춤보존회 등 20여개가 각각 15~30분씩 공연한다. 울산사진작가협회, 울산연극협회, 남구문화원, 북구문화원, 울산미술협회, 박상진의사 추모사업회, 병영서낭치기 등 20여개 단체는 각각 부스를 설치하고 활동작품이나 문화활동에 사용한 소품 등을 전시한다. 또 포토존을 운영하거나 줄타기, 솟대 만들기, 한지공예, 목공예 등 각종 체험행사도 선보인다.

울산시는 2007년 5월 메세나추진위원회를 구성한 것을 계기로 지역 기업의 메세나 운동 참여를 적극 권장하고 지원해왔다. 주요 자매결연 업체와 단체는 SK에너지-울산대공원아티스트, 경동도시가스-악당(樂堂), 울산농협-울산연극협회, 경남은행울산본부-풍물예술단 버슴새, 성진지오텍-울산심포니에타, 덕양에너젠-울산사진작가협회, 동덕산업가스-동구향토사연구회 등이다.

〈출처 : 조선일보, 2010년 9월 5일자〉

(3) 지역 대표축제의 성공적 개최

울산지역에는 특화된 지역의 대표적인 축제가 매년마다 개최되고 있다. 울산광역시는 울산을 대표할 수 있는 3대 축제를 선정하여 성공적인 개최를 위해 지원하고 있으며, 개최에 따르는 다양한 프로그램 개발에 힘쓰고 있다.

'울산세계옹기문화엑스포'는 우리의 문화를 대표하는 옹기를 소재로 한 세계 최초의 문화엑스포로 타 지역과 차별화되는 대표축제 중의 하나이다. 단순하게 전시행사만 개최하는 것이 아니라 옹기의 과학적인 성과입증을 통해 그 우수성을 널리 알릴 수 있도록 국제학술행사 등을 같이 개최한다. 울산광역시에서는 적극적인 홍보와 관람객 유치를 위해서 자체 홈페이지를 통해서 행사를 소개하고, 문화엑스포가 폐막한 이후에도 테마거리를 조정하는 등 엑스포 시설물을 관광자원으로 활용하고 있다.

50여년의 역사를 가진 '처용문화제'는 울산의 역사와 정취를 알리는 지역축제로서 오랫동안 자리를 잡았다. 지역민의 문화축제로서 끝나는 것이 아니라, 울산을 알릴 수 있는 대표적인 축제가 될 수 있도록 지역문화예술을 월드뮤직과 접목하여 세계적인 축제로 알리고자 노력하고 있다. 뿐만 아니라 처용퍼레이드, 처용 탈방 등 행사를 추진하여 문화축제의 정체성 확립을 위한 다양한 컨텐츠를 개발하고 있다. 한 때 '죽음의 강'이라고 불렸던 태화강을 지역민들의 참여를 통해 '생명의 강'으로 바꿔 성공적인 생태도시 울산을 도약하게 만든 '태화강 물축제'는 태화강 워터쇼, 프린지 공연, 모노핀 수영을 추가 하여 다채로운 프로그램을 구성하여 울산 홍보에 주력하는 축제로 이끌고 있다.

울산고래축제·태화강 물축제 합쳐 울산고래축제

울산고래축제와 태화강 물축제를 통합한 '2011년 울산고래축제(Ulsan Whale Festival)'가 오는 5월26일부터 29일까지 태화강과 장생포 일원에서 열린다. 또 태화강 물축제의 핵심 행사였던 태화강 전국수영대회는 바다수영대회로 전환되고, 태화강 용선대회는 고랫배대회로 명칭이 바뀌어 울산고래축제에 흡수된다. 울산고래축제추진위원회(위원장 김진규)는 올해부터 울산시 남구가 주관하는 울산고래축제와 울산시가 주관하는 태화강 물축제를 하나로 합쳐, '고래의 꿈, 푸른 울산'이란 주제로 2011년 울산고래축제를 연다고 2일 밝혔다. 2011년 울산고래축제는 울산시민 120명으로 구성한 시민극단을 개막식 예술행사에 참여시키는 것이 특징이다.

고래축제추진위는 춤과 노래, 연극에 자신이 있는 초등학교 6학년부터 만 60세 미만의 울산시민을 공개 오디션을 통해 모집해 일주일에 한 차례씩 전문 연습을 시켜 개막식 무대에 세울 계획이다. 울산고래축제의 주요 행사였던 고래퍼레이드는 교통 불편과 소음 등의 민원이 발생해 없애기로 했으며, 장생포 해양공원 부지에서 진행했던 선사고래잡이 재연 행사는 태화강 위에서 수상 멀티 행사로 확대해 열기로 했다.

또 나흘 동안의 축제기간에 울산 앞바다에서 고래 탐사를 하는 고래관광 크루즈 운항, 온라인 고래아저씨 선발 대회를 비롯해 리얼선사체험촌 등 21종류의 다양한 참여·전시, 체험 행사를 마련해 많은 시민을 끌어들이기로 했다. 축제추진위 관계자는 "고래축제와 물축제를 통합하면 개·폐회식 예산을 절감하고 엇비슷한 형태의 프로그램을 하나로 묶을 수 있다"며 "태화강 물축제는 올해부터 폐지하고 대신 여름철에 동구 일산해수욕장 등지에서 전국바다수영대회로 전환할 계획"이라고 말했다.

〈출처 : 연합뉴스, 2011년 3월 2일자〉

(4) 활기차고 건강한 체육도시 기반 조성

울산광역시의 대표적인 여가문화 분야는 바로 스포츠레저분야이다. 지역민이 일상 속에서 즐길 수 있는 대표적인 분야로서 울산광역시는 매년 이 분야를 지원하고 있다. 건전한 여가문화 정착을 위해서 생활체육 인프라를 확충하는 사업을 통해 체육시설을 확충하고 있다. 중구 구민운동장과 구민체육센터와 남구 국민체육센터를 건립하고, 태화강둔치에 축구장을 조성하였고, 울산체육공원에 테니스장 확장하는 사업을 하고 있다. 그리고 이화중학교 등 지역의 8개교에 인조잔디운동장을 조성하여 체육시설을 정비하고 있다.

생활체육 프로그램을 보급하고 운영하여 생활체육의 저변 확대를 위해 노력하고 있다. 특히 시민생활체육대회나 어르신생활체육대회 등을 지원하여 지역민의 생활체육 활성화를 위해 노력하고 있으며, 세계윈드서핑대회나 한일 생활체육 교류전 등 생활체육 국제교류의 활성화를 통해 그 영역을 넓히고 있다.

울산을 알릴 수 있는 지역의 실업팀 운영을 지원하거나 학교체육을 통한 선수 지원을 확대하여 엘리트체육도 집중적으로 육성하고 있다. 한중일 축구팀의 대회를 통해 국제 도시간 스포츠교류는 물론 2010년 남아공 월드컵의 선전을 위해 A매치를 유치하는 행사 등을 통해서 엘리트체육을 통한 울산 알리기에 주력하고 있다. 일반인뿐만 아니라 장애인체육의 활성화를 위해서 전국 장애인 체육대회를 개최하고 장애인 체육 자원봉사단을 구성하여 운영하는 등 체육복지에도 힘쓰고 있다.

(5) 관광 인프라 구축

울산지역에서 상대적으로 열악한 여가 문화분야인 관광분야를 강화하기 위해서 타 지역과 차별화될 수 있는 정책을 펼치기 위한 노력이 본격적으로 시행되고 있다.

울산의 강동권에 관광개발사업을 본격적으로 추진하기 위한 노력이 진행 중이다. 2011년 개장하는 트리빅리조트를 착공하였으며, 타워콘도 및 청소년 수련지구·허브테마지구를 착공할 예정이며, 강동 국제중학교 설립을 신청하여 주요시설물을 건립하도록 정책적으로 움직이고 있다. 이러한 주요시설물을 건립하기 위한 진입도로나 내부순화도로를 개설하고, 강동하수처리장 건설을 추진하는 등 도시기반시설 조성에도 힘쓰고 있다. 울산광역시의 지자체 예산과 정책으로 힘든 부분은 민간과 협동으로 이룰 수 있도록 강동권에 대한 민간투자유치를 위한 투자박람회나 국제관광투자 컨퍼런스 등에 참가하여 적극적인 홍보를 하려고 노력하고 있다.

울산이 특색 있는 관광지구로 도약하기 위해 영남알프스, 울산 고래관광, 울산 12경 관광브랜드화 사업 등 동남내륙문화권의 특정지역으로 지정되기 위한 도로시설 지원사업이나 관광자원 정비사업 등을 추진하고 있다. 또한 KTX의 울산역과 고래바다여행선을 연계하여 새로운 시티투어 프로그램을 개발할 계획이며, 동남아나 일본의 여행관계자, 국내 여행관계자 등을 초대하여 팸투어를 실시하거나 관광설명회를 갖는 등 관광마케팅을 강화하고 있다.

3) 울산광역시의 여가문화정책의 발전 방향

울산광역시는 매년 지역의 여가문화 정착과 발전을 위한 정책을 지속적 또는 새롭게 시행하고 있다. 그러나 여가문화 정책에 있어서 특정분야의 편중된 점, 계속적 사업의 추진성과에 따른 비효율성, 차별화되지 못하는 여가문화 정책 등 한계를 드러내는 부분이 있다. 따라서 울산광역시가 추진하고 있는 다양한 여가문화 정책이 어떠한 방향으로 가야 할지 모색해볼 필요가 있다. 이를 통해서 지역민의 여가문화복지 향상은 물론 여가산업을 통한 시의 재정확보 나아가 울산의 정체성 및 우수성을 널리 알릴 수 있는 문화적 토양을 조성할 수 있도록 하여야 할 것이다(문상식, 2010; 서정희 등, 2010).

(1) 공공투자의 효율적 분배를 통한 지역 여가문화산업의 기반 강화

울산광역시는 지역의 여가문화 산업의 발전을 위해서 우선 현실적으로 잘 갖춰져 있지 못하는 여가문화관련 인프라를 확충할 필요가 있다. 여가문화관련 인프라 확충은 초기 비용부담이 크기 때문에 민간산업분야에서 쉽게 뛰어들기에 어려움이 있으므로 공공투자의 확대가 필요하다. 그러나 무분별한 공공투자는 자생적인 인프라 확충을 저해하는 요소로 작용할 수 있으므로 지역내 또는 분야별로 효율적인 분배를 통해 이를 확충해 나가는 방향을 제시할 수 있다.

관련 인프라 확충에 가장 시급하게 투자가 되어야 할 분야는 바로 인적자원분야이다. 울산광역시가 제시하고 있는 여가문화 정책의 경우 사업이나 시설물에 대한 확충에 그치고 있어 장기적으로 지역 내 전문가 육성을 통한 지속적인 사업연계 및 고부가가치 산업 유지는 어려움이 많다. 울산은 대학의 수가 타 지역에 비해 적으며 여가문화산업과 관련한 정규교육기관 및 기타 사설 기관 역시 적기 때문에 고급인력을 배출하기가 쉽지 않다. 따라서 지역 대학 및 전문인력 양성을 위한 프로그램이나 재교육사업, 특성화 교육사업 등을 산·학·연 연계 프로그램을 통해 집중 육성, 지원할 필요가 있다.

인적자원분야 이외에도 울산지역의 풍부한 문화자원에 비해서 이를 알리고 이용할 수 있는 박물관, 도서관, 공연장, 미술장 등 문화인프라가 매우 부족한 측면이 있다. 이는 지역민의 여가문화에 대한 접근성을 떨어뜨리는 요인으로 결국 여가문화사업의 기반을 약화시키는 요인으로 작용할 수 있다. 무분별하게 지역 내에 같은 여가문화 분야의 시설을 건립하기보다 지역민의 수요와 접근성들을 고려하여 다양한 여가문화시설을 분배하여 설립하여 여가문화에 대한 지역민의 접근성을 높여 이를 통한 문화 인프라 확충을 모색해야 할 것이다.

(2) 지역축제 등 문화이벤트의 적극적 활용

울산광역시에서 열리는 지역축제는 21개 정도로 그 수가 많은 편이라 할 수 있다. 이러한 지역축제는 그 자체로 여가문화자원이지만 나아가 울산광역시의 여가문화를 알리고 지역경제를 활성화시키는 수단으로 활용될 수 있다.

울산광역시에서 추진되는 다양한 지역축제는 아직까지 성공적인 개최를 통해 관광객 수가 어느 정도 유치되었느냐에만 초점이 맞춰져 있어 장기적인 안목에서 지역축제 정착이나 이를 통한 수익창출은 어려운 측면이 많다. 이러한 협소한 시각은 단순히 지역내 주민들만의 축제로 끝이 나거나, 민간에서 유입되는 예산의 감소로 지역축제로서의 자생력을 약화시킬 수 있다는 단점이 있다.

따라서 지역의 축제를 활용하여 울산광역시 자체의 특징적인 문화자원의 가치를 높이고 이러한 콘텐츠를 통해서 지역산업에 활용하는 방안이 필요하다. 축제의 마스코트를 활용한 캐릭터 상품 판매나 지역연계사업을 통한 지역특산품 판매 연계 등을 통해서 지역축제가 단순한 여가문화 전략이나 자원으로서 그치는 것이 아니라 문화산업의 창출을 위한 저변을 확대해 나가는 계기가 되어야 할 것이다.

(3) 울산만의 특색 있는 문화상품 개발 및 마케팅 강화

울산광역시의 여가문화정책에서 울산만의 독특한 여가문화사업을 위해서 지역축제분야에 많은 노력을 기울이고 있지만 울산만의 문화상품을 개발하려는 노력은 찾기 힘들다. 공공투자가 많이 이루어지고 있으며 민간투자가 어려움이 많은 현 시점에서 울산만의 특색 있는 문화상품을 발굴해내어 이를 상품화해나갈 수 있다면, 민간투자 유치는 물론 지자체 예산을 충당하여 여가문화정책에 재정적 지원도 늘릴 수 있을 것이다.

제주도의 올레길의 경우 지역민이 모여 만든 문화상품이지만 지자체의 예산과 다양한 마케팅 정책을 펼쳐 제주만의 특색을 보여주는 희소성 높은 문화상품이 되었다. 단순하게 홍보차원에서 알리는 것이 아니라 제주 올레길에서 줄 수 있는 문화적인 감수성을 자극하여 관광객을 유치하여 유형으로 보이는 문화자원으로서 가치뿐만 아니라, 이를 통해 얻는 무형의 문화자원을 충족시키고 있다. 따라서 울산 역시 울산의 다양한 문화자원을 활용할 때 사람들의 무형의 감수성을 자극시킬 수 있는 마케팅을 모색해 볼 필요가 있다.

또한 제주의 올레길의 경우 제주에서만 볼 수 있는 것이라는 인식이 강하다. 즉 문화상품이 희소가치가 있어야 그 품질에 대한 가치가 높아진다는 것을 알 수 있다. 따라서 울산만의 문화상품을 제작하더라도 그것이 울산에서만 집중적으로 판매될 수 있도록 희소성을 높이는 판매망을 구축하는 것이 필요하다. 이러한 고유성은 상품에 대한 품질문제를 넘어서 울산만의 고유한 정체성을 알려 이미지를 확립하여 장기적인 수요를 창출할 수 있다는 점에 큰 효과가 있다.

(4) 테마를 활용한 문화 관광상품 개발

울산광역시는 강동권 개발을 통한 관광산업의 활성화를 기대하고 있다. 그러나 단순하게 위락시설이나 관광특구지정으로만 그친다면 타 지역과 차별화되는 정책적 효과를 가져올 수 없다. 상대적으로 지역민의 수가 적고, 입지적인 열악함으로 인해 수요적인 측면에서 많은 외부유입이 이루어져야 하는 상황이기 때문에 정책을 펼치더라도 그 결과를 장담하기 힘든 것이 사실이다. 이는 울산에서만 즐길 수 있는, 울산에서만 느낄 수 있는, 울산에서만 만질 수 있는 희소성 있는 테마를 통한 경험을 통해 얻을 수 있는 문화관광상품이 개발해야 할 필요성을 의미한다.

따라서 울산 특유의 문화적 체험을 소재로 한 테마형 관광 상품을 개발하여 관광객들의 기호를 충족시킬 수 있는 관광 상품을 제공하는 것이 필요하다. 뿐만 아니라, 울산의 유명 관광지들을 전시나 공연, 쇼 등 다양한 프로그램으로 엮어서 상품을 개발하거나 특정 테마를 중심으로 한 놀이시설이나 숙박시설을 구축하는 등 테마파크를 조성하여 활용할 수 있다. 제주의 자동차박물관이나 유리의 성과 같이 지역사회와의 개연성은 적지만 테마를 주어 한 곳에서 모든 것을 체험하고 느낄 수 있도록 하는 상품들이 제주도 내 관광객의 유입을 견인했다는 점을 고려하면 울산광역시의 정책 방향에 많은 참고가 되리라 생각한다.

2. 울산 여성의 여가소비문화의 현재와 미래

1) 여가소비문화의 특성

울산 여성들의 여가소비문화를 파악하기 위해 울산에 거주하는 기혼여성 600명을 대상으로 조사한 연구결과를 바탕으로 결론을 내리면 다음과 같다.

첫째, 많은 수의 울산 여성들은 현재 소극적이고 정적인 형태의 여가생활, 예를 들면 TV보기, 집에서 쉬거나 낮잠, 가족과 대화 또는 외식 등을 하는 것으로 나타났다. 그러나 울산 여성들은 공연/전시회/영화관람, 여행, 스포츠 활동 등 보다 다양하고 적극적인 형태의 여가활동에 더 참여하고 싶은 것으로 나타났다. 이러한 결과는 울산 여성들을 위하여 다양한 여가활동을 보다 손쉽게 할 수 있는 여러 환경이나 여건이 조성된다면 소극적 여가활동보다 적극적 여가활동을 하는 여성들이 증가할 것이라는 예측을 가능하게 한다.

문화예술센터 결 '양성평등극 순회공연'

문화예술센터 결이 22일부터 23일까지 남구 옥현주공2단지 옥산공원과 북구 화봉2주공 분수대 앞에서 양성평등극 순회공연을 연다. 울산시 여성가족청소년과의 후원으로 행사 첫날인 22일 오후6시 옥현주공2단지 옥산공원에서 천연제품 전시, 리본공예 체험 등 주변마당이 펼쳐지고, 이어 오후7시 본행사인 창작마당극 '고추관에 게 섯거라'가 공연된다. 23일 오후6시 화봉2주공 분수대 앞에서 성평등지수체크리스트, 성평등 속담바꾸지, 타로상담, 우울스트레스검사, 간이성격검사-어린이용, 강박성 검사 등 주변행사가 마련되고 식전행사로 참소리 풍물패 사물놀이 공연이 펼쳐진다. 또한 오후7시 창작마당극 '고추관아 게 섯거라'가 공연된다.

마당극 '고추관아 게 섯거라'는 우리시대의 가부장의 틀을 상징적으로 '고추관'으로 표현했다. 저승사람이 된 할미니와 어머니는 지승에서의 가부장적 억압에 더 이상 참지 못해 이승에 새로운 질서 '조개관'을 씌우려고 이승으로 내려온다. 이승에서 가부장 전통을 지키려는 아버지와 여성상위를 이루려는 할머니의 꿈, 이 사실을 지켜본 저승조상님들의 새로운 작전이 얼키고 설켜 요절복통의 한판 소동이 벌어지는데, 과연 누가 이길 것인지 자못 궁금해진다.

문화예술센터 결 관계자는 "사회가 변하고 발전했다고 하지만 뿌리 깊은 가부장적 관점은 쉽게 변하지 않는 것 같다"며 "가부장적 사회구조 속에서 남과 여가 부딪치며 살아가고 있다. 서로가 서로에게 바라는 건 큰 것에 있는 것이 아니라 아주 작은 것에 있었다는 이야기를 전하고 있다"고 전했다. 이번 공연을 위해 옥현주공2단지 입주자대표회와 울산여성회 남구지부, 풀뿌리 남구주민회, 화봉2주공 입주자대표회, 화봉2주공 부녀회, 참소리 풍물패, (사)울산여성회 북구지부, 북구가정폭력상담소 등이 후원했다.

한편 마당극 '고추관아 게 섯거라' 작품은 여성들에게는 통쾌함을, 남성들에게는 유쾌함을 주는 마당극으로 2007년10월 울산 양성평등 여성문화축제와 현대자동차 가족체육대회, 2008년 3월 여성의날 기념 초청공연, 2008년 5월 문화예술센터 결 기획공연, 2008년 10월 동부현대패밀리 주민한마당에 초청돼 공연을 펼쳤다.

〈출처 : 뉴시스, 2010년 6월 21일자〉

둘째, 울산 여성들이 여가생활을 위해 현재 많이 이용하고 있는 공공시설은 근린공원/생활체육시설, 문화예술회관, 주민자치센터 등으로 나타났으며, 향후 이용하기를 원하는 공공시설로 근린공원/생활체육시설 다음으로 삼림욕장, 식물원의 순으로 조사되었다. 이러한 결과는 웰빙 트렌드가 여가생활에도 확산되고 있다는 점을 확인시켜주었다. 울산 여성뿐만 아니라 울산 시민들의 여가생활과 복지를 위해 많은 근린공원과 생활체육시설이 주택가 주변에 확충되어야 하겠고, 삼림욕장이나 식물원과 같은 자연친화적인 장소도 필요함을 나타낸다.

셋째, 조사대상 여성들의 절반 이상은 울산의 여가문화에 대한 평가에 있어 다양함, 계획적, 생산적 여가문화에 대해 보통이라고 응답함에 따라 울산의 여가문화 수준이 물질적, 경제적 수준에 못 미치고 있음을 지적하였다. 그리고 여가생활의 문제점으로 절반이상의 응답자들이 '저렴하게 이용할 수 있는 여가시설이나 프로그램의 부족'을 지적함에 따라 울산시의 여가정책 수립 시 특히 이점을 염두에 두어야 할 것이며, 앞으로 보다 다양하고 생산적인 여가문화에 대한 시민들의 욕구에 부합되는 여가정책이 필요하다.

넷째, 주 5일제의 실시는 울산 시민들의 여가생활에 큰 영향을 미쳤는데, 조사대상 여성들의 과반수이상이 여가시간과 여가비용이 증가하였다고 답하였다. 절반이상의 응답자들이 주 5일제에 따른 생활의 긍정적 변화에 대해 가족간에 함께하는 시간의 증가를 든 반면, 부정적 변화로는 여가소비지출에 대한 부담증가로 나타났다. 주 5일제 실시 후 울산광역시에서 추진하여야 할 여가관련 정책으로 조사대상 여성들은 다양한 여가시설 확충 및 개발과 여가프로그램 개발 및 보급이 필요하다고 응답하였다.

다섯째, 울산 여성들의 여가활동 동기는 건강 및 가족화목과 즐거움에 대한 평균이 자기개발이나 사회성 개발보다 높은 것으로 조사되었다. 그리고 여가에 대한 태도에 있어서 여가활동에 대한 요구가 높았으며, 여가활동이 개인적으로 중요하다고 응답한 반면 여가활동에 대한 부정적 태도는 상대적으로 낮은 것으로 나타났다. 또한 울산 여성의 여가태도는 소극적 여가태도, 적극적 여가태도, 부정적 여가태도, 이중적 여가태도로 유형화되었고, 이 중 약 1/2에 해당되는 여성이 속해있는 적극적 여가태도 유형은 자기개발, 건강 및 가족의 화목, 사회성 개발, 즐거움과 같은 여가동기를 모두 다 높게 가지고 있었다.

이러한 결과에 비추어볼 때 울산 여성들의 여가에 대한 태도는 매우 긍정적이고 여가의 중요성을 잘 인식하고 있으며, 여가활동의 동기가 개인적인 측면도 가지고 있지만 가족의 화목과 건강이라는 측면도 갖고 있기 때문에 가족이 함께 참여하는 여가문화가 울산에서 필요함을 제시하고 있고 볼 수 있다.

여섯째, 울산 여성들이 지적한 여가활동의 장애요인은 개인적 원인보다는 여가환경을 지목하였다. 구체적으로, 편리하게 이용할 수 있는 여가시설의 부족과 적절한 여가프로그램의 부재, 여가관련 정보의 부족 등이 문제점으로 나타났다. 울산 여성들의 여가생활 만족도를 살펴보면, 현재 자신의 여가활동과 여가자원(여가시간, 여가비용, 여가시설)에 대해 그리 만족하지도 불만족하지도 않으며, 전반적인 여가생활만족도 역시 보통인 것으로 조사되었다. 여가생활은 개인의 삶의 질에 중요하며 여가생활 만족도가 높을 때 삶에 대한 만족도 높아지기 때문에 울산 시민 전체의 삶의 질 향상을 위해 보다 나은 여가환경을 조성하도록 노력해야 할 것이다.

2) 여가의 질을 제고시키기 위한 방안

현재 울산에서는 지역주민의 삶의 질을 향상시키기 위한 다양한 서비스가 여가관련 시설에서 제공되고 있으며, 과거에 비하여 양적으로 질적으로 많이 향상되었다. 그러나 여성의 삶의 질 향상이라는 관점에서 울산 여가정책의 방향을 제시하고자 한다.

(1) 여가 인프라 구축과 확충

여가활동을 쉽게 또 즐겁게 할 수 있는 공간과 시설이 확보되어야 한다. 울산대공원을 비롯하여 다양한 여가공간이 마련되고 있으나, 아직은 많이 부족한 실정이다. 그러므로 집 근처에서 여성들이 편안하고 안전하게 이용할 수 있는 여가공간을 확보할 수 있도록 기존의 공간과 시실을 검토하여 재배치하고, 종합적이고 효율적인 운영방안을 마련해야 한다. 특히 가족이 함께 참여하는 여가문화를 만들 수 있는 여가 인프라를 구축해야 할 것이다.

기업이 문화예술의 소비와 지원의 주역으로 앞장설 때, 기업, 문화예술계, 소비자인 시민이 행복해지는 상생의 선순환구조를 활성화하여 문화예술 소비시장을 확대하고 지속가능한 동력 확보할 수 있다. 아래에서 울산시가 모델로 삼을 수 있는 문화예술사례를 몇 개 소개하고자 한다.

① 상상마당의 주먹밥 콘서트

KT&G가 운영하고 있는 상상마당은 영화, 만화, 사진, 문학 등의 젊은 문화예술인들에게 대중과 소통할 수 있는 공간을 만들어주는 복합문화공간이다. 그런데 1,3째주 수요일에는 '주먹밥 콘서트'가 열리고 있다. 수요주먹밥콘서트는 무료로 나눠주는 주먹밥으로 식사를 하며, 음악인들의 공연을 관람하고 자신의 식비를 결식이웃을 위해 기부하는 행사이다.

② 박물관에서의 음악·영화감상

한국은행 화폐박물관은 다른 박물관에 비해서 보고 체험하는 것이 정말 많다. 위조지폐 구별하기와 사진처럼 동전모양의 스탬프를 찍어보기도 하기 때문에 어린아이를 데리고 오신 가족단위의 방문객이 많다. 그뿐만 아니라 음악 감상실이 있어 매월 2회 해설을 곁들인 음악 감상회를 열고 있다. 어렵고 지루하게 여겨지는 클래식 음악을 어른들은 물론 청소년들도 함께 즐길 수 있게 도와주고 음악 감상회가 열리지 않는 날에는 개인적으로 음악을 들을 수 있다. 또한 시청각실에서는 매주 일요일마다 영화를 상영해주고 있으며, 또 한켠에는 갤러리가 있다.

③ 1000원 짜리 재즈 공연

KT 아트홀은 낮에는 갤러리가 저녁에는 재즈 공연이 열리고 있다. 특히 저녁마다 열리는 재즈 공연은 입장료가 1000원이며, 입장료로 받은 돈으로는 청각장애우들을 돕는데 사용된다. 그리고 인터넷도 할 수 있고, 책도 구비되어 있어서 책도 읽을 수 있다. 따라서 언제든지 사람들이 여러 가지 문화예술을 즐기기 위해서 찾고 있다.

④ 시민 인문학

2005년 9월 성프란시스대학(노숙인을 위한 인문학 강좌)이 출범한 이래 '제주희망대학', '관악인문대학', '경기광역자활지원센터'로 이어지고 있는 소외계층을 위한 인문학 강좌는 30여 개를 넘어서고 있다. 노숙인, 자활근로자, 저소득 주민 등은 시민 인문학 강좌를 통해 철학과 글쓰기, 문학, 역사, 예술 등을 가르치고 문화유적지를 탐방하고 작가와 예술인과 대화하는 시간도 갖는다. 시민 인문학을 통해 인생의 수렁에서 도무지 벗어날 것 같아 보이지 않던 사람들이 삶과 정신에 변화가 일어남으로써, 문화예술이 사회병리를 해결하는 좋은 사례가 되고 있다.

⑤ 도심 유휴공간의 활용

서울시는 '창작공간조성 사업'을 진행하고 있다. 이것은 도심의 빈 상가나 사무실 등 유휴공간을 문화예술공간으로 되살려 내는 사업으로, 문화예술인들에게 충분한 문화예술을 펼칠 공간을 마련해주고 또한 일반 시민들에게는 언제나 쉽게 문화예술의 혜택을 누릴 수 있는 기회를 확대해줄 수 있다. 특히 불황기에는 도심의 빈 사무실들이 늘어가면서 활력을 잃게 되는데, 이를 문화예술공간으로 활용함으로써 도심의 생기를 불어넣을 수 있다.

⑥ 문화예술을 테마로 한 도시재생사업

한때 조선도시로 유명했던 영국의 게이츠헤드(Gateshead)시는 문화예술을 바탕으로 한 도시재생 프로젝트를 통해 새로이 문화예술의 도시로 재탄생하였다. 공공미술 프로젝트 추진하여 시각적 문화적 변화를 꾀하고, 다리라는 기능의 고정관념을 깬 디자인의 밀레리엄 브리지를 개통하고, 철거하려던 공장을 리모델링하여 문화공간으로 만든 발틱현대미술관을 개관하고, 지역민 문화향유와 예술교육을 위한 세이지 음악당을 개관하여 문화예술 도시로 재탄생하였다.

또한 스페인의 빌바오에는 구겐하임 미술관이 있다. 매력적인 현대건축과 독특한 현대미술품 그리고 독창적인 전시문화로 세계의 관광명소가 된 곳이지만, 원래 빌바오는 공업도시였는데, 이 도시의 경제를 이끌던 철강과 조선산업이 1980년대 이후 급격한 사양의 길로 접어들면서 빌바오는 위기에 빠졌지만, 11만평에 이르는 항만, 창고와 화물철도역이 구겐하임 미술관이 건설되고 컨벤션홀과 음악당이 들어서는 문화지구가 되어 매년 100만명 이상의 관광객이 이 도시를 찾고 있다(박희주, 2009).

(2) 건전한 여가의식 교육

1962년 울산공업단지가 최초로 산업단지로 문을 연 이래 우리나라의 공업단지사는 반세기를 넘어섰다. 그러나 공단 일대는 근로자를 위한 문화와 복지는 실종된 채 소비향락 문화만 고도로 발달한 기형적인 모습이다. 이러한 공단 일대의 유흥문화는 전국적인 현상으로 울산공단, 구미공단, 아산공단 등 동일하다고 하겠다. 이처럼 문화가 메마른 열악한 문화예술기반현실은 근로자들의 삶의 질을 떨어뜨려 이들을 공단에서 내모는 주요원인의 하나로 작용한다. 서울출신의 근로자는 문화시설이 부족한 공단일대의 지루한 생활을 버티지 못하고, 결국 공단에서 직장생활을 접고 수도권으로 직장을 옮기고, 열악한 공단환경이 구인난을 더욱 악화시키게 된다.

그리고 국세청 자료에 따르면, 접대비 실명제가 도입된 2004년 1월 이후에도 향응에 이용한 접대가 60%를 넘어가는 등 관습적인 접대방식이 개선되고 있지 않다. 2006년 우리나라 기업들은 접대비만으로 5조 7000억 원을 사용하였는데, 그 중에서도 술 마시는게 전부인 향응접대가 61%를 차지하였다. 중소기업연구원의 조사에서도 중소기업의 거래처 및 협력사와의 주된 친분교류 방식으로 '식사 및 술자리를 포함한 회식'으로 친분을 교류하는 기업이 59.7%로 가장 높았다. 그러나 41.3%가 술자리 접대를 바람직하지 않는 것으로 인식하였다. 한편 중소기업중앙회가 조사한 바에 따르면, 중소기업들이 거래관계시 문화접대를 활용하는 경우에는 뮤지컬(31.4%)이 가장 많았으며, 다음으로 도서(27.5%), 음악회(19.6%), 스포츠 관람(19.6%), 콘서트(17.6%), 연극(9.8%) 등을 활용하고 있는 것으로 조사되었다(박희주, 2009).

이처럼 향락문화가 발달한 울산에서는 일부의 여성들이 건전하지 못한 여가활동에 몰입하여 사회문제가 되는 경우도 발표되고 있는 실정이다. 이러한 주부들의 향락문화는 특정 지역에 한정된 것이 아니라 현대 한국사회의 일상적 문화코드의 하나인 '좌초하는 모노가미(허미영, 2004)와 관계가 깊다는 지적이 있다. 울산 지역 대기업 근로자 주부들의 상당수는 결혼을 사랑의 결실로 이루기 보다는 현실적 삶의 무게를 벗어나기 위한 선택을 했기 때문에(조주은, 2004), 경제적 여유가 생기면 자아정체감의 위기가 표면화될 소지가 매우 많다. 이와 더불어 남편과의 가치 공감의 부재, 자기개발을 위한 욕구와 문화적 여건의 부재는 감각적 문화에 탐닉하고 과시적 소비를 통하여 자아존재감을 확인하게 하는 요인이 될 수 있다(박재환, 2007).

추상적 예술과 고급문화에 의한 여가활동보다는 에너지의 재충전과 재창조가 더 다급한 일상적 욕구로 등장할 때 즐거움의 추구는 보다 감각적이고 몸 중심적인 양태로 나타나기 쉽다. 제조업이 지배적인 산업이 되어 있는 울산에서는 추상적인 원칙의 탁상공론보다는 현장의 문제파악과 그 구체적인 해결이 더 실제적이고 유용할 수밖에 없다. 따라서 이러한 노동문화의 대척점에 있는 여가문화도 아주 즉물적이고, 감각적인 것들이 발전할 수밖에 없다. 노동귀족이라고 할 만큼 많은 임금과 높은 소비성향(버스보다는 택시, 할인점 보다는 백화점, 다른 도시보다 적은 패스트푸드점)은 작업복을 입고도 고급 유흥가를 찾을 수 있는 분위기를 만들었다(김성태, 2009). 그러므로 여성단체, 여성회관, 가족문화회관 등에서는 여성들이 건전한 자아찾기를 할 수 있도록 건전한 여가의식을 함양시킬 수 있는 교육을 시행하도록 해야 할 것이다.

(3) 문화시설을 문화 프로슈머의 활성화 장으로

울산의 취약점 중의 하나가 문화전문가가 부족하고 대중들의 문화에 대한 관심도 부족하다는 점이다. 그러므로 여성들을 다양한 문화활동의 생산자인 동시에 소비자로 육성할 수 있는 프로그램을 개발하여 시행해야 한다. 문화 프로슈머의 육성은 문화의 생산과 소비를 함께 진작시킬 수 있을 뿐 아니라 나아가 소규모의 맞춤형 제작 방식의 생산을 통한 여성창업을 장려하여 여성취업도 높일 수 있다. 이를 위해서는 공연장, 박물관, 도서실 등의 문화 시설이 확충되어야 한다. 그리고 문화시설의 양만 무조건 늘리는 것만이 능사가 아니라 주민들의 생활 패턴을 고려해 균형을 맞추고, 전시 행정의 차원에서 대형으로 짓는 것을 지양하고 소규모로 여러 지역으로 분산시켜 보다 생활 밀착으로 가야 한다.

이제 문화 시설은 단순히 공연이나 전시 또는 대관만이 아니라 시민 문화를 스스로 창조하는 거점이 되어야 한다. 그러한 개념이 널리 공유될 때 주민들은 단순히 뭔가를 배우기만 하는 것이 아니라 자기 역시도 가르칠 수 있는 주체가 될 수 있는 가능성에 눈을 뜨기 시작할 것이다. 박물관이나 문화회관에서 다양한 프로그램이 개설되는데, 이미 짜여 있는 프로그램을 일방적으로 제공하는 강좌의 형식이 대부분이다. 그러나 일정한 관심이나 취향 또는 삶의 지향을 공유하는 이들이 스스로 배움의 형식과 내용을 설계하는 자기 주도적인 학습을 행할 수 있다.

예를 들어 일본 교토 리츠메이칸대학의 '국제평화박물관'의 경우 평화에 대한 관심이 많은 시민들이 <평화의 벗 모임>이라는 것을 만들어서 다양한 활동을 벌이고 있다. 그 가운데 가장 돋보이는 것은 박물관 방문자들을 위한 가이드이다. 그 일을 하기 위해 자신이 먼저 충분히 공부해두어야 하기 때문에 그 준비과정에서 자연스럽게 학습이 이뤄지고, 모임은 그를 위한 스터디 그룹으로 기능한다. 기존의 자료들을 바탕으로 공부하는 것뿐만 아니라, 새로운 자료를 확보하기 위한 조사연구에도 전문가와 함께 참여한다.

그 모임의 활동은 자주 학습과 자원 봉사에서 그치지 않고 스스로 주최가 되어 일반시민을 위한 강좌를 개설하기도 한다. 그를 통해 전쟁과 평화에 대한 인식을 높일 뿐만 아니라, 그러한 생각을 더 적극적인 활동으로 실현하고 싶은 시민들을 모아낼 수 있게 되는 것이다. 여기에 지역사회의 생활협동조합 등의 시민단체들이 연계하여 더욱 탄탄하게 네트워크를 꾸려가고 있다. 그리고 전쟁 유족회 같은 단체가 결합하여 자신의 전쟁 체험을 청소년들에게 전달하는 강좌를 학교 순회 방식으로 기획하여 운영하기도 한다.

지역에서 시민들 사이에 이러한 문화 학습이 활성화되기 위해서는 어떤 자원들이 어디에 있는지에 대한 정보가 충분히 파악되고 또한 접근 가능해야 한다. 그러한 학습과 활동을 실현할 수 있도록 자원들을 파악하여 연결하는 시스템이 필요하다. 벼룩시장 같은 정보지를 통해 어떤 물건이 필요한 사람과 제공할 사람이 만나듯, 어떤 문화 프로그램을 가르칠 수 있는 사람과 배우고 싶은 사람이 만날 수 있도록 교류의 장이 있어야 한다. 그것은 일 대 일의 사적인 차원이 아니라 지역 문화의 창출이라는 큰 틀속에서 영위되어야 한다. 그리고 그것을 실현할 수 있는 구체적인 시스템이 존재할 때, 자기가 가지고 있는 자원을 내놓고 나누려는 의지가 생길 것이다.

프로가 되기 위한 것이 아니라면 아마추어들끼리의 교류를 통해 얼마든지 학습할 수 있다. 그러한 목적으로 꾸려지는 동호회가 이미 많이 있고 사이버 네트워크를 통해 더욱 활성화되고 있지만, 지역사회 차원에서는 아직도 매우 빈약한 실정이다. 누구나 다른 사람들에게 가르칠 수 있는 것을 가지고 있다. 예를 들어 농촌에서 자라난 노인들의 경우 연이나 팽이 같은 전통 놀이 만드는 법을 아이들에게 가르칠 수 있고, 음대 출신의 전업 주부는 악기 연주를 이웃에게 가르칠 수 있을 것이며, 왕년에 연극반 활동을 한 아저씨는 주민들을 모아 연극 무대를 꾸밀 수 있을 것이다. 또는 비디오 대여점을 매개로 해서 영화를 좋아하는 주민들 사이에 작품에 대한 생각을 주고받고 더 나아가 영상 작업도 함께 할 수 있는 네트워크가 생길 수 있다. 대여점이 그러한 모임을 안내한다면, 단순히 시간 때우기 위한 영상 소비의 수준을 넘어 문화적인 생산이 이뤄질 수 있지 않을까. 각종 문화 시설도 그러한 주민들의 학습 네트워크와 맞물려 한층 더 효과적으로 활용될 수 있을 것이다(김찬호, 2009).

(4) 지역축제에서 지역문화를 통한 소통의 활성화

각 지역에서 지역축제를 활성화시키기 위한 문화기획들이 지원되고 있고 이렇게 개발되고 지원된 문화는 관광산업과 밀접한 관련이 있다. 관광상품화된 지역문화는 외지의 도시민들에게 지역 주민들과의 소통기회를 제공한다. 축제에 참여한 여성들의 공예작품들은 선별적으로 복원되고 유지된 것들이다. 그러나 많은 경우 이러한 지역문화를 통한 소통은 제한되어 있고 볼거리, 먹을거리로 대표되는 잔치날로 전환되어 버린 것이 오늘날 지역축제의 현실이다. 문화생산자로서의 참여가 아니라 단순히 동원된 인력으로 일만 해서 상대적 박탈감을 느끼게 하고 나아가 축제참여를 안 하게 하는 요인이 될 수 있다. 그러므로 여성문화정책은 여성의 일상적인 삶을 반영하면서도 주체적으로 새로운 문화를 만들 수 있는 환경을 제공해주어야 한다(조옥라, 2007).

울산 여성주간행사 '국격에 맞는 여성인력 활용' 행사

제16회 여성주간을 맞아 울산지역에서 다채로운 행사가 펼쳐진다. 올해 '국격에 맞는 여성인력 활용'을 테마로 한 여성주간 행사는 기념식, 문화행사, 학술행사 등 26일까지 이어진다.

여성주간 행사는 5일 여성생활사展 개막을 시작으로 이날 울산시여성단체협의회(회장 김옥한)가 주관해 울산시청 대강당에서 여성단체, 시민 등 500여명이 참석한 가운데 유공자 시상, 장학금 전달, 대회사, 격려사, 축사 등 기념식이 진행됐다. 이어 여성주간 홍보 동영상, 식후 축하노래공연과 부대행사로 일자리 창출 홍보관, 탄소서명 운동 등이 전개됐다.

또한 5일부터 12일까지 울산시청 본관 1, 2층에서 열리는 '2011.어제와 오늘 여성사 展'에서는 여성리더 리얼스토리 사례, 엽서로 보는 여성의 삶 등을 전시한다. 연사초청강연회는 12일 오후4시 시청 본관 2층 시민홀에서, 여성장애인 사회참여 활성화를 위한 현장견학과 울산시각여성회와 함께 하는 도예체험은 각각 8일과 21일 실시된다. 여성·아동 성폭력 예방을 위한 '생존자말하기대회'는 20일 오후2시 가족문화센터에서 열리며, 구·군별 여성주간 기념식도 6일부터 14일까지 마련된다.

〈출처 : 뉴시스, 2011년 7월 9일자〉

(5) 문화예술 사회적 기업의 창업 활성화

사회적 기업은 사회적 경제에 의한 새로운 기업형태로 이윤을 추구하는 기업의 특성과 공공성을 우선시하는 사회적 특성을 모두 포함하고 있다. IMF 이후 지속된 경제침체 속에서 심화된 소득 양극화와 고용없는 성장이라는 경제적 변화와 전통적인 가족구조의 해체, 저출산, 고령화 등 사회적 변화에 직면하게 되면서 증가하는 실업과 빈곤을 치유하기 위하여 사회적 경제에 대한 관심이 급속하게 증가하게 되었다.

① 사회적 기업의 역사

1970년대 유럽에서 등장해 1990년대 후반부터 확산되어, 영국 런던에는 현재 5500여개의 사회적 기업이 있고, 런던 GDP의 5-10%를 담당하고 있다. 우리나라는 2007년 사회적 기업을 인증하고 지원하는 법이 마련되었고, 노동부는 예비 사회적 기업에 인건비를 지원하고, 일정 기간 뒤 심사를 통해 사회적 기업으로 인증되면 일정액의 컨설팅비나 대출 지원을 받는 한편, 공공기관의 관련 사업 수주에서 우선고려의 대상이 된다.

② 문화예술 분야의 사회적 기업의 현황

현재 218개의 사회적 기업이 활동하고 있지만 문화예술 분야의 사회적 기업은 전체의 6%인 13개에 불과하다. 정부는 2012년까지 사회적 기업을 1000개로 확대한다는 방침을 세웠고, 특히 문화예술단체의 사회적 기업 전환을 적극 추진해 일자리 창출과 동시에 문화예술 서비스도 늘일 계획이다. 그러나 문화예술단체들이 창작활동을 통해 공익적 가치를 실현하고 있지만 수익성이 낮아 사회적 기업 인증요건을 충족하기 힘들다는 문제점이 제기되고 있다. 이에 따라 정부는 사회적 기업으로 전환을 원하는 문화예술단체를 대상으로 인증조건을 완화하는 등의 방안을 검토 중이다.

③ 문화예술 분야의 사회적 기업의 예

<성미산 마을극장>

주민들이 힘을 모아 세운 국내 최초의 마을극장으로 마을주민이 주체가 돼 공연과 전시를 지속적으로 마련하고 있다. 스텝의 80%가 마을주민이고, 연극에 출연하

는 예술가들이 주민들에게 예술교육을 시킴으로써 마을극장은 예술가들에게 생활을 유지시킬 수 있는 경제적 지원을 해준다.

<유니버셜 심포니 오케스트라>

60인조 오케스트라로 2009년 6월 1일에 창단연주회를 하였다. 비영리와 영리의 중간 형태로 사회적 목적을 추구하는 단체로 다양한 예술 활동을 통해 얻어진 수익을 다시 예술 활동에 재투자하는 형식으로 사회적, 공익적 서비스를 창출한다. 예술가를 위한 일자리 창출, 문화나 교육적 취약계층을 대상으로 한 교육을 시행하고 활발한 연주활동과 기업, 지자체의 후원을 통해 재원을 조달하고 새로운 레퍼토리의 개발을 통해 클래식의 대중화를 도모한다(김성태, 2009).

④ 문화소비 활성화

직장인들의 문화회식을 확산시킴으로써 건전한 여가문화를 확산시키고 문화 사회적 기업도 활성화시킬 수 있다. 울산시에 따르면 2008년 울산지역 공무원들의 문화회식은 총 90회(2천45명 참석)로 공연관람 32회, 등산 22회, 스포츠 20회, 영화관람 16회로 집계됐다. 시 정보화담당관실, 문화예술과, 동구 지역경제과 등 16개 부서는 각종 영화를 관람했다. 시 국제협력과, 농축산과, 회계과, 환경정책과, 보건위생과, 문화예술과, 중구 지방세과 등 22개 부서는 등산을 통해 부서 결속을 다지는 기회로 활용했다. 시 도시계획과, 북구 총무과 등 19개 부서는 축구, 족구, 볼링, 트레킹 등을 통해 체력을 다지고 업무 스트레스를 해소했다(부산일보, 2008년 12월 18일자).

(6) 여가센터 네트워크의 설립과 운영

울산의 각 구 또는 지역을 중심으로 지역 주민들이 자치적으로 참여하는 여가센터를 만들고, 각 지역의 여가센터를 통합하여 정보를 나누고, 각종 프로그램을 개발하고 보급하는 역할을 하는 여가센터 네트워크를 설립하여 운영해야 한다. 여가센터 네트워크에는 관련 공무원, 시의원, 구의원, 여성회관과 가족문화센터 관계자, 시민단체, 학계 등이 참여할 수 있을 것이다.

다양한 여가활동의 활성화는 여성들의 문화감수성을 증진시키고 나아가 울산의 도시경쟁력도 강화시킬 수 있다. 현재 제공되고 있는 여가 프로그램과 서비스는 여성들의 다양한 욕구를 충족시키는 데는 한계가 있기 때문에 맞춤형 여가컨텐츠를 개발하고 보급하기 위한 시스템이 마련되어야 한다.

(7) 마을 만들기와 테마 커뮤니티

문화는 공간과 삶을 잇는 유기적인 고리들을 통해 생성되기도 한다. 성장 지상주의와 속도 숭배에서 벗어나 참다운 보람과 행복에 대해 시민들이 되묻는 작업을 통해 도시는 재발견될 수 있다. 도시 안에 존재하는 사물들의 의미를 다차원적으로 복원하고, 공공의 가치를 북돋는 사회적 참여 양식을 다양하게 개발하며, 시스템의 작동을 인간적인 체감으로 변환시키는 것이다. 그것은 자신의 삶터를 가꾸는 작업에 주체적으로 참여하는 마을 만들기를 통해서 가능하다.

마을 만들기는 결과보다 그 과정에 훨씬 의미가 있다. 답을 찾는 것 보다 질문 자체를 만들어 가는 것이 더 중요한 것이다. 답을 찾는 작업에는 전문가의 역할이 꽤 큰 비중을 차지하지만, 그것에 선행되는 질문을 제기하는 것은 주로 주민들에 의해서 이뤄져야 한다. 이것이 가능하기 위해서는 주민들이 자신이 살아가는 환경을 새롭게 보는 눈이 열려야 한다. 그를 위해서는 시민들이 지역에 대한 정보를 충분히 가져야 한다. 아는 만큼 보인다. 지역에 대한 리터러시가 높아지면서 보다 쾌적한 삶터를 만들어가는 소통과 행동의 연대가 형성될 수 있다. 이는 곧 체계적이고 집중적인 학습을 요구한다. 배움의 인연을 계기로 자조와 협동의 공동성이 증진되고, 자치와 참여의 공공성이 확대되는 것이다.

그러한 학습은 어떤 소재나 주제에 대한 관심을 공유하는 사람들의 그룹 활동을 통해 효과적으로 이뤄질 수 있다. 마을 공간과 그것이 담고 있는 지역 생활에 대해서 여러 가지 도수의 렌즈를 들이대고 살펴보면서 대안적인 목표 공간 이미지를 도출해내는 디자인 게임이 이미 다양하게 개발되고 실행되어 왔다. 그러한 워크숍을 통해서 구체적인 대상을 가지고 살아 있는 학습이 이뤄질 수 있는 것이다. 지역 안에는 무궁무진한 테마들이 널려 있고, 그 하나하나를 중심으로 학습 커뮤니티가 결성되어 마을 만들기에 필요한 정보를 생산할 수 있다.

예를 들어 지역에 서식하는 새들을 관찰하여 그 종류와 분포를 지도 위에 기록한다든지, 교통량을 조사하고 사고 위험 지역들을 체크하는 것 등이 그것이다. 그 외에도 지역의 가장 매력적인 포인트를 찾아내기, 어린 아이나 노인들이 즐겨 찾는 곳 조사하기 등 그 아이템은 무궁무진하다고 할 수 있다. 이러한 프로그램을 통해 주민들은 단지 지적인 차원뿐만 아니라 오감을 동원해 체험하면서 느끼는 감수성의 훈련을 할 수 있다. 그리고 그렇게 해서 심화되고 확대된 지역 인식을 자유로운 상상력과 결합시키면서 창조적인 집단 활동 에너지를 이끌어내는 프로그램도 많이 있다. 이 과정에서 주민들은 자주적인 학습의 장(場)을 확보하고 시민 사회의 문화적 기반을 마련해 가는 것이다.

그리고 그러한 작업의 성과는 축제의 컨텐츠가 될 수 있다. 지방 자치 실시 이후에 대형 이벤트는 많이 늘어났지만 시민이 스스로 만들고 참여하는 축제는 부족하다고 늘 지적이 되는데, 소규모 단위에서 시민들이 나서서 발언하고 자기를 표출하는 마당을 다양하게 열어야 한다. 그렇게 되기 위해서는 그 마당을 준비하는 과정에서부터 주민들의 참여가 이뤄져야 하고 그 과정 자체가 이미 축제의 일부분이어야 한다. 그것은 단순한 놀이에 그치지 않고 지역의 미래상을 예시하고 시뮬레이션하는 장일 수 있다.

예를 들어 소각장 굴뚝에 아름다운 색깔을 입히기 위해 시민들이 종이로 굴뚝 모양을 만들어 그 위에 여러 시안적 디자인을 해서 축제를 벌인다든지, 동네에 비어있는 공유지를 미니 공원으로 만드는데 주민들이 직접 나서서 공동 작업을 하여 오프닝 축제를 벌이는 등의 사례는 지역 문화에 대한 새로운 상상력을 불러일으킨다(김찬호, 2009).

(8) 문화 활성화를 위한 인재의 육성

문화의 핵심은 사람이다. 문화를 만들고 향유하는 주체의 역량과 수준이 곧 문화의 질이다. 그런 점에서 장기적인 안목으로 사람을 키우는 작업은 도시 문화의 업그레이드에 필수적인 과제다. 도시 안에는 다양한 체험의 기회와 풍부한 학습의 텍스트가 담겨 있다. 정보 사회에서 정보와 지식이 생성되고 유통되는 현장은 어디든 학교가 된다. 대학, 문화센터, 주민체육시설, 박물관, 도서관 등은 물론 시민단체, 관청, 교회, 기업, 병원, 보육원, 방송국 그리고 더 나아가 동네의 빵집이나 미용실까지도 배움터가 될 수 있는 것이다. 다양한 사람들이 일하고 배우고 살아 숨쉬는 그러한 현장이야말로 세상을 체험적으로 익혀 가는 교실이라고 할 수 있다.

도시문화의 활성화를 위해서 힘을 기울여야 할 인재 육성의 또 하나의 영역은 문화예술 전문인들이다. 한국에는 엄청난 인력이 문화 예술 쪽으로 전공을 택한다. 그러나 거의 다 그 장르 안에 갇혀 그 안에서 자기 완결적인 탁월성을 추구한다.

그 결과 대중들과의 소통의 회로는 대단히 빈약한 실정이다. 동네마다 피아노 학원과 미술 학원들이 들어서 있지만 연주회장과 갤러리를 찾는 관객들은 너무나 적다. 현재 한국의 문화교육은 엘리트주의로 편향되면서 일반인들의 심미안과 생활문화의 격조를 높이는 데는 실패해왔다.

일본 오사카에서는 2001년 10년 계획으로 <예술문화 액션 플랜>이라는 것을 시작했다. 그 핵심은 예술이 지역과 시민들의 삶에 뿌리내리도록 하는 것인데, 여기에 전문예술인들이 중추적으로 참여한다. 장기적인 비전을 세우고 그것을 구체적인 문화 프로그램으로 기획하여 실행하는 사업 일체를 '치프(chief) - 프로듀서 - 스태프'의 서열로 조직화된 예술인들에게 맡긴다. 그런데 이들은 책상에만 앉아서 구상하고 주장하는 것이 아니라 직접 시민들에게 다가간다. 재능이 있는 아이들의 예술 교육에 자원 봉사로 나서고, 연주회 홍보 전단지를 직접 나눠준다. 그리고 콘서트에서는 자신이 연주하는 곡의 내용과 의미를 직접 해설함으로써 클래식에 대한 친밀감을 높여준다. 이러한 일에 300여명의 예술가들이 참여하고 있는데, 이는 시민 문화의 저변을 확대함으로써 자신의 관객을 창출하는 일이라고 할 수 있다.

한국에서도 지휘자가 청중에게 곡에 대해서 설명하는 음악회가 있기는 한데, 거의 청소년을 대상으로 하고 있다. 일반 시민들을 대상으로 그러한 프로그램을 굴리기에는 아직 풍토가 충분하게 조성되어 있지 못한 듯하다. 그를 위해서 반드시 선행되어야 하는 것은 그러한 의지와 능력을 가진 예술인들을 키워내는 교육이다. 개별 장르의 코드에 갇혀 있지 않고 그것을 가지고 청중들과 소통할 수 있는 언어와 센스, 더 나아가 그러한 상호작용을 불러일으키는 기획 마인드를 함양해야 한다. 어차피 모두가 일류연주가가 될 수 없는 마당에 시민 문화의 실질적인 업그레이드를 도울 수 있는 문화촉매자로서의 전문성을 개발하는 것은 하나의 대안이 될 것이다(김찬호, 2009).

(9) 생활문화 공동체 만들기 시범사업

정부는 2008년부터 모든 국민이 생활 속에서 문화적 삶과 풍요로움을 누릴 수 있는 현장 중심의 문화정책을 시행하기 위하여 2009년부터 생활문화공동체만들기 시범사업을 실행하고 있다. 생활문화공동체만들기 시범사업은 문화예술을 통해 세대 간, 이웃 간 단절의 벽을 트고 소통의 숨길을 만들어 지역공동체를 복원하는 것을 목표로 하고 있다. 즉 지역주민이 함께 참여하는 예술체험 활동을 통해 서로

교류하며 지역 고유의 공동체를 만들어가는 실천적 문화운동이다. 2009년에는 18개 지역이 참여했고, 2010년에는 19개 지역에서 진행되어 총 2만 3천여 명의 주민들이 참여했고, 문화예술 분야의 기획자, 예술인, 청년들도 540여명이 참여했다(한국문화예술교육원, 2010).

2011년에는 25개 지역으로 확대해 사업별로 최대 5천만원까지 지원되었다. 2011년 사업에는 시각장애인을 위해 담에 점자로 시를 새기는 인천 연수구의 '느티나무와 함께하는 마을 이야기', 경남 진주 남강 축제와 연계한 마을공동체 사업인 '창작 유등 만들기 교실' 등이 포함됐다. 울산의 소호령 고갯길, 대구의 사문진 나루터, 보성의 가마실 마을 등 이야깃거리가 풍부한 지역의 역사와 문화를 토대로 지역민의 유대를 강화하는 사업도 추진되고 있다.

울산에서 생활문화공동체 사업이 더욱 활성화되고 발전하기 위해서는 다음과 같은 노력이 선행되어야 한다. 첫째, 도농복합도시 형태를 띠고 있는 울산에서는 농산어촌형이건 도시형이건 모든 사업은 주민들이 자발적으로 참여할 수 있도록 환경이 조성되어야 한다. 여기에 관계하는 문화예술 전문가들이나 단체는 주민들이 사업의 대상이 아니고 사업의 주체가 될 수 있도록 항상 세심하게 배려해야 한다. 전문가들은 주민들의 자발적인 사업의 (초기)진행자이거나 보조자로서의 역할로 한정되는 것이 좋다.

둘째, 도시형 사업의 경우, 정부 차원만이 아니라 울산광역시와 구와 군이 프로그램 운영에 대한 지원만이 아니라 시설, 특히 문화 거점으로서의 공간 확보에 지원을 아끼지 말아야한다. 문화체육관광부나 한국문화예술교육진흥원이 지방 정부에 끊임없이 이런 사업에 지원하도록 설득하고 지원비의 매칭을 통해 지원한다면 더 큰 효과를 거둘 수 있을 것이다.

셋째, 마을이나 동네를 사전조사할 필요가 있고, 이러한 사전조사는 충분한 시간을 두고 이루어져야 한다. 1년짜리 프로젝트형 사업으로는 사전 조사와 그에 따른 주민들과의 소통이 안 된 채로 진행되기가 쉽다. 그러므로 이미 문화예술 전문가들이나 단체가 활동을 시작한 마을들, 그 마을에 대해 사전조사와 정보가 충분히 확보돼 있어 프로그램을 진행하는데 문제가 없는 사업을 위주로 지원할 필요가 있다.

마지막으로 문화예술 전문가들과 단체의 자세에 대한 문제다. 전문가로서의 자긍심이 필요하나, 마을과 주민들에게 무엇을 베푼다는 자세는 버려야 한다. 주민들이 문화예술을 이해하고 받아들이는 수준이 낮다고 하더라도 그들과 같이 문화예술공동체를 만들어 나간다는 의식이 중요하다. 예술가들도 마을과 주민으로부터 영감과 상상력을 얻어 자신이 신나게 즐기면서 일을 해야 주민들과 같이, 함께하는 문화공동체를 만들 수 있기때문이다(전수환, 2011).

참고문헌

강미회·안성민·이성희·주경미(2007), 울산광역시 여성인력개발 기본계획(2008-2012), 울산광역시.

강종열·김종한·김해룡·김현준·복미정·서정희·허영도(2008). 울산지역의 여성인적자원과 산업 연계방안에 관한 연구. 울산발전연구원.

고혜원·김형만·한상신·김태홍·김영옥·민무숙·전병유·장지연·우천식(2004), 여성인적자원개발 혁신방안 연구, 여성부.

곽삼근(2003). 고등교육기관에서의 여성인적자원개발의 문제와 과제, 인력개발연구 5(2), 40-64.

곽선화·김상현(2005). 지역노동시장과 여성인적자원의 활용방안에 관한 연구. 부산발전연구원 여성경제정책센터.

곽선화(2006), 지역전략산업의 여성친화성에 관한 연구: 부산, 울산 경남지역을 중심으로, 울산발전연구원.

구명숙(2007), 여성인적자원에 대한 기업의 인식 및 활용방안 - 부산지역을 중심으로, 여성연구논집 18, 23-51.

김경선(2006), 노인케어에 대한 대학생의 직업가치관 유형 분석, 노인복지연구, 32, 357-376.

김기승(2003), 한국기업의 여성인력 활용과 향후 과제, LG경제연구원.

김남줄(1994), 직업가치관의 형성 과정에 미치는 사회적 요인의 영향, 사회와 문화, 8(1), 233-266.

김성연·박미석(2000), 도시노인의 여가생활만족도에 관한 연구, 한국가정관리학회지, 18(1), 67-84.

김성태(2009). 문화소비 활성화를 통한 건강한 울산 조성 전략과 과제. 2009 울산여성포럼 활동보고서, 87-99.

김순미·홍성희(1996), 여가비지출이 여가만족도 및 생활만족도에 미치는 영향, 한국가정관리학회지, 14(3), 121-136.

김애련·한내창(1997), 노인의 여가활동 유형과 여가활동이 생애만족도에 미치는 효과에 관한 연구, 대한가정학회지, 35(6), 275-288.

김양희·장미혜·김경희·장윤선·조소영·박기남·남정현·김영주·함한희·김미경·이미원·김혜림·염미경(2006), 국가균형발전모델의 성주류화전략개발, 한국여성개발원.

김영숙(2002), 성인 소비자의 여가비지출과 여가만족도에 관한 연구, 소비문화연구, 5(2), 129-158.

김영숙(2004), 성별에 따른 여가생활에 관한 연구, 한국가정과학회지, 7(4), 83-98.

김영숙·심미영(2004), 도시 가계의 여가오락서비스 소비지출구조 및 영향요인분석, 한국가정과학회지, 7(1), 131-143.

김윤숙·김분한(2004), 간호대학 4학년의 직업 가치관, 주관성 연구, 9, 159-175.

김은정·서충진·정희석·권호준(2008). 대학생들의 여가태도와 여가장애에 미치는 영향. 한국유산소운동과학회지 12(1), 47-56.

김재운(2001). 대학생의 교양체육 수강과 동아리 활동 참여가 여가태도에 미치는 영향. 한국체육교육학회지, 5(2), 126-143.

김종숙·김혜영·김난주·남재량(2007). 대졸여성 청년층 노동시장 구조파악과 정책과제. 한국여성정책연구원.

김지영·이철원92009). 이중추동 및 이중통로 모형을 적용한 여성의 신체적 여가참여에 영향을 미치는 동기분석. 한국여가레크리에이션학회지 33(3), 255-265.

김찬호(2009). 도시문화와 삶의 질. 2009 울산여성포럼 활동보고서, 54-66.

김태홍·민무숙·김영옥·김선미·양순애·진미석·주재선(2001). 여성인적자원개발 및 활용제고를 위한 추진전략, 한국여성개발원.

김혜림·복미정(2007). 울산 여성의 현주소, 그리고 미래를 위한 준비. 울산발전연구원.

김혜원·김경희·이주희·최은영(2007), OECD 주요국의 여성고용정책 연구 : 영국, 캐나다, 스웨덴, 덴마크, 한국노동연구원

뉴시스(2009), 울산여성회관 새일센터, 3기 참여자 모집, 4월 27일자.

뉴시스(2009), 울산여성회관, 주부인턴 장려금 사업 추진, 3월 16일자.

뉴시스(2010), 울산 여성주간행사 '풍성', 7월 9일자.

뉴시스(2010), 울산여성노동자, 일하다 다쳐도 20.7% 개인치료…산재보상 4.8%, 6월 22일자.

뉴시스(2010), 울산여성인력개발센터, 전략산업분야 취업 지원 모색, 9월 27일자.

뉴시스(2010), 울산여성회관 작은 취업박람회 '호응', 7월 6일자.

대한상공회의소(2005), 여성인력에 대한 기업인식 실태조사.

매일신문(2010), "출산휴가 다 못쓰는 여성이 태반인데…", 9월 24일자.

문상식(2010). 울산지역 레저산업의 현황과 발전전략. 울산발전연구보고서 13호, 울산발전연구원.

문호영·심혜숙(2007), 고등학생의 심리경향과 직업가치관의 관계, 한국심리유형학회지, 14, 85-105.

문화관광부·한국문화관광정책연구원(2006), 문화향수실태조사.

문화관광부·한국문화관광정책연구원(2006), 여가백서.

민무숙(2002). 여대생의 직업세계로의 이행을 위한 대학의 지원 현황과 정책과제, 한국여성개발원.

민웅기(2006). 한국 가족구조의 변화와 여성 여가활동의 활성화에 대한 고찰. 한국여가레크리에이션학회지, 30(4), 285-295.
민현주·강민정·이상원·문순영·박세경·강혜규·김형용·심창학·엄기옥·최은영(2007), 사회서비스분야 여성일자리 창출을 위한 정책과제. 한국여성정책연구원.
박명희·송인숙·손상희·이성림·박미혜·정주원(2006), 생각하는 소비문화, (주)교문사.
박미석(2002), 노년기 여가만족이 삶의 질에 미치는 영향, 대한가정학회지, 40(5), 133-146.
박미석(2004), 우리나라 노인의 은퇴후 여가선용에 관한 연구. 대한가정학회지, 42(12), 107-122.
박보경·이종승(2002), 직업성격유형과 적성 및 직업가치관의 관계, 교육발전논총, 23(2), 59-83.
박성정·김남희·이소연·김미경(2006), 중년층 여성 직업능력개발 실태와 요구, 직업교육연구, 25(3), 1-20.
박성호(2006), 2006년도 부산지역 고학력 청년여성 맞춤 취업 프로그램, 여성학연구 16(1), 3-17.
박재환(2007). 울산문화 : 암각화와 공업탑의 변주. 2007 울산 여성포럼 활동보고서, 114-161.
박재환·일상성·일상생활연구회(2006). 현대 울산인의 삶과 문화. 울산발전연구원.
박천수·이상돈·김미란(2006), 새로운 인력수급 전망모형 연구, 한국직업능력개발원.
박희주(2009). 경제위기와 소비문화의 변화. 2009 울산여성포럼 활동보고서, 67-86.
부산일보(2008), 12월 18일자.
삼성경제연구소(2010), 대한민국 워킹맘 실태보고서, CEO Information 9월 8일, 제771호.
서정희·복미정(2008). 미취업 여성의 직업가치관 유형별 특성 및 취업 장애요인, Journal Of The Korean Data Analysis Society 10(5), 2539-2554, 2008.
서정희·허은정·복미정(2008). 기혼여성 소비자의 여가태도 유형에 따른 여가동기 : 울산지역을 중심으로, 2008년 대한가정학회 제 61차 춘계학술대회 발표논문집, 연세대학교 생활과학대학(삼성관) 1층 최이순홀.), 103
서정희·허은정·복미정(2010). 대기업 노동자의 여가소비문화. 내하출판사.
세계일보(2008), 여성들 여가 '쇼핑하기-수다' 오히려 스트레스 가중시켜, 5월 22일자.
손은령·김계현(2002), 여자대학생이 지각한 진로장벽 요인에 관한 연구, 한국심리학회지: 상담 및 심리치료, 14(1), 121-139.
손훈정(2007), 대기업 인력구조 및 여성인력 현황 조사 결과, CEO REPORT, 전국경제인연합회.
신갑호 문용(1999). 노인의 여가만족 여가몰입 체험 그리고 생활체육참가간의 확증모델. 한국체육학회지, 38(4), 158-169.
안강현·이용환(1998), 전문대학 학생들의 직업가치관 유형에 관한 연구, 직업교육연구, 17(1), 1-18.
안영식·이경구(2002), 부산지역 여성인력의 취업활성화 방안, 인적자원관리연구, 4, 33-51.
양한주·정철영(1998), 중학생의 직업 가치관과 직업 선호도에 관한 연구, 직업교육연구, 17(1), 41-54.
양희승(2005), 인력부족 시대의 도래와 여성인력 활용, LG주간경제, 34-38.
여성신문(2009), "십리대숲으로 '양성평등 여성영화제' 보러 오세요", 7월 16일자.
연합뉴스(2010), 실업자들 '공공 구직서비스' 외면…이용률 9.4%, 9월 22일자.
오재환·구자균·김율성·김종욱·신성교·양진우·임호·주경미(2006), 주5일 근무제 확산에 따른 부산시민 라이프패턴 변화와 부산시의 대응과제, 부산발전연구원.
울산광역시(2007), 2007 통계로 보는 울산여성.
울산광역시(2008), 2008~2012 울산광역시여성인력개발기본계획.
울산발전연구원 여성가족정책센터(2010). 울산여성 통계브리프 81.
울산발전연구원(2006), 울산지역의 인적자원개발지표 연구.
울산상공회의소(2007), 2007울산산업현황.
원형중(2005), 우리나라 여성 노인의 성공적인 노화를 위한 여가정책, 한국여성체육학회지, 19(3), 79-96.
윤명희·안영식·송숙경(2006), 여성인적자원개발을 위한 여성인력개발센터 운영 프로그램 분석, 부산교육과학연구 19, 23-40.
윤설민·장윤정·김홍렬(2009). 문화적 여가활동에 따른 여가동기, 제약 및 만족에 관한 연구. 한국호텔경영학회지, 18(2), 259-275.
윤소영·차경욱(2004), 여가인식, 활동유형 및 여가제약의 세대간 비교, 한국가정관리학회지, 22(2), 97-107.
이두희·박미석(1998). 여가와 삶의 질에 관한 구조방정식 모형. 소비자학연구, 9(4), 101-116.
이상민·장기영·김선희(2004), 고학력 여성들의 취업실태 및 정책 방안, 여성부.
이상엽(2010), 울산 노동시장 미스매치 해소를 통한 일자리 창출 방안 - 울산주도적(Ulsan Initiative) 통합고용정책을 중심으로, 울산고용포럼 제2회 정기포럼 발표자료, 2010. 5. 17.
이성림(2004), 미취업 여성의 미취업 원인에 관한 연구: 의중임금과 시장임금의 비교를 중심으로, 노동경제논집, 27(1), 135-164.
이유리·박미석(2006), 생태학적 관점에서 본 여가제약, 여가동기, 여가참여의 관계-구조방정식 모형 구축을 통해, 한국가정관리학회지, 24(1), 11-30.
이은희·민현선(2004a), 청소년의 여가활동 특성과 여가장애에 따른 여가만족도 차이, 대한가정학회지, 42(12), 231-251.
이은희·민현선(2004b), 중고등학교 청소년의 여가동기와 여가기능도에 관한 연구, 한국가정관리학회지, 22(6), 243-258.
이인화(2006), 사회체육 전공학생의 직업 가치관 모형검증, 한국스포츠리서치, 17(4), 265-272.
이재경·이은아·조주은(2006), 기혼 취업 여성의 일·가족생활 변화와 한계: 계층간 차이를 중심으로, 한국여성학, 22(2), 41-79.
이정연·심미영·김영숙(1997), 여가생활만족도에 관한 인과관계분석 - 여가생활 참여도, 여가시간, 여가비용을 중심으로-, 대한가정학회지, 35(3), 287-305.
이주희·전병유·강우란·송주연(2002). 기업내 여성인적자원관리 현황 및 활성화 방안 연구, 여성부.
이준민·신화경(2005), 중년층의 여가활동 활성화 방안에 관한 연구, 한국가정관리학회지, 23(1), 161-172.
이준원(2007). 야외활동 참가자의 여가경험과 여가만족, 생활만족 및 재참여의도의 관계. 한국

여가레크리에이션학회지, 21(2), 167-179.

이투데이(2011). 전경련 신성장산업 육성 7대 프로젝트 제시, 국민소득 10만불 차세대 성장도력이 좌우, 9월 22일

이향님·심형순(2007), 일부 치위생과 학생들의 직업가치관, Journal of Dental Hygiene Science, 7(2), 107-112.

이현아·이기영·김외숙(1999), 부부의 여가시간과 여가비용 및 여가만족도에 대한 연구,한국가정관리학회지, 17(2), 137-155.

장경혜(2008), 대학생들의 직업가치관에 관한 연구 : 패션 관련 전공 학생을 중심으로, 한국의류학회지, 32(1), 110-122.

장덕선·이인화(1998), The Study on Measurement Model of Work Value Orientation in Sport Area, 한국체육학회 국제 스포츠과학 학술대회 PROCEDINGS2, 1160-1173.

장재윤·신현균·김은정·신희천·하재룡·장해미(2004), 대학 4학년생의 구직 형태에서의 성차, 한국심리학회지 : 일반, 23(2), 145-165.

전수환(2011). 생활문화공동체의 새로운 대안. 한국문화예술교육진흥원(2011). 2010 생활문화공동체 만들기 시범사업 결과 자료집.

전태준(2009). 대학생들의 여가동기가 여가 및 생활만족에 미치는 영향. 한국사회체육학회지, 36, 1087-1097.

정광현·이재형(2003), 라이프스타일에 따른 여가동기와 여가생활 만족에 관한 연구, 한국스포츠리서치, 14(2), 75-87.

정용각(2008). 레저스포츠 참가자의 기본적 심리욕구 만족, 참여동기 및 지속의도와의 관계, 한국사회체육학회지, 34, 1591-1604.

정우진·최성범(2008). 성인 여가 스포츠 참가자의 여가제약이 여가동기와 여가참여에 미치는 영향, 한국여가레크리에이션학회지, 32(3), 133-142.

정현주·조광민·변원태(1999), 종합사회체육시설 지도자들의 스포츠 관련 직업가치관 분석, 한국스포츠행정·경영학회지, 4(2), 231-245.

조선일보(2008), 여자들이 일하기 좋은 회사, 2008년 5월 26일자.

조선일보(2010), 울산 메세나 페스티벌 10일 개막, 9월 5일자.

조옥라(2007). 지역공동체 형성과 여성문화연구 방향 모색. 2007 울산 여성포럼 활동보고서, 162-170.

조주은(2004). 현대가족 이야기. 이가사.

주재선(2011). 2010 한국의 성 인지 통계. 한국여성정책연구원.

진의천·임태성(2005), 여성인적자원개발과 여성고용창출에 관한 연구, 조선대 지역개발연구 10(1), 23-38.

최성범, 최종인(2009). 대학생의 동아리활동 참여유형과 여가정체성 및 생활만족의 관계. 한국여가레크리에이션학회지 33(1), 41-51.

최성훈(2010). 울산지역에 거주하는 남성직장인들의 여가동기와 여가제약 수준에 따른 여가제약 협상전략 분석. 체육과학연구, 21(1), 997-1010.

최성훈(2010a). 울산공역시의 여가산업과 문제점. 울산발전 27권, 70-78, 울산발전연구원.

탁진국 · 유태용 · 한태영(2006), 직업가치관검사 개발, 한국심리학회 발표자료집, 440-441.

통계청(2006), 경제활동인구연보.

통계청(2006), 품목별 가구당 월평균 가계수지(도시), 가계조사 메타 DB.

통계청(2009), 2000~2009 주민등록인구통계.

통계청(2010), 인구총조사.

통계청(2011), 2011 통계로 보는 여성의 삶.

한겨레21(2006), 조계완의 노동시대 : 경제 시간을 둘러싼 투쟁, 5월 3일, 제608호.

한국문화예술교육진흥원(2011). 2010 생활문화공동체 만들기 시범사업 결과 자료집.

한국일보(2010), '여성과학기술인에 관심을…', 9월 28일자.

한국직업능력개발원(2001), 직업가치관 검사 개발 보고서.

행정안전부(2010), 주민등록인구통계.

허미영(2004). 좌초하는 모노가미. 박재환. 일상성-일상생활연구회. 한국현대사회의 일상문화코드. 한울.

허은정(2006), 레저지출 및 레저활동 참여도의 관련요인 분석, 소비문화연구, 9(3), 91-113.

허은정 · 김우성(2003), 도시 가계의 레저지출과 관련요인 분석, 소비자학연구, 14(1), 59-79.

허은정 · 윤정혜(2007). 레저지출, 레저활동 참여도 및 레저만족에 대한 관계분석. 한국생활과학회지, 16(4), 745-759.

현대경제연구원(2010), 여가산업의 발전 여건 및 시사점, VIP REPORT, 2010년 12월 7일, 10-41 (통권 제 468호)

홍성희(1996), 주부의 가족여가활동 참여도와 생활만족도에 관한 연구, 대한가정학회지, 34(2), 71-84.

홍성희(1998), 노인의 여가활동참여와 여가만족이 생활만족에 미치는 영향, 한국가정관리학회지, 16(1), 107-123.

황선환(2010). 레크리에이션 전문화와 여가동기, 여가제약 및 협상전략의 관계 : 대학생을 대상으로. 한국체육학회지 49(3), 303-312.

황인경(2007). 성공적인 여성 인력 활용 포인트, LG주간경제 2007.2.14.

황진호(2010). 지역고용거버넌스 구축을 위한 일자리 창출. UDI 이슈리포트 27.

Beard, J.G. & M.G. Ragheb(1980). Measuring Leisure Satisfaction. Journal of Leisure Research, 12(1), 20-33.

Boothby, J.M., Tungatt, F. & Townsend, A.R.(1981). Ceasing participation in sportsactivity; Readopted reason & their implications', Journal of Leisure Research 13, 1-14.

Crawford, D.W. & Godbey, G..(1987). Re-conceptualizing barriers to family. Leisure Science 9,

119-127.

Deci, E. L., & Ryan, R. M.(1985). Intrinsic Motivation and Self-Determination in Human Behavior. New York : Academic Press.

Godbey, G.(1985). Leisure in Your Life. Venture Publish.

Howard, D.R. & Crompton, J.C.(1984). Who are the consumer of public park and Recreation service? An analysisof the user and non-user of three municipal leisure service organizations, Journal of park and Recreation Administration 2, 34-48.

Iso-Ahola,S. & Mannell, R.(1985). Social and Psychological Constraint on leisure. in Wade, H. G. (ed.), Constraint on Leisure. Springfield.

Johnson, M. K.(2001), Job values in the young adult transition: change and stability with age, Social Psychology quarterly, 64, 297-317.

Kelly, J. R., Steinkamp, M. W. & Kelly, J. R.(1987). Later-life Satisfaction : Does Leisure contribute?. Leisure Science 9, 189-200.

Mietus, W. S.(1977), The development of an instrument measuring values associated with work, Journal of Industrial Teacher Education, 14(4), 63-72.

Ragheb, M. G. & Mckinney, J.(1993). Campus recreation and perceived academic stress. Journal of College Student Development, 34, 5-10.

Ragheb, M.G. & C.A. Griffith(1982). The Contribution of Leisure Participation and Leisure Satisfaction to Life Satisfaction of Old Person. Journal of Leisure Research, 14(2), 295-306.

Searle, M. S. & Jackson, E. L.(1985). Socioeconomic variations in perceived barrier to recreation participation among would-be participants. Leisure Science, 7.

Spielbeger, C. D.(1987). STAI Mannual for the State-trait Anxiety Inventory. Consulting Psychologists Press.

Vallerand, R., & Bissonnette, R. (1992). Intrinsic, extrinsic, and amotivational styles as predictors of behavior : A prospective study. Journal of personality, 60, 599-620.